普通高等教育卓越数学教师教育丛书

中学数学教学技能案例精选

叶立军　王勇强　曹建军　编著

科学出版社

北　京

内 容 简 介

本书分上下两篇. 上篇是问题篇, 分别从如何树立学生意识、如何研读教材、如何确定教学目标、如何导入新知、如何有效提问、如何设计课堂练习六个问题出发, 从理论和实践两方面阐述了课堂教学的六个基本技能. 下篇是案例篇, 分别从教学设计、说课、说题三个方面给出了案例, 从实践操作层面给出了相应的指导. 全书既有理论高度, 又有丰富的典型例证分析, 具有实践指导价值.

本书适合普通高等师范院校全日制数学专业本科生作为"数学教学论"或"中学数学教学设计"等课程的教材使用, 也适用于中学数学教师、教研员和中学数学教学爱好者阅读. 本书还可作为数学教育专业研究生的教材或参考书, 以及数学教师培训的教材.

图书在版编目（CIP）数据

中学数学教学技能案例精选 / 叶立军，王勇强，曹建军编著. —北京：科学出版社，2019.8

(普通高等教育卓越数学教师教育丛书)

ISBN 978-7-03-061972-3

Ⅰ. ①中… Ⅱ. ①叶… ②王… ③曹… Ⅲ. ①中学数学课-教案(教育) Ⅳ. ①G633.602

中国版本图书馆 CIP 数据核字（2019）第 160192 号

责任编辑：滕亚帆 孙翠勤 / 责任校对：郭瑞芝
责任印制：赵 博 / 封面设计：华路天然工作室

科学出版社 出版
北京东黄城根北街 16 号
邮政编码：100717
http://www.sciencep.com
北京市金木堂数码科技有限公司印刷
科学出版社发行 各地新华书店经销
*
2019 年 8 月第 一 版 开本：787×1092 1/16
2025 年 7 月第九次印刷 印张：12
字数：290 000

定价：49.00 元

（如有印装质量问题，我社负责调换）

丛 书 序

高质量的教育取决于高质量的教师，教师是创造未来的关键. 随着基础教育改革的深入，迫切需要更多能胜任基础教育改革的师资，加强师资队伍建设、保证教育质量是基础教育改革成功的关键.

基础教育改革迫切需要一大批卓越教师，如何培养卓越教师以适应新课程改革的需要，已经成为社会关注的热点话题. 2010 年 6 月，教育部联合有关部门和行业协会共同启动“卓越工程师教育培养计划”. 2012 年，《教育部　国家发展改革委　财政部关于深化教师教育改革的意见》提出“实施卓越教师培养计划，推进教师培养模式改革，建立高等学校与地方政府、中小学(幼儿园、中等职业学校)联合培养教师的新机制”，高师院校相继申报“卓越教师培养体制改革试点项目方案”. 2014 年 8 月，教育部颁布《教育部关于实施卓越教师培养计划的意见》. 同年 12 月，《教育部办公厅关于公布卓越教师培养计划改革项目的通知》随之颁布. 2018 年 9 月，教育部发布了《教育部关于实施卓越教师培养计划 2.0 的意见》.

然而，随着高等教育改革的深入，普通高校逐渐朝着应用型和综合性大学的目标发展，师范院校争相脱去师范帽子，不少高师院校纷纷向综合性大学转型. 地方师范院校转型后，教师教育专业被淡化或者被削弱，许多师范院校远离中小学实践，致使师范性缺失，教师培养质量降低.

针对这一现象，杭州师范大学、湖州师范学院、温州大学、绍兴文理学院、台州学院、赣南师范大学等 12 所地方高师院校以提高中学数学教师质量为目的，联合开展了数学教育核心课程建设和教学改革研究. 十多年来，建成国家级精品资源共享课 2 门、省级精品课程 3 门，出版各类教材 20 多部，其中，国家级规划教材 1 部、浙江省高等教育重点教材 3 部、浙江省普通高校“十二五”优秀教材 2 部.

同时，12 所高校积极开展了提高数学教师培养质量的教学改革，先后开展省级教学改革项目 10 多项，构建了以高校教授、基础教育专家、一线教师协同育人的 PET(professor, expert, teather)模式，实现了高校、基础教育共赢，每年受益学生达上万人，产生了良好的示范和辐射作用. 2016 年，杭州师范大学、湖州师范学院等高校联合申报的项目“课程改革背景下地方高师院校数学教育课程群建设及教学改革的实践探索”获得浙江省高等教育教学成果一等奖.

教材是人类知识及其精神产品的精华，是学校教育资源建设目标的重要载体，也是教学的重要资源. 高校教材是课程体系和教学内容改革的落脚点，只有将编、选、用三者有机结合，才能充分发挥教材在培养人才中的重要作用.

经过十多年的实践表明，以高校优质教学资源共享为途径，构建高师数学专业“3+X”课程体系，依托高质量课程、高水平教材、高层次项目，着力推进数学教育课程群建设及教学改革，实施校地共育、多校联动，开展合作研究、协同育人，培养卓越中学数学教师，为基础教育提供强有力的人才支撑，显得尤为有效.

为此，在广泛调研并征求广大专家、一线教师的意见基础上，我们编写了本套丛书，旨在探讨教师教育新的培养模式，大力推进教师教育改革，提高师范生的学习能力、实践能力和创新能力，建立一套具有开拓性和探索性的创新教材体系，培养乐教适教的高素质教师，从而为中学培养一批卓越数学教师.

本套丛书以《教师教育课程标准(试行)》和《中小学和幼儿园教师资格考试标准及大纲(试行)》为依据，侧重对师范生学习能力、实践能力和创新能力的培养，提倡探索案例教学、项目教学等新的教学模式，形成“开放、研究、探索、创新”的教学机制，并结合各高校“教师教育培养计划”的教学方案来建设对应课程的教材. 在编写过程中，努力形成了如下的特色：①在教材中融入优秀中学教育教学案例；②满足相关专业规范及专业标准；③要将学科前沿知识、课程改革和教育研究最新成果充实到教学内容中，编写内容要强化学生的教学实践能力.

丛书由杭州师范大学叶立军教授担任主编，负责策划，湖州师范学院、台州学院、赣南师范大学等高校教师参与编写工作. 本套丛书在编撰的过程中，吸收了许多专家学者的著作和研究成果，在此深表衷心的感谢，也感谢科学出版社编辑为本套丛书付出的辛勤劳动.

同时，由于作者学识有限、时间仓促，书中难免有不当之处，恳请各位专家、广大师生批评指正.

叶立军

2019 年 4 月于杭州师范大学

前　言

2018 年 1 月 20 日,《中共中央　国务院关于全面深化新时代教师队伍建设改革的意见》指出,“时代越是向前, 知识和人才的重要性就愈发突出, 教育和教师的地位和作用就愈发凸显”. 时代赋予责任, 责任体现使命. 师范院校在从事教师教育工作中更应充分认识新时代教师队伍建设的形势与任务, 准确把握新时代教师队伍建设的使命担当. 党的十九大报告也明确提出, “我国社会主要矛盾已经转化为人民日益增长的美好生活需要和不平衡不充分的发展之间的矛盾”. 人民对公平而有质量的教育的向往更加迫切; 必须“加强师德师风建设, 培养高素质教师队伍”. 立足新时代, 站在新起点, 必须把教师队伍建设摆在重要战略地位, 高素质教师需要高超的教学技能, 提升教师的专业技能显得尤为必要.

教师课堂教学技能作为影响课堂教学质量的重要因素, 是教师专业成长的重要研究对象. 数学教师的成长需要从新手教师到经验型教师, 进而成长为优秀教师. 实践表明, 教师的自我专业发展涉及三个不同的阶段, 一是行为模仿阶段, 二是行为反思调整阶段, 三是行为创新阶段. 笔者认为, 教师教学技能的提升是模仿+实践. 新教师通过模仿优秀教师的教学技能, 通过反思, 逐步创新自己的教学技能, 从而不断地提升自身的教学技能. 因此, 研究优秀教师的教学技能案例, 提升自身的教学技能显得十分重要.

教学案例就是教师在教学中所经历的典型的、富有意义的事件陈述. 案例教学是通过模拟或者重现现实生活中的一些场景, 让学生把自己纳入案例场景, 通过讨论或者研讨来进行学习的一种教学方法.

研究表明, 研究数学教师课堂教学案例, 对新手教师乃至师范生技能训练都是很有价值的. 数学教师教学技能有很多问题值得探讨: 数学教师教学技能与学生数学学习效果的相关性研究; 数学教师教学技能有效性的评价标准等. 对数学教师教学技能案例学习可以提升新教师的教学技能.

本书分上下两篇. 上篇是问题篇, 分别从如何树立学生意识、如何研读教材、如何确定教学目标、如何导入新知、如何有效提问、如何设计课堂练习六个问题出发, 从理论和实践两方面阐述了课堂教学的六个基本技能. 下篇是案例篇, 分别从教学设计、说课、说题三个方面给出了案例, 从实践操作层面给出了相应的指导.

本书在编撰过程中, 力图做到理论与实践相结合, 以先进的教育理念指导教学, 从而达到提升教师课堂教学技能的目的. 本书在框架设计、内容安排、呈现形式及陈述方式上均体现数学新课程标准的理念, 在内容上反映数学理论前沿. 同时, 本书定位明确、内容丰富、选材合理、结构严谨、叙述通俗, 具有科学性、实用性、时代性等特点.

本书由杭州师范大学叶立军策划并担任主编, 编写了上篇——问题篇, 湖州市教育科学研究中心王勇强、杭州市江干区教育发展研究院曹建军编写了下篇——案例篇, 案例均来自一线优秀教师的课堂教学实践. 另外, 董婷婷、陈丽媚、祝贺、余萍、吴芬芬、周巧巧等参与了上篇部分章节的编写工作, 王思凯、丁蓉蓉参与了本书的统稿工作.

感谢科学出版社责任编辑为本书付出的辛勤劳动.

本书在编撰的过程中, 吸收了许多专家学者的著作和研究成果, 在此深表衷心的感谢.

由于本书作者学识有限, 时间仓促, 书中难免有不当之处, 恳请读者批评指正.

叶立军

于杭州师范大学

2019 年 4 月

目　录

问　题　篇

案 例 篇

问　题　篇

问题一　如何树立学生意识

教学是由教师的教与学生的学共同组成的教育活动. 教师要进行有效教学, 必须要具有对象意识, 即学生意识. 然而, 在当前数学课堂教学中, 大部分仍是以应试教育为目的, 有些教师往往不重视学生对概念的理解, 而将数学当作绝对真理进行教学, 学生被动跟随, 机械操练; 许多课堂教学表面上看起来师生讨论热烈, 课堂气氛热热闹闹, 但学生往往是在课堂上听懂了, 课后却只会回忆、简单模仿教学解题过程, 遇到改编过的题型就一脸茫然. 这正如王尚文先生所说: "学生, 仿佛是教师的附属; 教学, 仿佛是一种入侵, 一种心灵殖民行为" [①]. 造成这种现象的主要原因就在于教师没有学生意识, 容易忽视学生的特点而单纯为教学而教学, 从而造成了课堂教学效果低效甚至无效的现象. 综观优秀的数学课堂教学, 我们不难发现, 学生意识是优秀数学课教学的起点. 因此, 教师不仅要在观念上树立学生意识, 更要在教学行动过程中真正做到以学生为本.

一、何为学生意识

教师的学生意识是教师对教育对象的地位、主体性、独特性、情感和特点等方面的基本认识和根本态度, 是直接影响教育活动的目的、方式和结果的重要因素. 不同的社会、不同的时代, 有各自不同的学生意识. 为了促进教育的现代化和社会的发展, 为了培养高素质的现代公民, 教师需要认真研究学生意识问题, 努力确立现代学生意识[②].

现代学生意识, 就是教师眼中有学生, 教师必须理解学生, 以学生为主体. 也就是, 教师必须了解学生学习的基础、潜能、需求与差异, 清楚学生学习特定知识已有的知识萌芽、生长点与潜在的困难, 清楚学生的认知规律, 并在教学中保证学生的主体性地位. 它是对学生生命的自觉关注, 是把课堂还给学生, 保障学生的学习权和自主权.

教师的学生意识是构成教师素质观念的核心因素, 是一种重要的教育影响力量, 对教师的教学目标、价值取向、教育态度、教育情感、教育行为、教师的自我成长和学生的发展产生决定性影响. 每个教师都有自己独特的学生意识, 但在自觉程度上存在着差异. 同样, 教师对学生会有自己的评价, 教师对学生的理解认识不同, 对学生所产生的影响也不一样. 罗森塔尔效应揭示了教师对学生的信任、期待是影响学生发展变化的积极因素. 教师应该树立正确的学生意识, 对每个学生都形成积极认识, 这样才能促进每个学生的发展变化和健康成长.

---

① 王尚文.走进语文教学之门. 上海: 上海教育出版社, 2007: 573.

② 袁桂林.现代教育思想专题. 长春: 东北师范大学出版社, 1999.

二、为何要有学生意识

对于教师来说，数学教育的目的就是以学生为本，通过启发、引导和帮助，培养学生主动学习的能力与解决问题的能力，使学生形成数学思维习惯，促进学生的发展变化．“以学生为本，简而言之，就是以学生成长为本，也就是说，在处理学生与学校的关系上，要明确学生在学校存在和发展中的主体性地位，关注学生的权利、尊重学生的人格、注重学生个性的发展和潜能的开发，以促进学生自由而全面的发展．”[①]因此，树立和强调教师的学生意识，不仅是教学的需要，更是促进学生发展变化的需要．

(一) 学生是发展的个体

学生是一个不断发展的个体．学生的发展指身心发展，基本内容包括身体、智能和个性品质的共同发展．身体发展，即体力发展，指机体的正常发育和体质的不断增强．智能发展，也称认识能力的发展，包括至少八种认识能力的发展：想象力、注意力、记忆力、观察力、思维力、创造力、操作能力和概括能力．个性品质的发展，也叫意向及态度的发展，即对客观事物的主观态度，如情感、需要、兴趣、意志、性格等．人的智能和个性品质是人的心理活动的两大方面，可概括为智力或精神．学生的身心发展，即身体、智能和个性品质是相互联系的，构成一个统一的整体[②]．学生的发展受社会、政治、经济、文化、制度等环境因素的影响较大，也与遗传、教育、主观能动性有关．对于学生来说，他们是最需要教育，也最容易接受教育，并且具有发展潜能的群体．教师只有关注学生的发展需求与内在的动因，才能将授予学生的人类社会经验有效地内化为学生的个体经验，引导和促进其身心发展，反之就会成为影响学生的专制力量和沉重负担，压抑其发展．

(二) 学生是教育活动的主体

在教育活动中，学生是主体，具有选择性、自主性、能动性和创造性；他们能凭自己的头脑去认识自身及事物，确定适当的目标，选择适当的学习方法及方式；对自己的活动具有支配和控制的权利和能力，能因此获得价值和尊严；可以通过自己的力量来改变客观现实及自身．而作为具有知识经验的现实个体，学生在受教育的过程中不仅是接受教育的主体，也是自我教育的主体，具有实现自身价值、自我实现的创造潜能．而在当前的课堂教学中，仍然存在着以下现象：教师单纯地把学生当作教育的对象和客体，最关注的是学生知识的掌握情况，而忽视了学生主体性的培养和发展，使学生的主体人格得不到有效体现．实质上，学生并不因求学于教师而决定了他处于从属或依附地位，学生有自由选择发展机会与发展方向的权利，教师只有意识到这一点，确立学生是教育主体

① 王策三. 教学认识论(修订本). 北京：北京师范大学出版社, 2002.

② 靳希斌. 教育学. 北京：中央广播电视大学出版社, 1994.

的观念，才能在教育过程中，着力为学生的全面健康发展营造一个良好的时空环境和氛围，在行为上更好地把学生当作主体来对待，注重培养学生的主体意识和主体行为能力.

(三) 学生是独特的个体

由于每个学生的家庭环境不同，成长经历存在差异，生理年龄、心理年龄不等，智力构成不同，学习方法、学习风格迥异等，因此没有一模一样的学生存在，因而每个学生也都具有自己独特的内心世界、精神生活和内在感受，有着不同于成人的观察、思考和解决问题的方式. 教育培养的是有个性的人，而不是批量产品. 作为教师，必须承认学生差异的客观存在，尊重学生的差异，接纳学生的差异，善于发现并了解差异，才能够根据不同学生的特点因材施教，设法缩小差异、超越差异，为学生成长提供帮助.

(四) 学生是有情感的个体

学生是有情感的个体，是指学生是有自己的需要并渴望获得满足，并有丰富的情感体验的个体，这是人所具有的共同特点. 学生的发展是指学生身心的全面发展，其中学生情感的和谐发展是重要的组成部分. 教师应该认识到学生是作为鲜活的个体进入学习领域的，他们的身体发育尚不完备，心智发育尚不健全，社会认知尚不充分，情感意志尚不成熟，行为习惯尚在养成，在教学过程中需要加大对学生的情感投入，采取平等的态度与学生主动交流，为学生营造融洽的学习情境，使教育教学过程变成富有人情的过程. 而在以往的教学中，教师所关注的中心往往是知识的传授，把学生视为学习的机器，接受知识的容器，这种关注视野的狭隘使教师忽视了学生作为人所具有的鲜活性. 教师只有从关注和满足学生的心理需要出发，才能最大限度地满足学生的需要，使其产生肯定的情感体验，“亲其师，信其道”，才能增加学生对教师的理解与尊重，营建良好的师生关系.

(五) 学生是责权主体

学生是责权主体，是指教师应该认识到学生既是责任义务主体，同时又是权利主体. 根据 1989 年联合国大会通过的《儿童权利公约》，儿童的权利内容是多方面的，如儿童的生存权或生命权、健康权、姓名权、肖像权、国籍权、名誉权、荣誉权、智力成果权、教育权、身心健康全面发展权等，而体现这些权利的基本原则是：儿童利益最佳原则，尊重儿童尊严原则，尊重儿童观点与意见原则，无歧视原则. 作为儿童的教育者，教师必须有效区分不同年龄阶段学生享有的权利和承担的义务，从而采取正确的教育措施促进学生更好地发展.

三、如何做到有学生意识

(一) 教师要准确理解数学，把握教学本质

数学教学服务的对象是学生，教师离开了对数学的准确把握，最完美的教学理念也难以阐释，再有用的教学知识也无法传授，再完善的教学设计也难以取得好的效果.

因此，教师必须在坚持以学生为本的基础上，准确理解数学内容及其概念，辅之以最新的教学手段和方法．实质上，教学本质就是要掌握教学内容的概念、意义和任务，理解教学过程的本质及其基本规律，理解教学过程的基本阶段．例如在教授“事件的可能性”时，教师要通过生活中大量的实例让学生认识随机事件的内涵，并能列举事件发生的所有可能结果．如果不能认识到教学的本质，单纯就定义而讲定义，即使采用了多种教学形式，也不能取得良好的教学效果，长期下去，教学质量滑坡也就不足为奇．

(二) 教师备课时，要以学生为本

在中小学，数学教师通常是集体备课，而一个学校的教学设计体系往往是统一的，虽然教师在教学过程中会采取不同的方式开展教学活动，但不少教师缺乏对学生不同情况特征的把握，从而引致的教学结果也不同．因此在备课过程中，教师需要建立起学生意识．

1. 确定教学目标的出发点是学生

教学生数学，需要明确三件事：你现在在哪里(根据班里的学生已有的知识来确定)；你想到哪里去(根据你想要班上的所有学生本学年获得什么知识来确定)；最后，实现目标的最近途径有哪些(根据你将要提供给你班上所有学生的学习机会来确定，以此使他们达到规定的目标)[①]．

教师在备课时，要时刻牢记“以学生为主体，以数学知识为载体，以学生发展为目的，以激发学生潜能、培养学生兴趣为手段”．首先，要基于学生的认知基础．教师在确定教学目标时，应该从学生已有的知识基础出发，要将学生的学习建立在他们现有知识的基础上，要按照学生自然发展的进程寻找教学方法，同时，要根据学生的实际情况选择教学情境．其次，要基于学生的学习潜能，使学生的学习达到最近发展区．最后，要承认学生数学学习能力的差异性，有效实行因材施教．

2. 树立学生意识，根据学生实际情况安排教学内容

学生是有着完整的人的生命表现形态，处于发展中的以学习为义务的人[②]．教育过程是促进学生发展的过程，教育的这一目的的实现依赖于教育者对教育对象特点的把握．无视受教育者的教育或是以不正确的理解为前提的教育都不会是成功的教育，甚至是失常的教育、错误的教育，从学生的厌学、学习过程中产生的心理障碍可以发现这类教育的存在．教师要将学生的学习建立在他们已有的知识基础之上，在安排教学任务时，要遵循学生自然的发展过程，为其创造具有发展适宜性的学习途径，使学生能够构建与其年龄水平相匹配的知识网络，进而在此基础上建构更高水平的知识网络．教师在安排下一步的教学任务前，必须确保学生去巩固前一阶段学习内容的理解．如学生在学习运用

---

① 多诺万，布兰思福特．学生是如何学习的——课堂中的数学．史亚娟，译．桂林：广西师范大学出版社，2011: 55.

② 钟启泉，崔允漷，张华．为了中华民族的复兴为了每位学生的发展：《基础教育课程改革纲要(试行)》解读．上海：华东师范大学出版社，2001.

符号前, 教师应该为学生提供大量的机会去解答用真实物体数量表示的应用题, 以加深概念的理解.

教育者了解受教育者的特点, 形成正确的认识和基本态度, 不仅可以因材施教, 而且能更有效地促进受教育者的发展, 使受教育者在向上、向善、向美的发展历程中进步更迅速.

3. 树立学生意识, 选择合适的教学方法

学生的身心发展是一个由低级到高级、由量变到质变的连续不断的发展过程, 这种发展变化是在遗传和后天环境与教育的作用影响下产生的. 学生的身心发展从生理学方面讲是有顺序的, 其中, 学生思维的发展是从机械记忆到意义记忆、从形象思维到抽象思维等. 因此, 对处于不同年龄发展阶段的学生, 教师要采用不同的教学方法, 要注意学生思维发展特点, 选用合适的教学方法以达到有效教学的目的.

(三) 教学过程中, 要关注学生的情感体验

教师在教学过程中要关注学生情感的发展和品性的提升. 也就是既关注学生外部行为的变化, 也关注学生内在心灵的美化. 正如哲学家克里希那穆提所说的, 教育, 并非只是用来训练心智. 训练提升了效率, 然而却无法造就一个圆满的个人.① 因此, 要把学生当作行为和心灵相融、知识和情感彼此和谐的完整的生命体. 在课堂教学中, 以 “活动” 为主, 不 “锁住” 学生; 以 “发现” 为主, 不 “代替” 学生; 以 “鼓励” 为主, 不 “钳制” 学生, 让学生 “先看、先想、先说、先练”, 激发学生学习的兴趣和热情. 比如将涉及数字的成语写成算式: 百折不挠×十载寒窗=千锤百炼, 数学算式为: $100\times 10 = 1000$, 教师结合数字成语的出处, 可形象地将古代的诗词歌赋等鲜活素材融入数学教学课堂中, 直观形象, “数” 文并茂, 既让学生学习了成语和数学知识, 又让学生体会了生动的语言、巧妙的数学构思, 这样就能让学生在语言和精神两方面同构共生.

(四) 实现数学课堂环境的平衡, 与学生平等对话

有效的教学依赖于课堂教学环境的平衡. 杜威说: “要使教育过程真正成为师生共同参与的过程, 成为真正合作的相互作用的过程, 师生两方面都作为平等者和学者来参与.” ②所以, 教师要让学生参与到整个教学过程中来, 鼓励与学生数学对话, 寻求数学课堂环境的平衡点, 达到优化教学的目的. 比如在开展 “函数” 相关的教学时, 可以设计进阶性的题目, 通过循序提问的方式, 让全体学生参与进来. 教师提出问题后可以先让每人独立思考, 然后让他们与同桌或在小组内交流讨论, 形成共识后, 让学生代表讲述解题思路, 同时还可以让每个学生自己提出函数变化的相关问题, 挖掘分解较高难度的函数题目, 自己尝试着探究问题答案. 数学对话有助于教师理解学生的解题方法, 而不只是简单地评定学生的解题步骤和答案正确与否. 在数学对话过程中, 教师可以发现

① 克里希那穆提. 一生的学习. 张南星, 译. 北京: 群言出版社, 2004: 7.

② 王承绪, 赵祥麟. 西方现代教育论著选. 北京: 人民教育出版社, 2001: 48.

学生解题的思维过程，加深对学生知识掌握程度的理解，纠正学生的错误. 为教师后续的教学提供准备，而在此过程中，学生的想象能力、分析能力、思考能力、动手能力、合作能力等得到充分体现，彼此间通过互助交流分享了思维过程，也促进了师生、生生间的情感互融.

总之，教师要用心时刻牢记学生，用情去关注学生的情感；用力去教育、引导、帮助学生；用德去感染、影响学生. 教师的学生意识是在教育过程中发挥着重要影响作用的因素，也可以说它是一种实实在在的教育影响力量. 只有从学生的需要出发，进行精心、合理、有效的课堂教学设计，使教师的教案符合学生的实际情况，使每一位受教育者都能发挥自身的潜能，激发学习成长的主动性，才能促进学生综合素质提高，实现全面发展. 因此，每一位教师都应该经常审视自己的学生意识，以学生意识指导自己的教育教学活动，真正做到“以学生为本”，提高教育教学质量，实现课堂高效率.

四、案　例

要树立学生意识，教师必须理解学情. 在实践中如何了解学情并且根据学情如何设计恰当的教学内容，广大一线教师积累了丰富的经验. 下面我们通过具体案例来介绍这方面的经验.

案例 1　把握教材学情，提高教学设计有效性

教学设计是决定课堂教学成功与否的关键，也是提高中学数学课堂教学有效性的重要保证. 教师能否设计出一堂有效的好课，关键在于教师立足于什么样的基本观念、指导思想去设计这堂课. 要提高教学设计的有效性，教师要把握教材，引导学生有意义地学；把握学情，引导学生兴趣盎然地学. 只有切实做到了这两个把握，精心预设，课堂教学才会呈现出活泼轻松、扎实有效的喜人情景.

一、引导学生有意义地学

1. 瞻前顾后，理顺知识结构

“人人都能获得良好的数学教育，不同的人在数学上得到不同的发展.”这是课程标准对教师提出的要求，其内涵就是要学习有意义的数学. 而要学习有意义的数学，必须做到有意义地学. 简而言之，就是引导学生明白知识的来龙去脉. 有效的教学设计不应该纠缠于细枝末节，而应该宏观地看待教材，瞻前顾后地分析教材，深入浅出地钻研教材.

【片断一】　在教学八年级上册[①]“探索确定位置的方法”一课时，我首先认真地通览教材，了解该内容在初中阶段的内容要求及编排特点，明确本册所学的“探索确定位置的方法”所处的地位、作用等. 在此基础上，仔细钻研教材，阅览教参及备课手册，直到自己觉得对这一内容确实有了真切的认识后才着手设计这堂课的教案.

① 本书中列举的数学案例，如无特别说明，均来自浙江教育出版社出版的“义务教育教科书”中各年级的《数学》教科书.

在教学中，以学生在小学阶段学过的“数对法确定位置”为基础，结合生活中确定位置的实例，引导学生自主探索确定位置的方法——有序数对定位法和方向距离定位法，发展合情推理意识，感受位置确定的现实背景及必要性，为后面学习平面直角坐标系等知识奠定基础.

2. 挖掘本质，丰富教材内涵

教材中每个例题的选择和每个习题的编排都是经过编者精心设计、反复推敲的. 因此，在教学设计前，教师要深入钻研教材，认真揣摩这些编写意图，让教材蕴涵的思想凸显出来.

【片断二】 教学七年级下册“分式方程”，教材在通过“例 1: $\frac{x+3}{2x-3}=\frac{2}{7}$”介绍如何求解分式方程后，紧接着又安排了一道“例 2: $\frac{2-x}{x-3}=\frac{1}{3-x}-2$”，这一例题不能仅仅看作是用于巩固解分式方程的思想方法——“通过去分母把分式方程化归为整式方程”，更是要引导学生注意到解分式方程一定要验根，理解增根的意义. 只有对教材如此解读，才能揭示数学的本质，赋予教材丰富而深刻的内容.

3. 探究教法，关注呈现形式

数学思想和方法是数学的灵魂. 教材所呈现的不仅仅是数学知识，还有渗透于这些知识中的数学思想和方法. 因此，我们在理顺知识结构和领会编写意图的基础上，要下功夫研究教材中渗透的数学思想和方法，根据学生的学情和认知能力，探究教法，激发兴趣，使他们的知识结构不断丰富、思维能力不断发展.

【片断三】 教材在设计“圆的面积公式的推导过程”时，先通过设问“怎么计算圆的面积？能不能把圆转化成学过的图形来计算？”，即渗透了转化思想；然后引导学生观察长方形的长与圆的周长、长方形的宽与圆的半径的关系,渗透了观察法和数学对应思想. 教材在指导学生推导圆面积的公式时，渗透了归纳推理的方法；在利用公式求面积时，渗透了演绎推理的方法. 因此在理清教学内容后我进行如下设计：首先提出假说，其次通过实验验证，然后通过观察圆与拼成的长方形之间的关系，最后得出结论.

二、引导学生兴趣盎然地学

教学，是教与学的有机整体. 教学设计应体现对教学方法、策略等的通盘考虑，教师只有站在学生的角度想学生所想，想学生所需，这样的教学，才是最经济的，也是扎实有效的.

1. 依据学生合适的起点设计

数学课堂教学必须由始至终地引导学生积极参与到数学学习的全过程，做学习的主人. 但引导的方法，必须建立在学生的认知发展水平和已有的知识经验基础上. 所以在准备教学设计之前，需要教师敏锐地去寻找、去捕捉合适的起点. 这起点，就是学生的矛盾处、困惑处、混沌处、不明处.

【片断四】 在教学七年级上册“从自然数到有理数”一课时，本节课是学生首次接触正数、负数的概念，将之前的自然数扩充到有理数. 七年级的学生在生活中已经遇到过大量具有相反意义的量,比如温度的零上和零下，对正负数不陌生，但不能很好地从实际中抽象出来. 基于学生这样的起点, 在教学过程中应呈现日常生活和生产实际中一些具有相反意义的量的例子, 引导学生思考这些量所具有的含义, 从而引入正负数的概念, 再让学生举例可以用正负数表示的具有相反意义的量, 体会正数及负数概念的意义, 深化概念理解.

2. 设计丰盈活泼的教学活动

数学教学是数学活动的教学. 如何设计富有成效的教学活动, 使教学目标得以顺利达成?教师可以从学生的切身经历和体验去设计教学活动, 让他们有充分的机会去观察、实验、猜想、验证, 帮助他们在自主活动和合作交流的过程中真正理解和掌握数学知识.

3. 预设学生的生成空间

课堂教学是一个不断生成的动态过程. 课堂中, 学生常常会迸发出令教师惊喜无比的精彩之想, 也会迸发出使教师瞠目结舌的"突兀之想". 而"突兀之想"又常常会使教师一时难以应付, 干扰教师预设的教学过程. 这时, 教师该如何自如处置而不是感到束手无策呢?教师可以给生成预留一份空间, 时刻关注教学生成, 利用有效的生成性资源及时调整课堂教学设计.

一个符合新课程要求的教学设计, 一堂精彩纷呈的数学课, 要求教师必须把握教材, 引导学生有意义地学; 必须把握学情, 引导学生兴趣盎然地学. 设计既要"预设", 更要"生成". 这对我们教师的综合素质提出了更高的要求. 作为一名教师, 只有夯实基础, 锤炼内功, 不断反思自我, 超越自我, 我们的课程教学设计才会真正从形式走向实质, 从低效走向高效. ①

案例 2 探明学情是有效教学的前提

美国教育心理学家奥苏贝尔有句名言: "影响学习的唯一最重要因素就是学习者已经知道了什么.要探明这一点, 并应据此进行教学. "由此可见, 探明学习者"已经知道了什么", 即探明学情应该是实施有效教学的前提.所谓探明学情, 是指通过摸底调研、个别访谈、过程展示等手段, 摸清学生是否具备学习新知识的知识储备、思维经验和实践经历, 预测学习中可能遇到的障碍和困惑, 从而有效地突出教学重点、突破教学难点.那么如何探明学情呢?结合教学实践以及在教学调研中积累的一些典型案例, 我们对此进行了初步探讨.

1. 摸清学生知识经验, 设计好先行组织者

奥苏贝尔认为:有意义学习的发生和保持的最有效策略, 就是利用适当的引导性材料对当前所学新内容加以定向与引导, 唯有如此才能确保新旧知识间建立实质性的非人为的联系, 并把这种引导性材料称为"先行组织者". 这就提醒教师要千方百计地摸底调查学生已有的生活常识、知识基础, 竭尽全力地了解、弄清学生经历过的数学活动经验, 并据此设计出学习新知识的引导性材料. 下面是某次教学调研中教师关于"一元二次不等式的解法"的先行组织者设计.

---

① 王瑛. 把握教材学情, 提高教学设计有效性. 国家教师科研基金"十一五"成果集(中国名校卷)(五). 2009: 3.

【片断一】 一元二次不等式的解法教学设计片段.

活动一:回顾不等式的概念与简单性质.

(1) 什么叫不等式?什么叫解不等式?

(2) 常用的不等式的性质有哪些?

活动二:温习一元一次不等式的解法.

例 1 解下列不等式.

(1) $-1\leqslant 2-3x<5$; (2) $\dfrac{x}{3}-\dfrac{x-1}{2}<1$.

例 2 观察函数 $y=2x-7$ 的图象, 回答下列问题.

(1)当 x 为何值时, $y=0$, 即 $2x-7=0$ 的解集为__________;

(2)当 x 为何值时, $y>0$, 即 $2x-7>0$ 的解集为__________;

(3)当 x 为何值时, $y<0$, 即 $2x-7<0$ 的解集为__________.

例 3 已知关于 x 的不等式 $ax+b>0$ 的解集为 $(-\infty,3)$, 试确定 a, b 之间的关系.

小结:

(1) 列表说明一元一次方程、一元一次不等式、一次函数三者之间的关系;

(2) 解一元一次不等式的常用方法与一般步骤.

活动三:探究一元二次不等式的解法.

例 4 观察函数 $y=x^2-2x-3$ 的图象, 回答下列问题.

(1) 当 x 为何值时, $y=0$, 即 $x^2-2x-3=0$ 的解集为__________;

(2) 当 x 为何值时, $y>0$, 即 $x^2-2x-3>0$ 的解集为__________;

(3) 当 x 为何值时, $y<0$, 即 $x^2-2x-3<0$ 的解集为__________.

例 5 解下列不等式.

(1) $2x^2-3x-2>0$; (2) $-x^2+2x-3>0$.

例 6 已知关于 x 的不等式 $ax^2+bx-1<0$ 的解集为 $(-1,2)$, 求 a, b 的值.

道生一, 一生二, 二生三, 三生万物, 这体现了万物创生的过程.知识的学习也是一个从无到有, 从少到多, 从简单到复杂的积累过程. 有鉴于此, 教师一定要善于摸清学生已经拥有的知识与经验, 才能源源不断地增加、拓展出新的知识. 从以上教学设计中不难看出, 这位教师摸清了学生已经知道了不等式的概念与简单性质, 系统地学过一元一次不等式的解法, 从而也就找准了新知识的生长点. 教师通过设计"活动一: 回顾不等式的概念与简单性质", 对于新知识的学习发挥定向聚焦功能; 通过设计"活动二: 温习一元一次不等式的解法", 创设了一个类比学习的氛围, 让新旧知识之间实现了有效地衔接, 让探究一元二次不等式的解法水到渠成. 笔者在课堂观摩中发现, 由于有了例 1 至例 3 的铺垫与引导, 学生在解决例 4 至例 6 时驾轻就熟, 数学思维水平与数学能力都得到了很好的发展.

那么, 怎样才能摸清楚学生已有的知识与经验呢?通常有以下几种做法: 一是教师要了解学生在前一个学段已经学习了哪些知识, 具备了怎样的数学活动经验, 理清各个学段相关内容的发展脉络; 二是要做个有心人, 主动地做好各个学段之间相关内容的衔接工作，让学生在不同学段学习的相关知识间环环相扣，学习经验上层层深入；三是要拥有一颗童心，学会稚化自己的思维，努力站在学生的立场看问题，按照学生的思维想问题，这样才能与学生的知识经验合拍，形成师生思维上的共振.

2. 采取个别访谈方式，做到准确归因分析

在批改学生作业或试卷时，教师经常对错误解答的原因琢磨不透. 其原因可能是教师受自己思维定式的限制，跳不出框框.如果只简单、草率地归咎于学生粗心大意，就挖不出“病根”，学生遇到同类型问题还可能出错. 明智的做法是走到学生中去，访谈出错的当事人，倾听学生的个性化想法. 这样既能探明学情真相，积累第一手资料，又有助于准确归因，使评讲一针见血，针对性更强.

3. 展示学生解题过程，叩问深层思维活动

在探明学情方法中，最直接、最常用的方法就是让学生展示原生态的解题过程. 通常的做法主要有以下几种：一是让学生当堂板演所给的变式问题，既检测例题的学习成效，又锻炼了学生的临场应变能力；二是利用实物投影技术，现场投影学生的解题过程，再有针对性地点评纠正；三是让学生口述解题思路，教师配合板书，由师生共同完成解题过程，等等. 无论何种形式，在展示了学生的解题过程之后，教师还要善于利用追问、补问、反问等方式，把隐藏在解法背后的想法挖掘出来，教会学生数学地思考问题的方式；把推理背后的道理想明白、说清楚，让学生真正地感受到“数学好玩”“数学讲道理”，从而越发地喜欢数学.下面列举某次教学调研中捕捉的一个精彩片段.

【片断二】 过点 $P(1,4)$ 且与圆 $C:(x-2)^2+(y-1)^2=1$ 相切的直线 l 的方程为__________.

教师让一位学生板演，以下是这位学生在黑板前 5 分钟左右的活动记录.

(思路一)设 l 的方程为 $y-4=k(x-1)$.

由 $\begin{cases} y-4=k(x-1) \\ (x-2)^2+(y-1)^2=1 \end{cases}$ 得 $(x-2)^2+(kx+3-k)^2=1$.

该学生盯着这个方程，摇摇头，犹豫了一会儿最终选择了把它擦掉.

(思路二)点 $P(1,4)$ 到直线 l： $y-4=k(x-1)$，即 $kx-y+4-k=0$ 的距离为 $d=\dfrac{|k-4+4-k|}{\sqrt{k^2+1}}=1$，竟然无解，很困惑！几秒钟后，好像顿悟了，匆匆擦去了距离等式.

(思路三)圆心 $C(2,1)$ 到直线 l：$kx-y+4-k=0$ 的距离为

$$d=\frac{|2k-1+4-k|}{\sqrt{k^2+1}}=\frac{|k+3|}{\sqrt{k^2+1}}=1.$$

解得 $k=-\dfrac{4}{3}$，所以直线 l 的方程为 $y-4=-\dfrac{4}{3}(x-1)$.

答题结束后，这位学生如释重负地回到了座位上，脸上洋溢着胜利的微笑！

在学生这一系列活动中，教师一直注意观察学生的一举一动，始终没有插话，只是耐心地等待，直到学生回到座位.

教师开始评讲，下面是师生之间的一段对话(T 代表教师，S 代表这位学生，S_2 代表另

一位学生):

T: 你为什么要放弃思路一呢?

S: 我估计式子 $(kx+3-k)^2$ 展开后很繁琐, 而且运算量太大了, 我不知道怎么办.

T: 我们一起来试试看.由 $(x-2)^2+(kx+3-k)^2=1$, 把其中的 $3-k$ 看成一个整体, 得 $(x-2)^2+[kx+(3-k)]^2=1$, 展开化简, 得 $(1+k^2)x^2+[2k(3-k)-4]x+(3-k)^2+3=0$. 因为判别式 $\Delta=4\{[k(k-3)+2]^2-(1+k^2)\cdot[(3-k)^2+3]\}=0$, 即

$$k^2(k-3)^2+4k(k-3)+4-(1+k^2)(3-k)^2-3(1+k^2)=0,$$

所以 $-6k-8=0$, 解得 $k=-\dfrac{4}{3}$.

S: (众生赞叹)哇! 整体代入真的很简便.

T: 思路二为什么行不通呢?

S: 应该是圆心到直线的距离等于半径, 我代错了点的坐标.

T: (教师在黑板上画出了示意图)解析几何解题时要注意画图分析, 借助图形打开思路.

T: 点 P 与圆 C 是什么样的位置关系?怎样判定呢?

S: 点 P 在圆 C 外, 把点 P 的坐标代入圆 C 的方程.

T: 过圆外一点作圆的切线应该有几条?

S: 两条.

T: 为什么按照思路三, 你只求出了一条呢?

S: (困惑状, 该学生的同桌给予提示)丢了斜率不存在的那一条.

T: 你知道为什么会丢掉这一条吗?

S_2: (另一位学生举手, 教师示意回答)因为设点斜式直线方程时, 已经无意中把这种情况丢掉了.

T: 以后再遇到这类问题应该怎么办呢?

S: 要分斜率不存在和斜率存在这两种情况进行讨论.

T: (在学生的解题过程基础上, 补充完善)当直线 l 的斜率存在时, 设 l 的方程为 $y-4=k(x-1)$, ……

当直线 l 的斜率不存在时, 则 l 的方程为 $x=1$, 圆心 $C(2,1)$ 到直线 l 的距离为 $d=|2-1|=1$, 所以此时直线 l 与圆 C 相切.

综上可知, 直线 l 的方程为 $4x+3y-16=0$ 或 $x=1$.

这位学生在探寻结果的过程中可谓历经磨难, 一波三折. 思路一应该是直线与圆相切关系判定的一种通解方法, 可以推广到直线与圆锥曲线相切关系的判定, 但是由于学生对于这种算法与算理不理解, 以及对于大计算量的畏惧心理, 最终选择放弃. 这恰好反映了学生在解答解析几何问题中的通病. 好在教师顺势而为, 把握恰当时机, 示范了解题过程, 起到了非常好的引领作用. 思路二是学生弃繁从简的不二选择, 但是由于审题不清, 加之"数缺形时少直观", 又误入歧途, 好在及时醒悟. 思路三解法简捷, 运算正确, 但是该生又"得意忘形", 对于点斜式设法的局限性认识不足, 导致结果仍然不完

整. 让笔者钦佩的是教师淡定从容地等待与睿智理性地追问, 正是教师发自内心的尊重学生、耐心等待, 才有学生原生态解题思想的真实流露, 让我们有机会窥见学生真实的思维世界; 正是教师的步步追问, 才有这段精彩的师生对话, 及深层次的数学思维活动, 让这类问题的两种解法自然而然地产生在学生的脑海中.

当然, 探明学情还可以采用撰写数学日记或数学小论文, 问题征集或问题征解等方式, 从而为实施有效教学打好坚实的基础.

五、理 论 提 升

著名教育心理学家奥苏贝尔说过: "假如让我把全部教育心理学仅仅归结为一条原理的话, 那么, 我将一言以蔽之: 影响学习的唯一最重要的因素, 就是学习者已经知道了什么, 要探明这一点, 并应据此进行教学." 也就是要求教师一定要掌握学生的认知水平、已有的知识储备、接受新知识的深度广度, 等等, 即要 "以其所知, 喻其不知, 使其知之". 换句话说, 就是要求教师了解学生的学习状态, 更加充分关注学情.

(一) 学情分析的基本原则

学情分析是一个工具, 也是一门技术, 其行为也遵循相应的原则, 通过这些原则来计划、监督、调节、支持学情分析的活动.

1. 以生为本原则

学情分析是学生观的集中具体行为体现, 有什么样的学生观, 就有什么样的学情分析行为. 传统的教学是灌输式, 是教师滔滔不绝地讲, 学生静静地听, 将学习者看成是 "知识容器", 学生被动地接受、存储教师所传递的信息. 也就是教师简单地以过去 "教了什么, 就有什么, 就是什么" 代替学生的学习情况, 据此确定教学起点, 结果往往脱离学生的实际, 教学效果事倍功半. 而从以生为本的理念出发, 学习者并不是空着脑袋走进教室, 进入学习课堂, 也不是被动地接受信息刺激, 而是根据自己的知识经验, 对外部信息进行主动选择、加工和处理, 从而构建自己的知识框架. 因此, 教师不能想当然地认为 "教了什么, 就有什么, 就是什么", 不能简单地以 "应然状态" 代替 "实然状态" 而进行学情分析. 以生为本原则是学情分析的根本原则、总原则, 据此教师才能高屋建瓴, 总领学情分析的全局.

2. 科学性原则

教育教学是一门科学, 学情分析作为教育教学设计与实施的基础性、前提性环节, 理应在一定的理论指导下, 运用科学的方法, 有目的、有程序地发展. 随着课程改革的不断发展, 人们已经充分意识到学生是学习的主人, 教师是学习的组织者和领导者. 古语曰: "橘生淮南则为橘, 生于淮北则为枳." 也就是说, 要让学生获得良好的发展, 需为其创造适合其茁壮成长的环境. 要创造适宜的环境, 就必须先研究学生, 了解其天赋禀性及身心发展规律，才能对症下药. 因此，教师必须以科学的理论、科学的态度以及科学的方法分析研究学情，这样才能获得真实的而不是虚假的学情.

3. 差异性原则

影响学情的因素有很多，如学习环境、学习态度、教学内容、学习者差异，等等，而这些因素之间存在着复杂又紧密的联系，共同影响着学情. 因此学情也必然错综复杂，不应万情同法，而应一情一法. 面对不同的学情，教师应设计不同的教学设计和教学方法，采取不同的教学措施. 差异性原则是针对学情的复杂性而提出的，换句话说，就是针对不同的学生、不同的学科和教学内容，在不同的学段选择不同的学情分析方法，简言之就是因情制宜.

4. 全面性原则

在现实的学情分析实践中，最大的问题便是学情分析的“窄化”，包括分析范围的窄化和分析深度的窄化，因此提出全面性原则有重要的现实意义. 此外，现阶段关于学情的研究注重学生的当前状态和学情现状，缺乏对过去状态、未来状态、可能状态和相关因素分析，故而这一原则的提出也有其理论价值. 所谓全面性原则，就是从对象上既要分析全体学生的共性，又要分析每个学生的个性；从稳定性上既要分析静态学情更要分析动态学情；从学情时态上既要考虑过去时态和现在时态，又要考虑可能时态和未来时态；从层次深度上既要描述现状，更需要分析原因，揭示意义.

5. 连续性原则

当前的学情分析普遍存在“三年不开张，开张吃三年”的严重问题，许多一线教师都存在这样一个误区：认为自己对于教了三年甚至一年的学生已完全了解，学情已能信手拈来，无需分析. 显然这是以静态的眼光看待学情、分析学情，却未意识到学情的动态连续性. 因此学情分析不能一劳永逸，而应该与时俱进，及时根据学生的情况、学习内容以及学习环境做出调整. 此外，影响学情的因素错综复杂，对学情的分析亦无法一蹴而就，而是层层深入、由感性认识到理性认识的循序渐进的过程. 因此，学情分析贯穿教学过程的始终，这既是学情分析的本质属性，也是学情分析的行为准则.

(二) 学情分析的基本方法

关于学情分析的策略和方法大致可以分为经验判断法和实证分析法，常见的分析方法有观察法、问卷调查法、访谈法、经验分析法、资料分析法，等等. 除此之外，马文杰和鲍建生基于一定的教育教学理论提出了基于理论和知识的分析法.

1. 观察法

观察法是教学研究中最常见的方法之一，是指教师在日常教学中有目的、有计划地对教育对象、教育现象或者教育过程进行观察的一种方法. 观察教学的全过程是把握学情的重要环节. 教师在课堂上需要注意观察学生在学习过程中的情绪、态度、心理等的自然流露, 可通过课堂提问、课堂巡视、学生板演、课后交流等手段及时了解学生的掌握情况或存在的问题, 以便实时根据学情的动态变化做出适当调整.

在进行观察法时, 教师要遵循以下原则.

(1) 观察目的要明确, 没有目的的观察是毫无价值的, 教师观察必须有明确的目的, 知道自己要收集什么数据、如何收集数据、解决什么问题.

(2) 观察要全面客观. 教师不仅要在课上观察学生的外在行为表现、学习态度、情绪变化等, 而且课后也要根据学生的作业情况了解学生的学习效果. 在观察过程中, 教师要避免自己的主观臆想, 既要关注普遍性的问题, 也要关注个别性的问题.

(3) 观察记录要翔实. 由于课堂教学转瞬即逝, 教师无法细致地记录教学过程中发生的每一环节, 因此可以通过录像与录音等方式保存课堂教学的音像资料, 便于教学研究的反复使用, 有助于观察研究得更加全面、深入.

(4) 观察结果的分析应科学、透彻. 从多个视角运用多元分析方法, "多角互证" 地揭示观察到的教育现象背后的深层意蕴. ①

2. 问卷调查法

问卷调查即教师精心设计与学生的认知学习基础、学习期望以及学习动机等有关的问卷, 并通过多元统计分析, 为教学研究提供进一步的量化和质化的数据. 在设计问卷的测试题时, 首先要明确设计的意图; 其次要具备有效性和科学性, 且问题力争能客观、全面、准确地反映学生的情况; 然后问题表述要通俗易懂, 符合学生的年龄特征和身心发展规律, 不可带有任何的暗示或倾向; 最后问卷设计应便于统计与分析, 即具备可分析性.

3. 访谈法

访谈法是瑞士心理学家皮亚杰创立的, 即 "通过研究者与被研究者口头谈话的方式从被研究者那里收集第一手资料的一种研究方法" ②. 访谈法是教育研究的常用方法之一, 既可单独进行, 也可作为观察法和问卷调查法的辅助方法. 通过访谈, 教师能够更加深入地了解学生的认知学习能力、学习经验、学习期望以及学习动机等方面的信息, 为教学活动的有效开展打下坚实的基础.

对于学情的访谈, 既可以以学生为访谈对象, 也可以以经验教师为访谈对象. 教师可在全班学生中选取较为典型的、有代表性的学生作为访谈对象, 如选取学习成绩优异的、中等的、后进的三种类型的学生进行访谈, 既可个别采访, 也可采取 6～10 人的小型访谈形式, 让学生经过缜密的思考后再回答问题, 并能畅所欲言. 而经验教师由于经常与学生打交道, 对于学生的情况已基本了解.

访谈前, 教师应明确访谈目的和访谈内容, 在此基础上精心设计访谈提纲, 其中访

---

① 马文杰, 鲍建生. "学情分析": 功能、内容和方法. 教育科学研究, 2013, (9): 52-57.

② 俞宏毓. 学情分析存在的问题与有效方法. 现代中小学教育, 2016, 32(12): 27-31.

谈的问题应能随着实际情况的变化而变化，并且确定合适的访谈时间，选取安静适宜的环境作为访谈地点，尽可能营造一种和谐、民主、真诚的访谈氛围，便于访谈的"深入交流". 访谈时要把握好问题的切入点，注意随时记录，或者在征得被访谈者同意的前提下录音，并且适当保密与访谈有关的信息. 访谈后，教师对访谈结果进行多元统计分析，揭示访谈结果对于教学研究所起到的重要意义.

4. 经验分析法

经验分析法，即教师结合自身在教学过程中获得的教学经验对学情进行分析和研究. 教师的经验越丰富，就越能把握整个课堂教学，从而更加深入反思与总结自身的教学经验，对于学情的分析就更加深入透彻，分析的成果也更具教学价值. 经验分析法是进行学情分析常用的、较便利的方法之一，但仅仅依靠经验分析学情却是远远不够的，容易形成因教师的主观臆断和视角单一导致学情分析结果不可靠的局面. 因此，只有理论与实践相结合，即不仅要运用经验分析法，还需要进行多元统计和多视角分析，才能使得学情分析的结果真实可靠、令人信服，具备指导作用和理论价值.

5. 资料分析法

资料分析法，即教师从收集到的资料中直接或间接地分析学情. 资料包括学生的背景、学习档案、笔记本、作业本、试卷等. 由于这些资料的获得较简便，所以资料分析法被普遍地运用于学情分析之中. 通过收集这些资料，教师就能全面、系统地了解学生的学习、生活、情绪、思想等各方面的情况，并能根据这些情况及时地对教学作出适当调整和补救措施. 比如，通过分析学生平时的作业以及学生已有的试卷，了解学生关于某些教学内容已掌握的知识点、学习经验以及不足之处，根据这些学情反馈决定是否需要进行必要的教学补充. 同时教师也可以针对每位学生已有的知识储备和知识不足，专门设计试题集，为教学过程中学生新知识的掌握奠定坚实的基础. 除了收集学生的信息，也可向同行教师或专家借鉴学情分析的资料，特别是对一些新手教师而言，参考同行教师的学情分析大大地节省了时间和精力，达到事半功倍的效果.

6. 基于理论和知识的分析法

此方法是马文杰和鲍建生在基于一定的教育教学理论进行分析的基础上提出的，他们认为当下成熟的教育理论与学习理论可以为学情分析提供基本的分析依据、分析视角与分析方法. [①]但在进行学情分析时，仅仅依靠一定的教育教学理论支持就如同一棵独木，无法成为茂密的森林. 只有在一定的教育教学理论指导下，再辅助多元分析方法，才能使得学情分析既具备科学性和理论深度，又具有现实的指导意义.

(三) 学情分析的基本过程

学情分析的基本过程大致可以分为两步：一是收集数据，二是分析数据.

---

① 马文杰，鲍建生."学情分析"：功能、内容和方法. 教育科学研究, 2013, (9): 52-57.

1. 收集数据

收集数据是学情分析的起点，也是前提. 没有学情的相关数据，学情分析就成了无米之炊. 在该阶段，首先应确定学情分析的目标，只有确定了目标，才能选择适当的方法进行分析，从而揭示学情所反映的意义. 其次是确定学情分析的范围，影响学情的因素有许多，但我们不可能也不需要眉毛胡子一把抓，只需依据教学内容和学情目标，有针对性地选择与此相关的学情因素进行分析. 最后将学情归类，根据学情分析的差异性原则可知不同的学情、不同的阶段需要采取不同的分析方法. 因此，教师需要对学情进行整体把握以采取有效的方法进行分析，然后是选择恰当的收集数据的方法，最后便是收集数据.

2. 分析数据

分析数据是对收集到的数据进行整理、归纳、分析、评价，并揭示其意义. 首先对收集到的数据进行整理归纳，根据不同的目标对象，比如将学情数据分为确定教学起点的，确定教学目标的，确定教学方法的，确定教学重难点的等. 其次依据自己的经验或理论对学情数据进行评价，最后揭示这些学情数据对于教学的意义.

[拓展阅读]

[1] 克鲁切茨基. 中小学生数学能力心理学. 赵裕春，李文湉，杨琦，等译. 北京：教育科学出版社，1984.

[2] 柯普兰. 儿童怎样学习数学——皮亚杰研究的教育含义. 李其维，康清镳，译. 上海：上海教育出版社，1985.

[3] 多诺万，布兰思福特. 学生是如何学习的——课堂中的数学. 史亚娟，译. 桂林：广西师范大学出版社，2011.

[4] 菲利普斯，索尔蒂斯. 学习的视界. 4 版. 尤秀，译. 北京：教育科学出版社，2006.

问题二　如何研读教材

研读教材是指通读整套、整册、整章教材，了解教材的基本内容和设计思路、教材的知识体系及整体结构、每章内容在整套教材中所处的地位和作用；精读每节、每课时教材中的课题引入、情境呈现、新知识形成和例题的分析过程，明确新知识的发生和发展过程，分析知识产生和发展过程中蕴涵的数学思想方法和数学活动类型，挖掘可能蕴涵的教育价值；仔细解答练习和作业中的每一道题，体会例题与练习的设计与安排，体会其中用到的数学知识、解题方法及蕴涵的数学思想.

读懂、悟透教材是构建高质量数学课堂之本原，是课堂教学研究的首要重点和基础性工作：从教学工作的视角讲，教材是最基本和最主要的课程资源，教材是课程标准直接而全面的体现，是实现课程目标的重要载体；从学生的视角讲，数学教材是课堂上学生学习的主要客体和对象，为学生的数学学习活动提供了主要课程资源和基本线索，是学生与他人、生活、社会、自然等联系的桥梁和纽带；从教师专业素质的视角看，对数学教材的理解和把握从根本上影响和制约着数学教师的专业发展，教师读教材、研教材、用教材的能力是专业素养和教学水平的直接反映；从实践上讲，那些层次不清、重点不明、效果不佳的数学课堂几乎都是教师对教材解读不够、研究不深所致，那些如行云流水般条理清晰、省时高效、课程目标整体实现的课堂，都是教师深刻理解、把握教材的行为体现.

当前教师研读教材存在如下问题：

(1) 过度“轻视”教材，部分课堂“浅尝辄止”；

(2) 过度“迷信”教材，部分课堂“为教而教”；

(3) 过度“创造”教材，部分课堂“雾里看花”.

一、为什么要研读教材

教材是实现课程目标、实施教学的主要依据，也是学生进行学习活动的主要基础，是师生完成“教”与“学”双边活动必不可少的载体. 一堂课的成功与否，从根本上看，取决于教师对教材文本的研读是否深入、到位. 所谓“研读教材”，就是要钻深、研透、读懂教材，从整体上建构数学知识的结构体系，分析具体的教学内容，科学地把握教学目标、教学重难点、前后教学内容之间的关系以及各个部分在整册教材乃至学段学习中的地位和作用. ①

教材作为教学实践的一个有力工具，在教师教学和学生学习的过程中发挥着重要的

① 徐静. 变换视角研读教材. 科学大众(科学教育), 2013, (6): 76.

作用.

(1) 教材充分体现了国家基础教育课程改革的基本精神. 经过多年改革的数学教材在关注学生数学基础知识和基本技能获得的前提下, 也十分重视学生在学习过程中情感、态度、价值观的形成, 强调学生学会学习, 改变了传统教材仅注重知识传授, 忽视学生心理发展的弊端.

(2) 教材内容全面真实, 契合教师教学的需要. 数学教材内容全面, 形式多样, 贴近学生的生活实际, 能够较好地激发学生的学习热情. 教材设计也十分符合教育教学的基本规律, 能够有效地引导教师教学.

(3) 教材较好地突出了学生创新精神和实践能力的培养. 新教材关注学生探究学习的能力, 注重培养学生创新精神和实践能力, 初步扭转了以往教材中强调接受学习、死记硬背、机械训练的状况, 进一步促进了学生学会学习.

(4) 教材整体上容量恰当, 难度适宜, 比较符合学生发展水平. 数学教材关注学生身心发展水平和教育教学规律, 整体上容量恰当, 难度适宜, 一定程度上改善了以往教材"难、繁、偏、旧" 的现象. ①

(5) 教材能够较好地激发学生的学习兴趣, 对学生的学习帮助大. 数学教材的难度相对偏低于许多教辅习题的难度, 更加关注学生的兴趣和经验, 注重课程内容与学生生活以及现代社会的联系, 这样既能够更好地让学生掌握基础知识和技能, 又可以有效地提高学生学习的积极性.

研读教材, 成了容易被教师忽略的教学准备. 当前, 许多教师在备课的时候, 不重视教材的作用, 导致课堂教学效率低, 在有限的课堂时间内, 无法完成相应的教学任务, 教学质量不高. 教师研读教材存在以下几个问题: 首先, 研读教材的时间被大量其他教学任务占据, 教师把大部分的时间贡献给了批改作业以及其他教学任务, 导致无法静心仔细研读教材. 其次, 深入分析教材难以展开, 由于现在教辅资料、电子资源十分齐全, 教师更偏爱于利用现成的集体备课教案, 或者其他的参考书, 仅稍微浏览一下书本, 就进入课堂上课, 备课时只读浮于表面的知识, 未能挖掘潜在的教育资源, 导致课堂教学状况百出. 最后, 教师未能从学生角度出发来研读教材, 导致一节课结束后未能把握教学重点, 下课铃声响了, 关键问题却未得到解决. 另外, 教辅资料相对而言较为枯燥乏味, 教师备课时没有从学生实际出发, 设计的问题太难或太简单, 课堂上学生毫无兴趣, 参与度低, 没有考虑学生的长远发展.

二、理解教材的理论基础

数学教材的编写是在以学生为主体, 教师为主导思想的指导下, 从大众化教育的基本特点、数学的学科特点、数学课程的性质以及不同学段的教学目标出发, 以学生的全面、和谐与可持续发展为本, 以《义务教育数学课程标准(2011 年版)》(以下简称《课程

---

① 石鸥, 刘学利. 课程标准实验教材的成就、问题与发展对策. 中国教育学刊, 2014, (2): 26-29.

标准(2011 版)》)和《普通高中数学课程标准(2017 年版)》(以下简称《高中课程标准(2017 版)》)为依据，构建中学数学教材体系与结构.

(一) 理解教材编写的指导思想

当前，数学教材编写主要贯彻如下的指导思想.

正确处理社会、学生、数学三者的关系，关注社会进步的需求，适应科学技术的发展趋势，与时俱进地认识数学的基础知识和基本技能，着眼于学生的长远发展，注重培养学生的创新精神和实践能力，提高学生发现、提出问题以及分析和解决问题的能力.

(1) 数学教材依据《课程标准(2011 版)》和《高中课程标准(2017 版)》进行编写. 如高中数学教材充分体现课程标准的四个基本理念，即：学生发展为本，立德树人，提升素养；优化课程结构，突出主线，精选内容；把握数学本质，启发思考，改进教学；重视过程评价，聚焦素养，提高质量. 同时，以实现《高中课程标准(2017 版)》的课程目标为宗旨，使学生通过高中数学课程的学习，获得进一步学习以及未来发展所必需的数学基础知识、基本技能、基本思想、基本活动经验，提高从数学角度发现和提出问题的能力、分析和解决问题的能力，培养数学抽象、逻辑推理、数学建模、直观想象、数学运算、数据分析等数学学科核心素养.

(2) 数学教材中素材的选择充分考虑知识的基础性、普及性和发展性. 如高中数学课程是义务教育后普通高级中学的一门主要课程，它包含了数学中最基本的内容，是培养公民素质的基础课程. 高中数学教材为学生的高中数学学习活动提供了基本线索，是实现课程目标、实施数学教学的重要资源. 选择的素材尽量源自于自然、社会与科学中的现象与实际问题，能够反映一定的数学价值，表现出不同内容之间的内在联系.

(3) 数学教学内容的编排与呈现突出知识的形成和应用过程，重视反映数学发展规律和学生认知规律. 教材充分创设各种教学情境，以具体实例为出发点，展现数学知识的发生与发展过程，加强不同数学内容之间的深层次联系，推动学生对数学知识的认识及数学本质的理解. 基础的数学概念与数学思想应体现螺旋上升的原则，逐步加深学生对数学知识、思想及方法的理解.

(4) 数学教材编写应引导学生从已有的经验知识出发，进行自主探索与合作交流. 在学习过程中要学会学习，致力于推动学生学习方式的转变和改进，为学生积极活动创设一个空间和可能的平台. 教材通过创设具有启发性、挑战性的问题情境，激发学生进行思考与探究，激励学生主动地学习和发展.

(5) 数学教材编排需详细考虑课程资源的整合，关注人文精神的培养. 采取多种形式来体现数学的文化价值、现代信息技术与数学课程的有机整合，应使现代信息技术的应用内化为课程的一个有机组成部分，充分考虑与其他课程资源在开发和利用方面相结合.

一般说来，编写教材大概步骤为：专家根据标准编写初稿→学校实验→收集信息→专家与教师讨论→编写组整合→再次实验→总结修改→形成实验教材初稿.

(二) 理解教材体系与结构特点

1. 数学教材的体系

例如, 根据《高中课程标准(2017 版)》的要求, 高中数学课程分为必修课程、选择性必修课程和选修课程, 突出函数、几何与代数、概率与统计、数学建模活动与数学探究活动四条主线, 并将数学文化融入课程内容. 其中, 必修课程包括五个主题, 分别是预备知识、函数、几何与代数、概率与统计、数学建模活动与数学探究活动; 选择性必修课程包括四个主题, 分别是函数、几何与代数、概率与统计、数学建模活动与数学探究活动; 选修课程是由学校根据自身情况选择设置的课程, 供学生依据个人志趣自主选择, 分为 A、B、C、D、E 五类.

2. 数学教材的结构与体例

数学教材结构主要包括版块、章、节、课时等. 按照《高中课程标准(2017 版)》的要求, 高一到高三年级必修课程的数学内容包括以下五个主题. 主题一: 预备知识, 内容包括集合、常用逻辑用语、相等关系与不等关系、从函数观点看一元二次方程和一元二次不等式; 主题二: 函数, 内容包括函数概念与性质, 幂函数、指数函数、对数函数, 三角函数, 函数应用; 主题三: 几何与代数, 内容包括平面向量及其应用、复数、立体几何初步; 主题四: 概率与统计, 内容包括概率、统计; 主题五: 数学建模活动与数学探究活动. 高中数学教材的编写者对于相关知识领域的意义、重心、发展线索及学生的认知过程, 都有其初步的认识, 且在此基础上形成自己独特的处理方式. 课时体例包括了导言、问题情景、动手操作、合作讨论、猜想与验证结论、例题与练习等.

就某一课时内容的编写意图来说, 理解教材编写意图要挖掘教材编写的明线、暗线、虚线.

(1) 明线. 明线——教材之线. 显而易见, 教材中的字句并不难认, 教师和学生都能看清. 在此所讲的教材这根明线, 特指知识系统、各章节知识要点、目的或梗概. 理清并掌握这根明线, 不仅是备好课的基础, 同时也是备好课的先决条件. 例如, 高中数学 "事件与概率" 一节, 教材所提供的内容有以下几个方面.

章引言——强调这一章的主要内容和学习方法.

节引言——强调了对随机事件的正确认识和事件的分类. 学生在日常生活中就接触概率知识, 学生对概率基于认知基础.

随机事件的不确定性、稳定性、概率的加法公式——这是本节的主要内容. 教材通过 4 个具体的实例, 了解随机现象的概念, 启发学生联系自身的生活和学习经历举出随机现象的例子, 帮助学生理解随机现象的概念. 在处理随机事件及其应用时, 最好把结论与应用联系起来, 这样学生获得的知识就会比较系统化.

应用——让学生体验到数学就在我们身边, 数学来自于生活, 并服务于生活.

(2) 暗线. 暗线——教材内在和本质的东西, 即所教知识的发生、发展过程. 教师在备课中要花大力气, 系统总结教材中的知识、概念、定理及定律等, 找出它们之间深层次联系, 并能围绕同一主线, 把知识点串起来, 把零碎的、分散的知识条理化、系统化. 教师要具备较强的思考、分析及归纳能力，才能对教材进行由浅入深、由表及里的整理. 上面分析的“事件与概率”这节内容，在这之前学生已经学习了统计的一些知识，由于事件与概率是分析与处理数据的基础，这就要我们用随机事件法这条主线来设计教学. 从教材的前后关系看，本节内容起到了承上启下的作用，是以后学习“计数原理”(选修 2-3) 的基础.

(3) 虚线. 虚线——学生的生理发展、智能发展、兴趣、动机、情感发展、知识和能力起点、学习习惯与经验、学科的基础知识和经验及教材中涉及其他学科的知识. 上面分析的“事件与概率”这节内容，由于概率教学的核心问题是让学生了解随机现象与概率的意义，所以教师应通过日常生活中的大量实际例子，鼓励学生动手试验、自主探究，这就是本节内容要解决的问题，弄清这些对培养学生问题意识具有重要的意义. 同时，这节内容与之前学过的频率等知识密切联系，又跟后续计数原理知识有关，其学习的内容与学生的生活息息相关. 教师在备课时熟悉和掌握有关知识点，与所教内容融会贯通，不仅课能讲得生动，富有吸引力，而且还能激发学生的学习积极性，取得教育教学的理想效果.

(三) 领会数学教材中例题、习题的作用

例题、习题在教学中有着特殊重要的作用. 例题、习题直接影响着新课的讲授，因此，分析例题、习题对讲授新课是不可或缺的. 加强对例题、习题的研究，对于讲解的例题和布置的习题作精心的选择与安排，明确例题、习题的目的、重点、分量等，并且除了对教材的例题与习题进行分析外，还要善于根据数学教材与学生的发展需要对其进行处理，可自编、改编或选编一些补充习题.

教材是根据课程标准进行编写的，是课程标准的具体化，是教学之本. 编者在编写过程中对每一个章节的安排都进行了严密的审视、仔细的推敲. 工作于教育一线的教师是教材的直接使用者，要认真研读教材，正确领会编者的意图，最大化教材的价值.

三、研读教材的途径

(一) 如何理解教材编写意图

作为一名教师，要轻松自然地上好每一堂课，首先要做的就是吃透教材，很好地领会教材的内涵，理解教材的编写意图，只有对教材有了深入的理解，教师在课堂上才能驾驭自如. [①]在理解教材的编写意图时，教师应该从以下几个角度去思考.

1. 立足作者角度，把握数学知识的生长脉络

教师在研读教材时，要仔细揣摩教材的编写理念，从作者的角度把握每一个知识点的深意和作用. 每一课时的知识内容都不是一个独立的存在，而是处在所属的一个整体的知

① 彭忆梅. 小学数学教师如何提高研读教材的能力. 当代教育理论与实践, 2017, (1): 15-17.

识结构之中，各知识版块之间有着相互关联、逐步深入的内在联系. 在对每一课时内容进行研读时，首先要从整体上把握教材的编排结构，理清这一课时内容在所属知识体系中所处的地位，了解知识发生的过程、产生的背景及其背后蕴涵的思想方法，进而把握知识内容的生长主线. 这样才能在预设教学时知道从哪里开始，又可以延伸至哪个层面.

2. 立足编者角度，领会章节编排意图

在教材编排时，编者往往将最基本的概念、思想、方法放在中心地位，将其作为教材的基本结构，并注重知识之间的纵向联系和横向沟通，为此教师要具备 “前有孕伏、中有突破、后有发展” 的整体数学教学意识. 单元教材各部分内容之间一般呈现三种关系：并列关系，即单元之中的每个知识点或每个小知识块彼此较为独立，如八年级下册第 3 章 “数据分析初步” 就属于此类；包含关系，即前者包容在后者之中，如人民教育出版社出版的《数学　九年级　上册》(简称人教版九年级上册)第二十二章 “二次函数”，在教学二次函数的图象与性质时，先是 $y=ax^2(a\neq 0)$的图象与性质，再是 $y=a(x-h)^2+k(a\neq 0)$的图象与性质，最后是 $y=ax^2+bx+c(a\neq 0)$的图象与性质，前后之间就有明显的包含关系，那么 “分数乘分数” 的教学便成了单元教学的重点；递进关系，即前者是后者的基础，后者是前者的延伸或发展. 呈这种关系的单元最为普遍，如在几何教学中，常常是先学菱形，再学正方形，知识之间互相联系，依次递进. ①

3. 立足学科角度，分析数学学科本身的特点

数学知识是前人通过反复的思考、推理、验证才得到的，静态的知识经过了复杂、激烈的思维过程才得以沉淀，仅仅依靠理解或记忆这些知识并不能真正激发学生思维的发展，只有充分探索知识的形成过程才能形成对学生思维的足够挑战. 因此，教师在备课时，应该要关注本节知识内容的形成和发展过程，通过研读教材，可以在教学实践中引入相关的数学史，将数学课堂变得更加具有 “数学味”. 数学教学的 “数学味” 主要是指教学活动中能否很好地体现数学的思维方法和文化价值.

4. 立足学生角度，探寻学生数学学习的思维方式

由于受生活经验、知识经验和生理成熟程度的影响，学生是一个不断发展、具有独特个性的个体. 这就决定了教师更需要从学生 “学” 的视角深入地把握教材，采用补充、修改、调换、删减等方法对教材进行 “精简扬弃”，优化、完善教材资源，探寻学生学习这一知识内容时的思维之线. ②教师从学生学习的角度研读教材，可以从以下几个问题思考：①学生的认知起点. 对于本节课学习，学生认知起点的确定尤为重要. 教师需要考虑学生现有的认知基础是什么？认知水平如何？通过本节内容的教学，学生能在哪些方面获得发展？学生有没有和本节知识相关的生活经验？②学生的认知转折点. 学生在学习本知识内容时，新旧知识之间的转折处在哪里？通过怎样的方式能够更好地引导学生将

① 郑贵飞. 小学数学教材研读的策略. 宁波教育学院学报, 2017, (6): 135-137.

② 朱长生. 例谈从小学生视角研读数学教材的策略. 数学研讨, 2011, (12): 29-30.

新知识纳入到已有的认知系统中进行同化？③学生的认知困难点. 本节课的知识内容对学生而言学习难点在哪里？用什么方法可以帮助学生突破难点？这些问题，都需要教师在研读教材的时候进行思考.

(二) 如何确定教材的地位和作用

教材是教与学的依据，不以教材为基础的数学课堂会失去方向，教学质量也没有保障，但一些教师在对教材的认识方面存在两种极端误区，从而影响对教材的处理. 一种误区是将教材神圣化、教条化，将其视为神圣不可侵犯，忽略学生主体和教学实际，盲目迷信教材，对教材不做任何处理，不敢越雷池半步，将“用教材教”误读为“教教材”. 另一种误区是还未读懂、读透教材，便凭经验肆意更改或舍弃教材资源. 我们鼓励创造性地使用教材，但这是基于充分挖掘教材内涵、领悟和内化教材的编写意图的前提下的，失去根基的盲目“创新”，容易背离教学本质，弄巧成拙.

确定某节或某课时教材的地位和作用，需先确定整章内容在教材体系中所处的地位和作用，梳理整个教材体系，将教材内容分类归纳，把握整体的知识体系. 再了解单元内课时与课时之间的联系，做到对一节课在整章、整个教材体系中位置和作用都心中有数. 此外，在关注教材的知识体系外，亦要从教材文本的表象信息中读出无形的数学思想方法这条暗线，细心体会编者的意图.

案例 1　引言的教学功能

高中平面向量中的“向量的线性运算”，在该节前有一段引言，用一个实际问题引入向量，在调研中，笔者问：教材中的这段引言的教学功能是什么？在其不知所云时，我们进一步提示：这段引言的编写意图是什么？在还无法回答时，又问得更为明确：编者为什么要写这一段引言？大多数教师的回答是“为了引入向量”，只有个别教师说是“为了说明引入向量的必要性”，没有人能从唯物辩证法的高度来认识“数学源于生活”的典型案例.

【评析】　一般地，教材在每一章的开头都有章引言，有的还配有与本章内容配套的图片——章头图. 章引言通常是对本章所涉及的内容、思想方法做一个简要的介绍，章头图往往是展示本章内容在科学技术中的应用，传播数学文化等. 例如，圆锥曲线这一章的章头图展示了圆锥曲线性质的应用——雷达的抛物线天线、人造卫星运行的轨道画面等. 但是，在教学中，很多教师对章引言、章头图的作用认识不足，重视不够，忽略它的教学也并不少见. 如何使学生对本章将要学习的内容、结构，甚至思想方法有一个大致的了解，发挥章引言的“先行组织者”“导游图”的作用呢？

通过章引言的教学，可以使学生对全章的学习内容总体上有一个大概的了解，帮助学生高屋建瓴地认识学习内容，形成良好的知识结构. 比如，三角变换这一章，在学习了两角差的余弦公式之后，通过“如何认识、研究这个公式”，不仅可以让学生展望今后学习的内容，还能够感受数学研究问题的一般方法：特殊化、一般化、从函数的角度认识、从方程的角度认识等，于是一切都变得那样地自然. 学生不仅看到了它的“来龙”，而且知道它的“去脉”，看到的是知识的“生长”过程，感受的是逻辑，掌握研究问题的基本方法. 教师可以引导学生自己提出许多要研究的问题，主动开展本章的研究，甚至可以把后面的课上成研究结果展示课、汇报课，这对于培养学生的能力是十分有利的. 实践已经证明，这样做可以取得很好的效果.

章引言的教学要设置恰当的过程. 章引言毕竟是“引言”，不是对全章内容的全面认识，把握好“度”，做到“恰当”二字就显得必要，特别要注意过程自然、平顺. 对于需要建立较多概念才可以介绍的章引言可以不必在第一课时完成.

此外，在教学过程中，不要增加学生的负担，让学生产生畏惧心理，不能让学生感到本章内容肯定很难. 让学生全面认识本章要靠后续若干课时的学习来完成，起始课中往往仅仅介绍一个概貌即可. 例如，“数列”一章的起始课，建立了数列的概念之后，介绍“它是刻画离散过程的重要数学模型”，这样学生能够更容易接受，再介绍将学习一般数列的表示方法，并将研究两类重要的数列——等差数列和等比数列，解决与这些数列相关的问题，了解它们在实际生活中的应用. 对于什么是等差数列、等比数列这些学生生疏的概念就不能继续介绍，宜粗不宜细了. 这些内容只能通过以后的学习才能了解到，是学习内容的展望而已.

章引言的教学，内容涉及面往往较广，时间跨度往往较大，知识储备往往要求较多，因此，应该是“虚”的多一些，“实”的少一些；宏观的多一些，微观的少一些.

案例 2　从教材体系出发，确定教材地位和作用

“合并同类项”是七年级上册第 4 章“代数式”4.5 节的内容. 这一章一共包括“用字母表示数”“代数式”“代数式的值”“整式”“合并同类项”“整式的加减”六节内容. 分析课程标准和教材可知，七年级上册的第 1 章“有理数”、第 2 章“有理数的运算”、第 3 章“实数”、第 4 章“代数式”和七年级下册第 3 章“整式的乘除”、第 4 章“因式分解”、第 5 章“分式”前后衔接紧密，一脉相承，属于初中阶段“数与代数”这一大块内容中的“数与式”.“代数式”既是对七年级上册前三章的深化与应用，同时又是学习七年级下册后三章的重要基础.

在“代数式”这一章中，“合并同类项”是本章的一个重点，是在学习了有理数运算、用字母表示数、代数式的值、单项式、多项式的基础上，对同类项的合并进行探索研究. 合并同类项的法则建立在数的运算的基础之上，是有理数加减运算的拓广与延伸，让学生体会到“分类”“合并”的意义. 合并同类项的法则在整式的加减中有所应用. 此外，合并同类项也是下一章学习等式的基本性质、一元一次方程的解法的铺垫性知识，亦是后续学习解不等式的基础.

【评析】 本案例先从整体上分析“合并同类项”所在单元在整个教材体系中的位置与作用，再研究了“合并同类项”在“代数式”这一章的地位与作用以及与前后章节的联系.

将一节课置身于整个单元和教材体系中，梳理归纳知识体系，使内容纵向成线，前后承上启下，有助于将教材读薄读透.

案例 3　借助结构图确定教材的地位与作用

【片段一】 确定“函数”教学内容的地位与作用.“函数”是中学数学最重要的基本概念之一，在中学教材中，函数教学大致可分为两个阶段，第一个阶段是在初中用运动变化的观点形象地刻画函数概念.第二个阶段就是高一，用集合、映射的思想刻画函数的概念，从而揭示了函数概念的本质.函数这节内容在本章里所处的地位和作用，从下面知识结构简图可以看出，它具有承上启下的重要作用.①

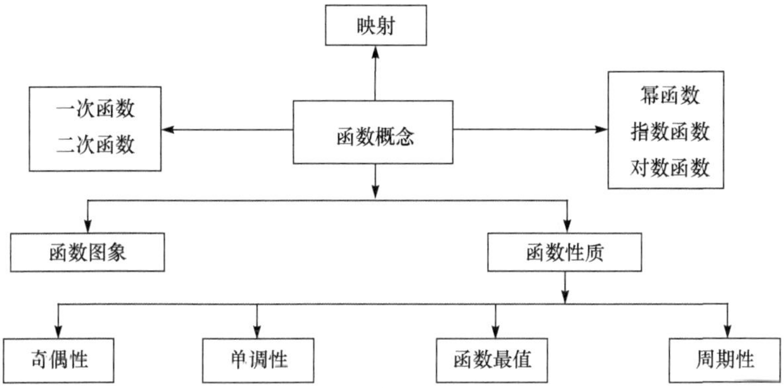

【片段二】 为了更好地让学生明确目标，从而有方向性地进行复习，以框架图或表格的形式呈现给学生，可以使学生对知识要点的把握一目了然，轻松而高效地进行复习，少走一些弯路.如教师的教参上每章都有，就拿九年级上册的第 4 章“相似三角形”来说，就有以下结构图.②

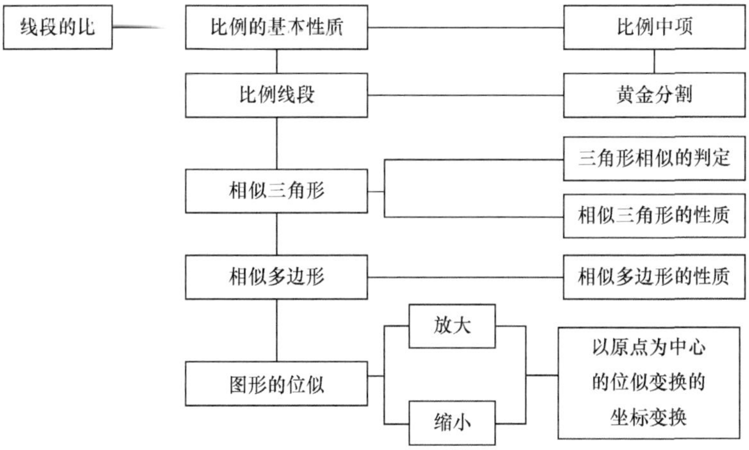

【评析】 本案例的片段一利用结构图说明了“函数”内容在整章教学内容中的地位与作用，结构图的刻画可以帮助教师直观感受教材的中心点在哪里，从而把握重点，明确教材各章节内容的地位和作用.片段二一方面说明结构图不但可以体现教材内容的作

① 邓惠敏. 函数(说课教案). 数学教学通讯：中教版, 2000, (9): 34-37.

② 陈丽君. 初中数学教学中框架图的应用. 考试与评价, 2012, (5): 49-50.

用与地位，而且还可以直观归纳具体知识，确定具体知识的作用，另一方面说明教师可以选取合适的教参，从而辅助教学，确定教材内容的地位与作用.

(三) 怎样读懂教材所涉及的相关知识与教学要求

教师在了解本节在该单元和整套教材中所处的位置和作用后，要精读本节、本课时，解读其内容，弄清编排意图.

课程标准是教材编写的依据，所以分析教材需与课程标准紧密结合，在充分领会课程标准理念与要求的基础之上研读教材. 此外，教材是对课程标准的一次再创造、再组织，每个版本教材都具有独特的切入视角、呈现形式等，为了读懂教材所涉及的相关知识与教学要求，需在熟悉整个教材体系的基础上，钻研本节内相关知识的结构与联系，关注知识的同时关注知识背后隐藏的思想方法.

案例 1　“绝对值”概念在教学中的教学要求把握

“绝对值”是七年级上册第 1 章“有理数”1.3 节的内容. 学生在小学阶段学习过距离和两个数之间的比较，到了七年级，学习“绝对值”之前，学生已经学习了有理数、数轴和相反数，即此时学生已经具备了学习绝对值的基础. 此外，绝对值也是学习有理数的大小比较和有理数的混合运算的铺垫性知识. 本节通过节前图和节前语与合作学习引出绝对值的概念，如图 1.

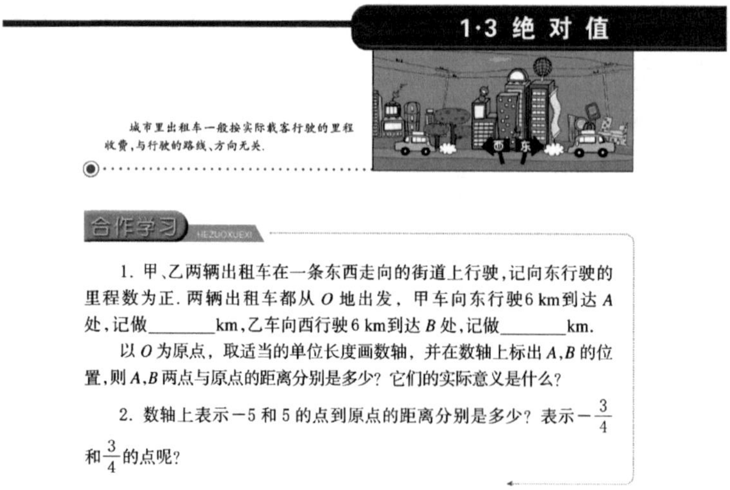
1·3 绝对值

城市里出租车一般按实际载客行驶的里程收费，与行驶的路线、方向无关.

合作学习 HEZUOXUEXI

1. 甲、乙两辆出租车在一条东西走向的街道上行驶，记向东行驶的里程数为正. 两辆出租车都从 O 地出发，甲车向东行驶 6 km 到达 A 处，记做________km，乙车向西行驶 6 km 到达 B 处，记做________km.

以 O 为原点，取适当的单位长度画数轴，并在数轴上标出 A,B 的位置，则 A,B 两点与原点的距离分别是多少？它们的实际意义是什么？

2. 数轴上表示 -5 和 5 的点到原点的距离分别是多少？表示 $-\frac{3}{4}$ 和 $\frac{3}{4}$ 的点呢？

图 1

节前图和节前语，说明人们在生活和生产实际中有一些场合是不需要考虑量的方向的. 再通过合作学习，巩固将一对相反数表示在数轴上时，它们到原点的距离相等的认识，进而概括一个数绝对值的概念、记号和表示法. 教材中再利用例 1(求下列各数的绝对值)及时巩固绝对值的概念，并归纳出求绝对值的法则. 绝对值的概念是本节的重点，绝对值的实际意义，为什么它是正数或零？这些需要借助数轴进行理解，故对绝对值的概念及其几何意义的教学要求应达到“理解”. 只有达到了“理解”的水平，借助数轴数形结合，学生才能更直观清晰地理解绝对值的法则.

【评析】 本案例在分析“绝对值”这一节在教材中的地位与作用后，通过分析本节所涉及的相关知识之间环环相扣的联系来确定绝对值的概念的教学要求.《课程标准(2011 版)》中关于绝对值的要求为：借助数轴理解绝对值的意义，掌握求有理数绝对值的方法. 这与案例中分析得出的理解绝对值的概念及其几何意义一致. 分析教材所涉及的相关知识与教学要求，需结合课程标准，在充分理解课程理念和教材编写意图的基础上，明晰教材相关知识达到相应教学要求的理由.

案例 2　“代数式的值”教学要求把握

“代数式的值”是七年级上册第 4 章“代数式”4.1 节的内容. 求代数式的值是学生会列代数式后，经历给定一个数求代数式的值的过程，它是后续学习方程、函数的重要基础.

本节以 2001 年北京申奥成功时，莫斯科和北京的时间作为背景，引出代数式的值的概念. 紧接着“做一做”这个栏目给出了和节前类似的问题，三个与伦敦和北京的时间差相关的问题，巩固了代数式的值的概念，这三个小问题也体现了从特殊到一般再到特殊的过程. 然后给出了例 1 和例 2 如下：

例 1　当 n 分别取下列值时，求代数式 $\frac{n(n\quad 1)}{2}$ 的值.

(1) $n=-1$.　　(2) $n=4$.　　(3) $n=0.6$.

解　(1) 当 $n=-1$ 时，$\frac{n(n-1)}{2}=\frac{(-1)\times(-1-1)}{2}=1$.

(2) 当 $n=4$ 时，$\frac{n(n-1)}{2}=\frac{4\times(4-1)}{2}=6$.

(3) 当 $n=0.6$ 时，$\frac{n(n-1)}{2}=\frac{0.6\times(0.6-1)}{2}=-0.12$.

例 2　圆柱的体积等于底面积乘高. 若用 h 表示圆柱的高，r 表示底面半径，V 表示圆柱的体积.

(1) 请用字母 h, r, V 写出圆柱的体积公式.

(2) 求底面半径为 50 cm，高为 20 cm 的圆柱的体积.

解　(1) $V=\pi r^2 h$.

(2) $\because r=50, h=20$,

$\therefore\ V=\pi\times 50^2\times 20=50000\pi\ (\text{cm}^3)$.

答　所求圆柱的体积为 $50000\pi\ \text{cm}^3$.

《课程标准(2011 版)》关于代数式的值的要求为：会求代数式的值；能根据特定的问题查阅资料，找到所需要的公式，并会代入具体的值进行计算. 例 1 和例 2 分别对应了《课程标准(2011 版)》中的两个要求的内容.

【评析】 案例梳理了本节的内容，将其连贯为一条线，结合课程标准分析例 1 和例 2 在教材中的作用与教学要求. 例 1 反映了代数式的普遍意义，即对于同一个代数式，当字母取不同的数值时会得到相应的值. 例 2 的设计正好对应了《课程标准(2011 版)》中的第 2 个要求. 例 2 是对例 1 的进一步深化, 用代数式解决简单实际问题, 公式是用等号连接两个代数式而成的等式, 例 2 中第 2 个问题就是求公式中右边的代数式的值的过程.

四、理 论 提 升

仔细研读教材是实现有效教学的前提, 直接目的是提高教师驾驭教材、驾驭课堂的能力, 其根本在于推进素质教育的实施, 进行教与学方式的互动与变革, 提高课堂教学的有效性和教育教学的质量. ① 为了确定教材在教学中的地位和作用, 我们要从以下几点出发, 对教材进行分析.

(1) 从学生出发, 是否遵循学生学习思维的发展. 教材首先应该满足学生学习的需要, 要能够深入到学生思维的深处, 教师应该利用教材中的可延伸之处, 激发学生的思维冲突, 将学生的思维引导到更深之处. 课堂教学的核心任务是解决教材与学生认识间的矛盾, 没有教材或不依赖教材的教学会失去内涵、失去方向, 其质量也就没了依托与根基. 因此, 教材对学生的学习和教学质量的提高应具有基础性、导向性、工具性的作用. ②

(2) 从课程内容出发, 是否传递基本的数学思想方法. 教材应充分体现各种基本的数学学习的思想方法, 要能够辅助教师引导学生形成良好的思维习惯. 教师研读教材时必须明确课程内容是用什么素材、以何种形式呈现的, 编排意图是什么, 怎样教才能更好地体现教材意图, 进而准确把握课程材料的精髓和教学本质, 科学合理地把教材上的课程材料转化成教学内容, 将静态的知识转化成动态的思维, 在课程专家意图与学生思维活动之间搭起一座桥梁.

(3) 从课程标准出发, 是否符合国家对数学学科发展的要求. 与其他课程资源相比, 教材更应该具备权威性, 在很大程度上反映国家意志, 代表国家对学科教育的基本要求, 为学科教育树立一个基本的统一的标杆和尺度, 是政策性很强的课程资源. 因此, 教材在教学工作中主导性、核心性、权威性的地位是不可动摇的. ③

(4) 从教材本身出发, 是否满足对数学文化教学的需求. 数学教材主要是通过图片、表格、文字等载体向学生呈现事实、概念、公式、法则等课程内容, 是学科知识的浓缩和反映, 也是促进学生发展的工具和手段. 但是数学教学不仅要传授学生数学知识, 还要加强学生对数学文化的认识和理解. 因此, 教材应能够较好地反映数学学习的文化价值, 让数学教学更具有传承性和延续性.

(5) 从教学目标出发, 是否满足教师教学、学生学习的需要. 教材作为教学实践的辅助工具, 应帮助教师达到多方面的教学效果. 教材不仅要呈现数学课程标准中所要求的各个知识点, 还应该安排相应的数学活动, 让学生在获得知识与技能的前提下, 掌握数学学习的过程与方法, 培养学生的动手操作能力, 促进学生形成良好的情感态度与价值

---

① 方绣. 浅谈小学数学教师如何有效研读教材. 教学研究, 2012, (8): 13.

② 徐国裕. 有效课堂从研读教材起步. 教育评论, 2014, (2): 123-125.

③ 同②.

观，养成良好的数学学习思维习惯.

数学教材是教师教的依据，也是学生学的对象，它承载着数学知识与技能、数学思想与方法、解题策略等人类文化的结晶. 面对静态的数学教材，教师需要深入其中，把握实质，才能浅出，从而帮助学生学好数学. 可以说，教师对数学教材解读的深度、准确度制约着教学的有效性，决定着学生学习的成败. [①] 为此，教师在研读教材的过程中要做到以下几点.

(1) 解读数学课程标准，把握课程内容的重难点，完成既定的教学目标.

数学课程标准是国家课程的基本纲领性文件，是国家对基础教育数学课程的基本规范和质量要求，它对数学教材、教学和评价具有重要的指导意义. 因此，教师要根据数学课程标准的要求，较为全面地理解教材，但教师并非要把所有的理解都教给学生，而是要将自己的理解化繁为简，把握课程内容的重难点，完成相应的教学目标，使教学活动有序地展开.

(2) 着眼于学生的最近发展区，关注学生的认知特点.

数学教学要善于找准学生的最近发展区. 因此，教师在备课时，要以学生的认知发展水平为前提，分析教材中能够促进学生认知发展的内容. 只有基于学生学习基础的教学，才能帮助学生有效建构数学知识. 因此，教师要正视学生 "现有水平" 和 "可能发展水平" 之间的差距，寻找学生学习的真实起点. [②]

(3) 整体把握数学教材，理清知识之间内在的逻辑顺序.

数学是一门系统性、逻辑性很强的学科，相关知识之间的内在联系十分紧密. 没有对学科知识结构的整体把握与理解，有效教学就无从谈起，因此数学教师要从宏观上研读教材，整体把握各部分知识的来龙去脉和纵横联系，明确教学内容的前后关联性，构建数学知识的结构体系，利用结构体系组织教学内容，提高学生的学习效率，启迪学生的智慧.

教师要从纵向分析，从数学教材体系甚至从大数学知识背景中理清教学内容的来龙去脉，明白它们如何构成一个递进的知识结构体系. 这样有利于体现数学教学的连贯性和新旧知识的关联，有利于学生准确把握教学目标，也有利于学生知识结构的纵向建构，能引领学生进一步去思考和探索. 另外，教师还要横向研读其他版本教材，读出相同知识点的不同编排特点，并进行比较、借鉴. 让学生及时横向沟通，领会新知识点更广泛的应用范围，从而达到以点带面的效果. [③]

(4) 阅读教材前言和章节引言，揣摩编者的安排意图.

许多教师在研读教材时，往往只关注本节课的内容，忽视了教材前言和章节引言起到的导向作用. 在研读本节课内容之前，教师应该通读引言，明确编者的安排意图，根据教材所呈现的教学内容，分析它在本册乃至本学段教学中的地位和作用，把握教材的重难点.

---

① 张卫星. 研读数学教材的四个维度——以人教版数学四年级上册 "烙饼问题" 为例. 教学与管理(小学版), 2015, (5): 35-37.

② 郑贵飞. 小学数学教材研读的策略——以小学高年级小数除法为例. 宁波教育学院学报, 2017, 19(3): 135-137.

③ 徐国裕. 有效课堂从研读教材起步. 教育评论, 2014, (2): 123-125.

(5) 研读教材内容，分析例题、习题(简称例习题)的编排及其传递的数学思想方法.

教师在备课时，要充分利用教材中的例习题资源，开发其价值，这是研读教材、构建有效课堂的重要方面. 现行各版本教材都注重提供不同层次、形式多样的习题，各种习题基本上占据了教材过半的篇幅. 教师往往较重视教辅材料中习题的研究，忽略教材习题的研读，把教材中高质量的习题当作供学生练习的普通材料，导致教材习题资源的价值难以有效发挥. 因此，精细品析教材例习题，实现其价值的最大化、最优化是研读教材的重要工作，是实现高效课堂、减轻师生负担的重要途径.

教师可以从以下三个方面研读教材例习题：①解读例习题设置的目的性、层次性. 教师要弄清每道例习题设置的意图与作用，理清例习题间难易、深浅的层次安排，分清哪些是巩固概念、公式、法则的基本题，哪些是促进理解、应用的变式题，哪些是需要综合运用知识、技能的综合题和提高题. ②分析例习题的呈现形式、学生的解题特点. 教师要分析例习题的呈现形式是否符合学生练习的心理需求，学生解答这些例习题的思维过程有哪些特点. ③探寻习题蕴涵的思想方法、拓展空间. 教师要分析问题解决过程蕴涵的数学思想方法，探寻哪些习题可以一题多变、一题多解，哪些习题存在拓展延伸的空间，怎样用好用活习题. ①

(6) 分析教材中其他内容(包括旁白、插图、情境等)对学生学习的影响，丰富教学资源.

教师应在读通教材的基础上读厚教材. 读厚教材，就是教师在备课中对教材深度的探索和个性化的解读. 因此，教师从宏观上整体把握教材的数学知识结构体系后，要从微观上深入研究每节教材内容涉及的图片与问题情境、素材与呈现方式、提示语与旁注等，深刻领悟每节内容的教学本质和核心价值. ②教师不仅要研读教材中的图片、文字、留白，还要通过各种渠道全方位地搜索相关文献资料、生活中的语言素材等教学资源，对教材进行深挖广思，不断完善自身的知识体系. 读厚教材意味着教师应该以专业的视角挖掘显在、潜在和内在的教学资源，要做到以下四点：深入读图，琢磨插图的潜在意义；仔细读文，挖掘文字的蕴意；预设读白，延伸语言的用意；搜索资料，完善知识的体系.

[拓展阅读]

[1] 章建跃. 中学数学课程论. 北京：北京师范大学出版社, 2011.
[2] 张永春. 数学课程论. 南宁：广西教育出版社, 1996.

① 徐国裕. 有效课堂从研读教材起步. 教育评论, 2014, (2): 123-125.

② 同①

问题三 如何确定教学目标

教学目标是指学习者通过教学活动预期达到的学习效果. 教育目的、教学目的和教学目标经常会被混淆. 教育目的是指一定社会对人的培养的总要求, 规定培养人的质量规格. 教学目的是对教学活动的总体要求, 它对所有的教学活动都具有普遍的指导意义, 教学目标只是对特定的教学活动起指导作用. 教学目的反映了某一时期社会的意志, 不能随意变更, 教学目标则可由教师根据教学实际需要, 自主、灵活地选择确定. 故教学目的和教学目标是一般和特殊的关系, 教学目标是教学目的的具体化.

教学目标是教师进行教学活动的依据和导向, 要确保课堂教学顺利、高效, 必须首先明确教学目标, 那确立教学目标的依据是什么呢? 其一, 课程标准是制定教学目标的根本依据. 课程标准规定了学科教学的目的、任务、内容及基本要求, 对教学起着重要的指导作用. 其二, 教材是制定教学目标的重要依据. 认真钻研教材, 准确把握教材内容, 制定的教学目标才能把握关键, 突出重点. 如今, 网络资源日益丰富, 各类教学参考用书亦层出不穷, 一些教师照搬网上"优秀教案"或教学参考书上现成的教学目标, 课程标准和教材意识淡薄, 没有深刻钻研其内涵, 凭经验上课, 往往导致重点偏离, 事倍功半. 其三, 深入了解学生情况是制定教学目标的必要依据. 学生学习新知识的条件是否已满足, 学生的生理心理有何特点等, 这些问题, 只有准确、深入地了解学生才能回答, 进而制定科学而又切实可行的教学目标.

一、怎样根据课程标准要求和教材内容确定教学目标

课程标准和教材的内容是确定目标的基础, 是保障目标朝正确方向发展的方向盘. 但教师在确定目标的过程中总是会存在这样那样的问题. 主要存在的问题有以下几方面.

(1) 教学目标的行为主体错乱. 教学目标是教学活动结束后学生达到的预期学习结果, 所以行为的主体应该是全体学生, 而不是教师. 但在现实教学中, 不少教师喜欢在教学目标中使用"使学生……掌握……""引导学生……""培养学生……能力"等表述方式, 而这些表述明显偏离了以学生为主体的目标定位. 因为"使""引导""培养"等都是用于描述教师行为的字眼, 落实在课堂教学活动中, 显现出来的是教师如何追求课堂教学任务的完成, 如何追求课堂教学过程的完美, 以致降低甚至忽略了对学生学习结果的预期. 如果教师制定这样的教学目标, 就会很难检验学生的知识、能力、情感是否发生了变化.

(2) 照搬课程标准或者教参上的目标, 没有根据学生的实际情况将课程标准以及教材的要求转化为切实可行的教学目标.

(3) 过分注重从应试的角度确定教学目标, 没有关注学生的情感态度与价值观. 特

别是在复习课当中，教师对教学目标的认识不够，致使初中数学复习课的教学设计中出现没有教学目标或教学目标不明确、重点不突出的情况. 而且部分教师喜欢通过对知识点的复习，反复练习的方式达到提高学生解题能力的目标，忽视了学生自我梳理、自我总结的能力的培养. 尤其到了九年级，不少学生几乎变成了做题的工具，不少学生仅靠记忆去解题，这对学生创新思维的培养是很不利的.

(4) 盲目罗列教学目标. 有些教师在写教学目标时，为体现课堂教学目标的全面性，喜欢将所有知道的或者看到过的教学目标都罗列上去. 殊不知，课堂教学目标是短时目标，不可能要求学生在学习后三个维度[①]都能发生变化，特别是情感态度与价值观的目标是一个循序渐进的结果，不可能仅凭一课时达到目标.

(5) 新教师往往忽视学生的需求. 一些新教师，在教学过程中往往十分关注课堂上需要讲什么，而忽视学生在课堂上需要获得什么. 所以这些教师在教学目标中罗列教学的主要内容，而不是学生的学习结果. 这说明这些教师在课堂教学目标设计中更多想到的是灌输给学生什么样的知识，很少想到学生是教学主体，教学的主要目标是使学生获得全面发展.

(6) 教学目标的表述过于含糊，不具体. 教学目标是教学中师生通过教学活动预期达到的学习结果和标准，必须是可测的，否则就不能充分发挥教学目标的功能，但由于传统表述方式对教师的影响，部分教师仍然使用描述内部心理的词语来陈述课堂教学目标，比如“培养抽象概括的能力”“树立……意识”等. 而通过教学活动，是否真正“培养抽象概括的能力”或者“树立……意识”，我们无从得知. 但是我们知道这样的目标太过空泛，缺乏质和量的规范性，而且这样的目标仅凭一课时的教学根本不可能达到.

教师需要深入分析、钻研课程标准和教材，将其理念、要求内化，从知识与技能、过程与方法、情感态度与价值观三个维度出发制定教学目标. 三个维度的目标是一个相互联系、相互作用的整体，不能将其机械割裂，生搬硬套地把教学目标弄成固定模式. 三个维度的目标并不意味着平均主义，而是有其层次递进性. 确立教学目标时，应尽可能做到明确具体、相互关联、逐步递进，避免空泛教条.

案例 1 “数轴”的教学目标

七年级上册第 1 章 1.2 节的内容为“数轴”.《课程标准(2011 版)》关于数轴内容的要求为“借助数轴理解相反数和绝对值的意义，掌握求有理数的相反数与绝对值的方法，知道$|a|$的含义(这里a表示有理数)”，其中绝对值为第一章第三节的内容. 分析教材可知，“数轴”这节内容是在学生学习了正数和负数的意义及有理数的概念的基础上，由温度计表示的温度高低引出数轴的概念和在数轴上表示有理数的方法，进而引出相反数的概念和互为相反数在数轴上的位置关系. 结合课程标准与教材制定三维教学目标如下.

◆ **知识与技能**

(1) 理解数轴的概念，能读出数轴上的已知点所表示的有理数，能用数轴上的点表

① 三个维度，即知识与技能、过程与方法、情感态度与价值观.

示有理数.

(2) 理解相反数的概念, 理解互为相反数的一对数在数轴上的位置关系, 能求一个数的相反数.

◆ **过程与方法**

(1) 经历从实际情境中抽象出数学模型(数轴)的过程.

(2) 体验有理数与数轴上的点的对应关系, 从而体会数形结合的思想.

◆ **情感态度与价值观**

感受数轴源于生活, 数学知识与现实世界密切相关.

【评析】 数轴是初中数学的核心概念之一, 学习数轴是学生经历把数和形结合起来的过程. 本案例中制定的教学目标符合课程标准要求, 与教材内容结合紧密, 如知识与技能目标中的 "能读出数轴上的已知点所表示的有理数" 与教材中例 1 相对应. 数轴不仅是学习相反数、绝对值知识的基础, 也是以后学习不等式等内容的重要工具, 且内容难度不是非常大, 故对数轴学习要求程度较高, 如在 "数轴上的点表示有理数" 前使用了 "能", "能" 与行为动词 "掌握" 的要求程度属于同等水平. 教学目标的制定, 不应仅仅研读一节课的教学内容, 更应熟悉整套教材体系, 前后融会贯通, 整体把握教材和课程标准, 方能立意准确, 避免模棱两可.

案例 2　"角的大小比较" 的教学目标

"角的大小比较" 是七年级上册第 6 章 "图形的初步知识" 6.6 节的内容.《课程标准(2011 版)》关于角的大小比较的要求为 "能比较角的大小". 阅读教材可知, 本节介绍了度量法和叠合法两种方法比较角的大小, 由于学生当下还未学习用尺规做一个角等于已知角, 介绍用叠合法比较角的大小存在一定局限性, 故本节学生只需了解叠合法即可. "角的大小比较" 教学目标制定如下.

◆ **知识与技能**

(1) 理解角的大小的概念.

(2) 能用度量法比较两个角的大小, 了解比较两个角的大小的叠合法.

(3) 会用量角器作一个角等于已知角.

(4) 理解角的分类.

◆ **过程与方法**

经历用量角器作一个角等于已知角, 比较角的大小的过程, 培养动手操作能力.

◆ **情感态度与价值观**

通过对角的大小比较, 进一步体会几何图形的形象直观美.

【评析】 角的大小比较是在学习了线段的长短比较、角与角的度量等知识的基础上进行的, 它既是对前面所学知识的综合应用, 也是对这些知识的拓展和延伸, 为以后角与角的关系的认识以及平面几何中的一些相关内容的学习奠定良好的基础. 以上教学目标符合《课程标准(2011 版)》的同时, 亦符合教材前后内容对本节内容要求的水平, 且描述清晰具体, 不是空话, 对教学实践有较好导向性.

案例 3 平方根的教学目标

七年级上册第 3 章 3.1 节的内容为“平方根”. 相应的《课程标准(2011 版)》要求为: 了解平方根、算术平方根的概念, 会用根号表示数的平方根、算术平方根; 了解乘方与开方互为逆运算, 会用平方运算求百以内整数的平方根.“平方根”这一节内容是在加、减、乘、除、乘方五种运算的基础上建立的一种新的运算——开平方. 第 3 章的主要任务是扩展数系至实数, 而平方根的概念为实数概念的建立打下基础. 本节教学目标如下.

◆ **知识与技能**

(1) 了解平方根、算术平方根的概念, 会用根号表示数的平方根、算术平方根.

(2) 理解平方根的相关事实(一个正数有正、负两个平方根, 它们互为相反数; 0 的平方根是 0; 负数没有平方根).

(3) 了解乘方与开方互为逆运算, 会用平方运算求某些非负数的平方根.

◆ **过程与方法**

探索平方根概念及其相关事实, 体会分类思想.

◆ **情感态度与价值观**

在探索过程中, 感受数学的严谨, 养成独立思考、反思质疑的学习习惯.

【评析】 教材中求平方根时涉及一些简单的分数或小数, 如“0.36, $\frac{16}{9}$”等, 虽课程标准要求为“会用平方运算求百以内整数的平方根”, 但考虑到以后运算中涉及的简单分数或小数的开平方, 将教学目标定为“会用平方运算求某些非负数的平方根”亦为合理. 开平方运算与学生之前学习加、减、乘、除、乘方五种运算的思维有区别, 开平方运算会出现不同情况, 要进行分类. 案例中将体会分类思想置于过程与方法目标中, 可见注重前后知识的区别与联系. 三维目标并非割裂、独立的, 通过过程与方法, 即探索平方根概念及其相关事实的过程才能达到知识与技能目标, 也在体会开平方运算与以往运算的差别中, 感受分类思想, 形成反思质疑的学习习惯. 同时, 情感态度与价值观又是积极参与数学学习, 实现其他二维目标的动力. 从三个方面思考教学目标, 是希望学生切切实实通过学习能在各个方面都得到一定发展, 如果无理念支撑, 那么制定的三维目标也只是个条目繁琐的形式.

制定教学目标需要仔细研读课程标准和教材, 且并非局限于某一节课的内容, 而是关注前后, 熟悉整个系统, 便于站在更高的角度从整体上把握内容. 教学目标表述清晰、具体, 不说大而化之的空话、套话, 切实指导教学实践. 从知识与技能、过程与方法、情感态度与价值观三方面制定教学目标时, 注重理解三维目标之间的内在联系, 不可形式化机械割裂.

深入分析课程标准和教材是制定教学目标的基础, 此外, 教学目标的具体化和可操作性也决定了其必须考虑学生情况和教学条件, 这样制定的教学目标才能切实可行, 行之有效.

二、怎样贯彻因材施教的原则

因材施教原则是现代教育中的一个重要原则，体现了教师重视学生差异，关注每一位学生的要求. 因材施教也是教学中一项重要的教学方法，在教学中根据不同学生的认知水平、学习能力以及自身素质，教师选择适合每个学生特点的学习方法来有针对性地教学，发挥学生的长处，弥补学生的不足，激发学生学习的兴趣，树立学生学习的信心，从而促进学生全面发展.

案例 1 教学目标上的分层设计

江苏凤凰科学技术出版社出版的“义务教育教科书”《数学 八年级 上册》(简称苏科版八年级上册)第 2 章 2.5 节“等腰三角形的轴对称性”，某老师将教学目标制定如下.

◆ **知识与技能**

(1) 学优生掌握“等角对等边”的几何推理方法，并能够综合运用有关定理解决三步几何说理题.

(2) 中等生学会运用全等的方法证明“等角对等边”，并能运用有关定理解决两步几何说理题.

(3) 学困生学会正确应用“等角对等边”，并能够区分“等角对等边”与“等边对等角”.

◆ **过程与方法**

(1) 学优生经历用几何推理方法得到“等角对等边”的过程，提高他们的几何推理能力.

(2) 中等生、学困生经历动手操作方法验证“等角对等边”.

◆ **情感态度与价值观**

激发全体学生的探究热情，体验探究成功的快乐，帮助学生树立学习信心.

【评析】 本案例的教学目标分层考虑到学生的认知能力、情感水平和行为操作，将教学大纲中最基本的教学要求确定为基础目标，即正确应用“等角对等边”以及区分“等角对等边”与“等边对等角”，这些基础目标适用于学困生；将课程标准中所列教学要求确定为中高层次目标，适用于中等生和学优生. 前者是共同性目标，具有普适性，属于基础知识、基本技能；后者是选择性目标，具有挑战性，属应用范畴，有较多的能力、智力含量. 目标分层主要是由教师把握，与学生密切联系；既能达到与基本要求一致，又能鼓励个体发展. 这样的教学目标的分层是比较合理的.

案例 2 提问方法分层设计

【例题】 如图 1，已知点 B 是线段 AC 的中点，$BD = BE$，$\angle 1 = \angle 2$，试说明 $AD = CE$ 的理由.

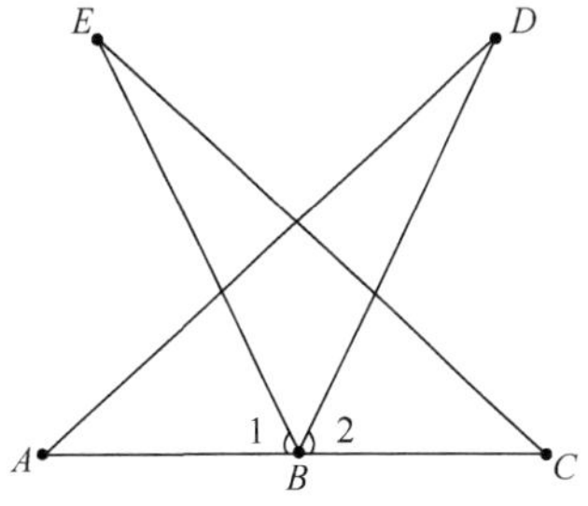

图 1

师: AD, CE 是什么三角形的边?

(请了一个学习有点困难的学生回答, 在回答完之后, 老师带领全班同学给予鼓励、肯定)

师: AD, CE 所在的三角形要有什么关系才能得到 $AD=CE$?

(全班一起回答)

师: 证两个三角形全等先找什么相等关系?

(请了一个中等生回答, 老师作了及时的、明确的、欣赏的评价)

师: 再添加什么条件才能证出全等?

(请了一个中等生回答, 在鼓励之下回答完整, 说出了所有的情况)

师: 已知条件如何转化成为我们想要的条件?

(请了一个学习有点困难的学生回答, 全班鼓掌)

最后教师完整地整理过程.

【评析】 教学过程中, 教师的教学方法是十分重要的. 本案例中教师将看似比较简单的一道数学说理题进行分层提问. 这样的教学方法有利于激发学生的课堂参与意识, 在课堂上教师要注意做到一视同仁, 也就是说教学要面向全体, 教师必须坚信: 95%的学生有能力学会所教学科, 并且达到高水平的掌握; 有利于激励学生的成功心理, 学习过程中的成功心理, 会帮助学生产生源源不断的动力; 有利于实施情感教学, 就课堂提问而言, 如何进行情感教学也是一门艺术, 面对学生, 教师将关于某一知识点的问题分层提出, 让好、中、差生分别来解决, 是关心、爱护、欣赏每一位学生, 平等对待每一位学生的实际表现.

案例 3　数学活动形式分层设计

【片段一】 《新课程理念与初中数学课堂教学实施》[①]中的一个案例如下.

在双休日, 某公司决定组织 48 名员工到附近一水上公园坐船游园, 公司先派一个人去了解船只的租金情况, 这个人看到的租金价格如下.

船型	每只限载人数	租金(元)
大船	5	3
小船	3	2

请你帮忙设计一下, 怎样租船才能使所付租金最少? (严禁超载)

师: 请同学们为他们设计一下, 同桌和小组之间可以进行讨论.

(学生在讨论中设计了许多方案)

师: 谁能公布一下你的设计方案? (教师发现有一名平时学习较困难的学生这次举了手, 便让他发言)

生: 可以只租大船, 可以只租小船, 也可以大船和小船混合租.

---

① 张明甡, 关文信. 新课程理念与初中数学课堂教学实施. 北京: 首都师范大学出版社, 2003.

师：很好！你为他们设计出了三种方案. 那你能不能再为他们计算出租金呢？

生：如果只租大船，则租船只数为48/5，因为不能超载，故需租大船 10 只，则所付租金为3×10=30(元).

如果只租小船，则需租船只数为48/3=16．因此需租小船 16 只，所付租金为2×16=32(元).

如果既租小船又租大船，设租用 x 只大船，y 只小船，所付租金为 A 元.

则 $5x+3y=48$，$A=3x+2y$.

所以 $A=-\frac{1}{3}x+32$.

因为 $0<5x<48$，且 x 为正整数……(说到这里，学生卡了壳)

师：噢！太好了. 你已经差不多完成了全部. 我和同学们都为你今天的表现感到非常高兴. 要有勇气展现自己，你今天的表现就非常非常的出色，你今后的表现一定比今天更出色，好，下面就让我们一同把剩下的这一点点完成.

(在师生的共同研讨中得出结果)

$x=9$ 时，A 最小为 29.

即租用 9 只大船和 1 只小船时，所付租金最少，最少租金 29 元. 此时有 45 人坐大船，3 人坐小船.

师：今天的课程内容还有一项(示意刚才回答问题的同学)，那就是请你谈一谈这堂课的感想.

生：嗯……以前我不敢发言，我怕说的不对被同学们笑话；我今天才发现不是这样……我今后好会努力(积极)发言的……

【片段二】　在某市的一次优质课教学评比时，一位老师的教学片段如下.

教师先将学生分成清华、北大、剑桥、哈佛四个学习小组.

题目：某牛奶加工厂现有鲜奶 9 吨，若在市场上直接销售，每吨可获取利润 500 元，制成酸奶销售，每吨可获利润 1200 元，制成奶片销售，每吨可获利润 2000 元，该工厂的生产能力为：如制成酸奶，每天可加工 3 吨，制成奶片每天可加工 1 吨，受人员限制，两种加工方式不能同时进行，受气温条件限制，这批牛奶必须在 4 天内全部销售或加工完毕，为此，该加工厂设计了两种可行性方案.

方案一：尽可能多地制成奶片，其余直接销售鲜牛奶.

方案二：将一部分制成奶片，其余制成酸奶销售，并恰好 4 天完成.

你认为选择哪种方案获利最多，为什么？

你还有其他方案吗？比较一下哪个获利最大？

师：同学们早餐经常吃面包喝牛奶，现在这家牛奶加工厂生产鲜奶、酸奶和奶片，厂长为了获得更多利润，想了两种方案，你来帮他选一下吧.

在小组合作探究的情况下，四个小组顺利地完成了方案一、二的问题. 在回答其他方案时，很可贵的是班级最后一名学生也拿出了方案，他说："老师，我有两种方案：①全部按鲜奶去卖，可获利 $500\times9=4500$ 元，②全部制成酸奶可获利 $1200\times9=10800$ 元."话音刚落，教师带头鼓掌，之后掌声一片，这太难能可贵了，因为这是这位同学上中学以来

第一次回答问题, 第一次赢得掌声.

【评析】 虽然以上是两个不同的教学片段, 却有着异曲同工之妙, 其实每个学生都需要一个能充分展示自我的自由空间, 每个学生都有表现欲. 作为案例中的教师, 他们巧妙设置开放性题目, 给学生一个自由发展的空间, 能充分培养学生的自信, 使学困生也能产生发言的欲望, 也能对问题畅所欲言. 最重要的是, 教师们及时捕捉学生的 "闪光点", 予以表扬鼓励, 使学生从细微处体会到教师的尊重和关注, 从而激发上进心. 这种在课堂上的热情交流的体会, 也势必会延续到课外的讨论中, 甚至可以使师生的交流话题引申到生活等方面, 建立良好的师生关系.

贯彻因材施教原则的方法和模式有很多, 并不局限于此, 但目的只有一个, 就是让学生都能得到应有的发展. 我们应该根据教学对象、教学目标、教学氛围及教学时机等的不同灵活作出选择, 有时不免会遇到突发状况, 这也在一定程度上考验教师的教学机智.

三、怎样确定教学重点和难点

确定教学重难点是每一位教师在课前必须做的一件事情, 教师只有在教学重难点了然于心的基础上, 才可能落实课堂教学, 提高教学质量. 但是一些教师在理解、把握教学重难点的时候会有所偏差, 而且有时会存在投机取巧的现象. 特别是在信息技术快速发展的今天, 教师过分依赖多媒体技术, 导致课堂无法有效体现重难点的现象也是屡见不鲜. 以下是归纳的几个常见问题.

(1) 有些教师疏于对教学重难点的思考. 部分教师思考的更多的是对教学设计中问题的设计、习题的选取, 而对教学目标的解读、对教学重点的思考不够深入, 大多浮于表面, 不能将重难点的思考贯彻到整个数学教学中, 最后导致在教学中无法有效突出重难点.

(2) 有些教师过分依赖教学参考书. 有些教师认为教师参考书中规定的重难点就是教学中的唯一重难点, 有些教师则将各类教学参考书整合起来用于确定教学重难点. 在现实的教学过程中, 完全不顾学生的实际情况, 教师所认为的难点, 有时不一定就是学生认为的难点, 因此, 教师要了解学情, 分析学情.

(3) 有些教师过分依赖主观经验. 这种现象主要出现在具有一定教龄的老教师身上, 他们在确定教学重难点时凭借主观经验或者就照搬以往经验, 根本没有考虑学生的实际情况. 例如: 对于不同地区、不同学校、不同班级和不同学生来说, 就需要制定不同的教学重难点.

(4) 有些教师对教学重点和难点的辨别比较模糊. 教学中, 有不少教师分不清楚教学的重点和难点, 造成了教学重点和难点雷同或重复的后果.

(5) 有些教师过分依赖多媒体辅助教学. 随着现代教育技术的进步, 教师们的课堂教学离不开多媒体的使用. 但有不少教师, 整节课都在运用多媒体技术, 一节课下来, 黑板上几乎没有几个字. 这样的做法会使教师突出重点、突破难点的效果大打折扣. 因为板书是教师运用黑板，以精炼的语言文字和图标等传递教学信息的教学行为方式. 在教学过程中，教师正确地运用板书可以充分调动师生活动，使学生的思维与教师的思维保持高度一致. 因此，利用板书，可以巩固学生的知识，突出课堂的教学重难点. 虽然说，利用多媒体教学可以节省教学时间，但由于多媒体的教学效果是动态的、即时的，所以有些重难点内容给学生的感官刺激时间偏短，特别是对于中等偏下的学生，很难在他们的头脑中留下印象.

(6) 不考虑课时的有限，期望达到多个教学重难点. 一些教师在确定教学重难点时，想把多个教学重难点放在一节课中，却不考虑一节课只有短短的40分钟. 这样做的后果，只可能是课堂主次不分，无针对性的练习，导致课堂时间不足.

教学重点是教材中最重要、最基本的中心内容，是教学的重心所在. 教学难点是学生学习过程中，学习上阻力较大或难度较高的内容. 重点和难点内容不一定相同，不可混淆. 教学重难点的确定要以课程标准和教材为准绳，充分考虑学生情况. 教学重难点是针对学生而言的，而教师所认为的难点，不一定是学生认为的难点，因此，教师要进行实际分析，了解学情，分析学情.

案例 1　立方根的教学重、难点

“立方根”是七年级上册第 3 章“实数”3.3 节的内容.《课程标准(2011 版)》中关于这一节的要求为：了解立方根的概念，会用根号表示数的立方根；了解乘方与开方互为逆运算，会用立方运算求百以内整数(对应的负整数)的立方根.

教学重点：立方根的概念和开立方的运算.

教学难点：立方根与平方根的区别.

立方根是在学生学习平方根的基础上学习的，所以学生较容易接受，但同时也容易混淆平方根和立方根的相关事实，即“一个正数有正、负两个平方根，它们互为相反数；0的平方根是0；负数没有平方根”与“一个正数有一个正的立方根；一个负数有一个负的立方根；0的立方根是0”，所以清晰准确区分立方根与平方根是本节课的难点. 关于立方根的概念，虽然课程标准的要求为“了解”，但如果只重视开立方的运算，对立方根概念的教学不够扎实，仅局限于工具性理解，而不上升到关系性理解，会导致在开立方运算中易出错，且很难很好地把握立方根与平方根的区别，在后续学习中遗忘混淆的可能性会增大，故立方根的概念和开立方的运算均为本节课的教学重点.

【评析】 本案例中的教学重、难点的制定基于对课程标准和教材的深度剖析，并不只局限于表面. 课程标准中描述结果目标的行为动词包括“了解”“理解”“掌握”“运用”等，要求层次越高的内容并不一定就是教学的重点或难点，仍需要结合教材和学生情况具体分析. 案例中为避免平方根和立方根两部分内容发生前摄抑制或倒摄抑制，将立方根的概念列入教学重点中，表明要从根本出发去把握教学内容实质. 因此，这样的教学重、难点是比较合理的.

案例 2　一次函数与一元一次不等式的教学重难点

在参加一次教研活动中，某中学的某老师通过不断“磨课”得到适合一次函数与一元一次不等式的教学重难点.

【第一次试教的教学片断】

师：通过上节课的学习，我们已经知道，“解一元一次方程 $ax+b=0$”与“求当 x 为何值时，$y=ax+b$ 的值为 0”是同一个问题，现在我们来看看以下问题.

以下两个问题是不是同一个问题？

(1) 解不等式：$3x+6>0$.

(2) 当 x 为何值时，函数 $y=3x+6$ 的值大于 0？

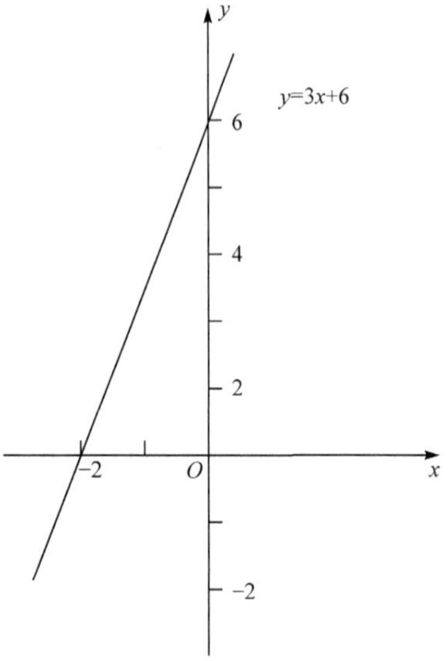

图 2

生 1：是同一个问题.

师：你如何利用图象来说明②？

生 2：如图 2，先画出函数 $y=3x+6$ 的图象，观察图象得到，由函数 $y=3x+6$，当 $y>0$ 时，就得到不等式 $3x+6>0$，反映到图象上，$y>0$ 就是在 x 轴上方的部分的点.

师：根据下列一次函数的图象，你能求出哪些不等式的解？并直接写出相应不等式的解？

生 3：我找到的不等式是 $3x+6>0$，它的解是 $x>-2$.

生 4：我找到的不等式是 $3x+6<0$，它的解是 $x<-2$，方法与生 3 的一样.

师：还有其他的不等式吗？表示不等关系的符号还有哪些？

生 5：我知道了，我找到的不等式是 $3x+6\geqslant 0$，它的解是 $x\geqslant -2$.

生 6：我也知道了，我找到的不等式可以是 $3x+6\leqslant 0$，它的解是 $x\leqslant -2$.

师：出示例 1：如图 3，利用 $y=-\dfrac{5}{2}x+5$ 的图象，

(1) 求出 $-\dfrac{5}{2}x+5=0$ 的解；

(2) 求出 $-\dfrac{5}{2}x+5>0$ 的解；

(3) 求出 $-\dfrac{5}{2}x+5\leqslant 0$ 的解；

(4) 你还能求出哪些不等式的解呢？

生：(略)

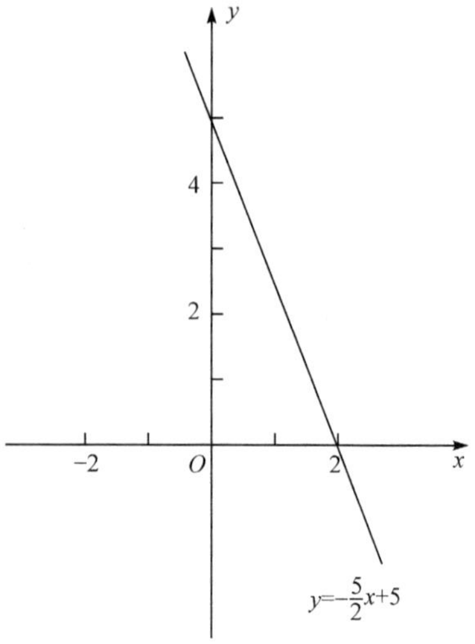

图 3

师：通过以上的分析和练习，我们知道，对于一般的一元一次不等式，它与一次函数的求值、利用图象分析数量关系等问题关系很密切，具体见如下框图.

从数的角度看：

求 $ax+b>0(a\neq 0)$ 的解 $\Longleftrightarrow$ x 为何值时 $y=ax+b$ 的值大于 0

从形的角度看:

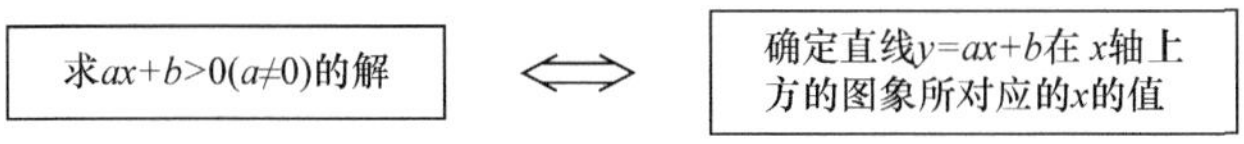

师: 出示例 2: 用不同的方法解不等式 $5x+4<2x+10$.

生 5: 利用解不等式的方法.(略)

生 6: 原不等式可化为 $3x-6<0$, 画出直线 $y=3x-6$, 可以看出, 当 $x<2$ 时, 这条直线上的点在 x 轴的下方, 即这时 $3x-6<0$, 所以不等式的解是 $x<2$.

生 7: 将这个不等式的两边分别看作两个一次函数, 画出直线 $y=5x+4$ 与直线 $y=2x+10$, 由图 4 可以看出, 它们交点的横坐标为 2, 当 $x<2$ 时, 直线 $y=5x+4$ 上的点在直线 $y=2x+10$ 上相应点的下方, 这时 $5x+4<2x+10$, 所以不等式的解是 $x<2$.

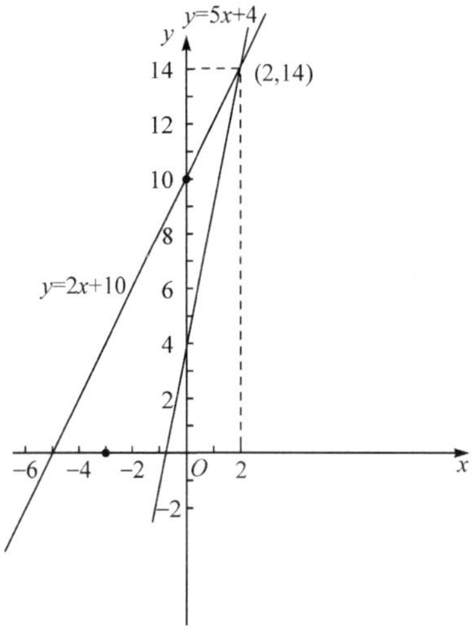

图 4

【第一次试教反思】

试教结束后, 该老师觉得教学过程中自己的话太多了, 而且出示例 2: 用不同的方法解不等式 $5x+4<2x+10$. 学生利用常规的不等式直接解起来更简便, 再让学生用图象来解, 学生不愿多此一举, 这样教师便陷入了尴尬的境地. 通过自身的反思以及前辈的指导, 该老师决定将本节课的重点定位为: 利用函数的观点统领方程、不等式, 利用一次函数把一元一次方程、一元一次不等式统一起来认识. 教学的难点定位为: 利用一次函数把一元一次方程、一元一次不等式统一起来认识. 所以从教学实际来看, 没有突破难点. 因此, 可适当减少练习的题量, 让学生有充分时间讨论、探究.

【第二次试教的教学片断】

根据下面的一次函数图象(图 5), 你们能找出哪些不等式? 并直接写出相应不等式的解.

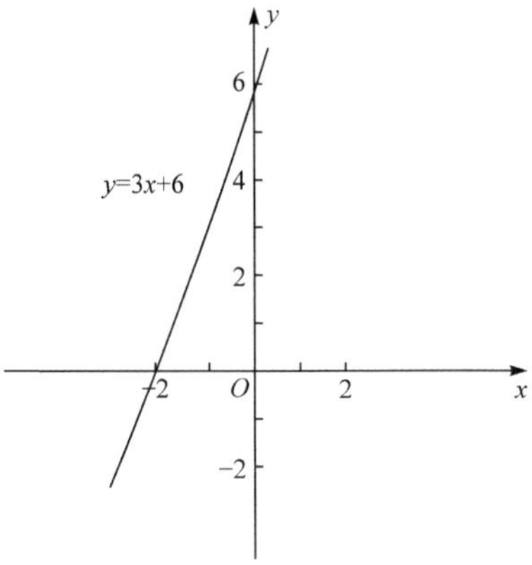

图 5

生 1: 我找到的不等式是 $3x+6>0$, 它的解是 $x>-2$.

师: 这个解你是怎样确定的呢?

生 1: 我是观察图象得到的, 由函数 $y=3x+6$, 当 $y>0$ 时就得到不等式 $3x+6>0$, 反映到图象上, $y>0$ 就是在 x 轴上方的部分的点, 它们的横坐标的范围是 $x>-2$.

师: 非常好, 抓住了"函数值 y 在变化的过程中大于 0"这一点, 利用数形结合来确定对应的自变量的取值范围. 其他同学有不同的发现吗?

生 2: 我找到的不等式是 $3x+6<0$, 它的解是 $x<-2$, 方法与生 1 的一样.

生 3: 我找到的不等式是 $3x+6>6$, 它的解是 $x>0$, 我是由函数图象与 y 轴交于点(0, 6)知道的. 当 $x=0$ 时,

$y=6$, 那么就可以得到不等式 $3x+6>6$, 此时对应的图象部分的点的横坐标都在 y 轴的右侧, 也就是 $x>0$.

师: 你观察得很好, 看来你在这个函数变化过程中, 观察到了当 $y=6$ 时, 得到方程 $3x+6=6$, 而当 $y>6$ 时, 得到不等式 $3x+6>6$, 从而将函数、不等式、方程之间关系的认识进一步深化统一了.

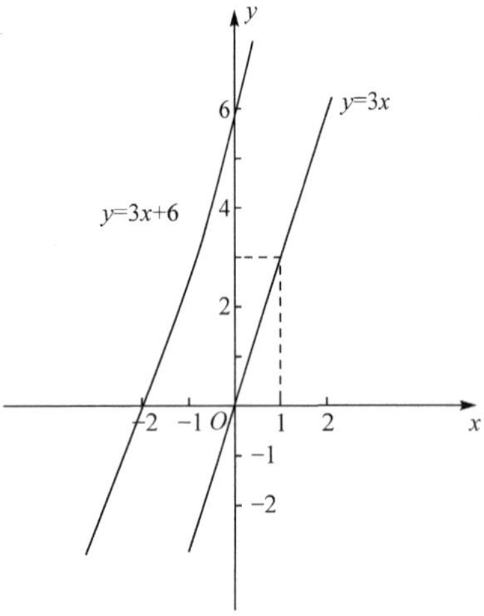

图 6

生 4: 老师, 我有不同的看法, 我和生 3 一样也得到了不等式 $3x+6>6$, 但我确定解的方法与他的不同.

师: 哦? 那你是怎么确定的呢?

生 4: 因为不等式 $3x+6>6$ 可变形为 $3x>0$, 所以我将直线 $y=3x+6$ 向下平移 6 个单位, 就得到直线 $y=3x$, 如图 6 所示, 这样在 x 轴上方的部分的横坐标的范围是 $x>0$.

师: 对于他的做法, 你们有什么看法吗? 可以交流一下.

生 5: 老师, 我认为生 4 的做法是对的, 生 4 把 $3x+6>6$ 变形为 $3x>0$, 这样做的目的是更容易在图形上观察.

师: 是啊, 生 4 非常聪明, 他通过平移把不易观察的范围转化为大家已知的轴上方的部分点的横坐标的范围, 这种化未知为已知、化复杂为简单的方法在数学中有着十分广泛的应用.

师: 那么刚才这几位同学又是怎样从函数得到不等式的呢?

生 6: 因为函数 y 是变化的, 所以可以先写出一个关于 y 的不等式, 比如 $y>0$, $y<0$, $y>6$, 然后再把 y 换成 $3x+6$, 就得到关于 x 的不等式了.

生 7: 老师, 我有问题, 为什么从这个函数图象中我得不到无数个不等式呢?

师: 对于他的疑惑, 谁来解答?

生 8: 肯定有无数个, 只不过这个函数图象中所给出的现成的点的坐标太少了, 不容易看出.

师: 你总结得很好, 因为函数是变化的, 所以由这个函数图象应该也能得到无数个不等式的.

【评析】 从案例中不难看出该老师为了上好这堂课, 在确定教学重难点上下了很大的功夫. 在日常的教学中, 教师不可能每节课都进行试教, 这就需要教师珍惜每一次上课的机会, 做好课后反思, 再通过同仁的客观评价与帮助, 教师可以积累教学经验, 从而确定教学重点和难点, 提出教学中的最佳方法, 改进课堂教学. 教学过程中, 如此 "教学→探究→再教学→再探究" 循环往复, 才能帮助教师理解和掌握教材, 才能对学生的心理和学习障碍了然于心, 才能对科学的教育教学方法运用自如.

准确确定教学重难点是提高教学效率的前提, 是提高课堂教学质量的重要保障和关键. 确定教学重难点要反复研读课程标准和教材, 只有吃透了课程标准和教材, 建立完整知识体系框架, 明确这节课在整个体系框架中所处的位置和地位, 才能为明确教学重点和难点夯实基础. 不同地区、不同班级学生有其自身特点, 教学重难点也会有所不同, 教学重点尤其是难点并非一成不变, 而是动态的. 因此, 教师要分析学生实际情况和认知规律, 避免盲目的主观主义. 此外课堂教学经验是非常宝贵的资源, 自身或其他教师的课堂教学经验可为进一步地确定、调整教学重难点提供依据.

准确确定教学重点和难点后, 在教学实践过程中如何突出重点、突破难点需要教师进一步地思考.

四、理论提升

(一) 确定教学目标的依据

1. 明确学习目标的设计依据

设计合理、明确和可行的学习目标, 是构建有效课堂的第一要务和先决条件, 也是设计好“学历案”的第一步. 在考虑学习目标的撰写时, 每位教师心中必须要有一条基准线, 即确定学习目标的依据——课程标准、教材、学情和资源等. 而且,“教育目的”的具体化是课程标准, 而课程标准的具体化就是“学习目标”. 可以说, 课程标准是教师教学设计最重要的依据, 依托课程标准进行学习目标的撰写是每个教师的“专业行为”.

然而, 在实际教学实践过程中, 许多教师却对课程标准不够重视, 或束之高阁, 或断章取义, 或片面理解运用, 最后导致了游离课程标准的教学行为的出现, 使教学变得随意, 影响了学生的学习. 因此, 教师必须认真学习、深入钻研课程标准, 清楚其特点, 明白其要求, 熟记于心, 精准把握.

但课程标准呈现的是宏观体现国家意志的、基于学科逻辑的育人目标, 其中的教学目标的表达方式属于“中位”表达, 常常不够具体. 作为一线教师, 将抽象、笼统的育人目标“具体化”“细节化”才是学习目标设计的重心, 这也反映了教师个人的专业水准. 这种“具体化”“细节化”的过程其实是对课程标准进行有效分解的过程.

2. 把握学习目标的行为主体

学习目标是学生在学习过程中达成的学习结果, 是通过学生的行为来反映的, 所以学习目标的行为主体一定是学生, 学习目标的行为动词自然应该是学生所发出的动作. 关于这一点, 不少教师至今仍认识模糊.

显然, 学习目标所涉及的行为主体一定是学生而不是教师, 即使省略了主语也应明确指向学生的行为.

3. 规范学习目标的内容指向

学生最终的习得结果可以分为三类: 成果、过程、创造. 与之对应的就有三类目标: 成果性目标、过程性目标、创造性目标.

这样的目标分类可以使目标更具有针对性和整体性, 它不仅关注了成果性的知识与技能目标，而且还能关注到过程性的过程与方法目标，以及通过“结果留白”引导学生实现创新的、结果开放的目标. 教师在叙写目标时可将学习目标分成三维，即知识与技能(一维)、过程与方法(二维)、情感态度与价值观(三维). 三维教学目标不是三个目标，而是一个问题的三个方面. 一个目标的三个维度之间不是割裂的，而是彼此相关的.

4. 达成学习目标的呈现方式

研究表明，呈现一个完整的学习目标必须包含行为主体、行为动词、行为条件和行为标准四个核心元素，即谁来学、学什么、在什么条件下学、学到什么程度. 四个要素缺一不可，相辅相成. 我们可以将目标的语法结构大体上分为如下四种.

(1) (行为主体) + 行为动词;

(2) (行为主体) + 行为动词 + 行为标准;

(3) 行为条件 + (行为主体) + 行为动词;

(4) 行为条件 + (行为主体) + 行为动词 + 行为标准.

学习目标综合运用了四种撰写目标的语法结构，使学习目标进一步规范化、准确化，这对教师的专业化水平和素养也提出了越来越高的要求. 学习目标的制定是否准确、清晰、可操作、可评价，直接影响着教学活动的展开和对学习结果的评价. 不合理的目标会将学生的学习引入歧途，只有合理设定学习目标，课堂活动才会有的放矢，才能真正帮助学生，才能生成对学生有意义的课堂.

(二) 设计教学目标的依据

1. 吃透课程标准体系，明确设计依据

设计合理的教学目标，前提是深刻领会课程标准的目标体系. 《课程标准(2011 版)》具体而言分为总目标和学段目标两个层次. 课程标准体现了国家对人才培养的总要求，符合“立德树人”理念，从三维目标出发，分级分类界定了总目标、学段目标.

2. 凭借课程标准体系，理清设计思路

虽然课程标准体系对三维目标做了分级分类的表述，从宏观到微观、从抽象到具体，逐步形成了具有可把握、可操作、可考评的特点，但它不是详细具体的教学目标，不能以内容标准来直接代替相应的教学目标，而应是凭借课程标准体系，构思教学目标设计的思路.

具体而言，教学目标设计的思路应该是这样的：先从课程标准中收集和整理修改课题教学目标相关联的三维目标的表述，进行综合整理，再结合教材内容和学生学习水平，构思出三维目标的设计提纲，最后依据提纲，本着学生是行为的主体，围绕学生通过学习能够学到什么、做到什么进行描述，主要描述学生预期产生的思想、情意和行为的变化，能够达到的认识. 也就是说，要以学生为行为主体，知识目标为支撑，过程目标为导向，情感、态度和价值观为灵魂进行设计.

3. 遵循目标特点，规范词语表述

科学合理的教学目标的表述，必须符合课程标准体系的要求，符合学生的认知水平，满足学生发展的需要；必须遵循教学规律，具体明确，可操作性强，达成度高. 布鲁姆强调："阐述教学目标，就是以一种较特定的方式描述在单元或学期完成之后，学生能做什么，或者学生能具备哪些特征. 一般而言，教学目标需满足五个特点：针对性(学生能学到什么、做到什么)、整体性(三维目标一体化)、可行性(具体明确、行为主体是学生)、可操作性(描述目标所用的动词要准确、恰当、可操作性)、可测性(通过一些检测手段可以检测目标达到的预期效果). 要能够设计出具有以上五个特点的教学目标，必须用准确规范的词语进行表述. 一般从以下两个方面着手.

第一，明确教学目标的基本要素. 美国心理学家马杰提出，教学目标应具备四个基本要素，即行为主体、行为动词、行为条件和表现程度(预期表现).

所谓行为主体，即要求谁作出反应. 教学目标是针对学生的行为而写的，应以学生为出发点，以学生为主体，以学生思维为主线，所以行为主体通常是特指学生，而不是教师.

行为动词，即要求学生必须做出什么行为. 这就要求描述三维目标的行为动词必须有具体操作过程和意义. 其中，表达结果性目标的行为动词更强调明确的指向；表达过程性目标的动词，则往往是体验性的. 教师只有准确地使用行为动词，才能从学生的行为变化中了解到学习目标是否实现.

所谓行为条件，即要求是在什么情况下作出的反映. 它是为了影响、导向学生应有的学习结果而特设的限制和范围，也是评价必然要参照的依据.

所谓表现程度，即要求行为反映到达什么程度，就是学生学习之后预期应有的表现，并以此评估、测量学习过程或结果是否达到预期目的. 教师可以用它不定期地衡量学生行为是否合格，学生也能够以此来衡量自己行为与学习目标之间的差距.

第二，要掌握教学目标表述的方式方法. 教学目标的表述大致有两类：结果性目标表述方式方法和体验性目标表述方式方法. 一般来说，三维目标中的知识与技能属于结果性目标，情感态度和价值观则属于体验性(表现性目标). 课标体系的内容大体上都是按照结果性目标与体验性目标来表述并针对相应的学习水平，规定了适当的行为动词. 此外还要学会运用动词的层次性. 课程标准所规定的行为动词是分层次的，不同层次的动词对学生的行为要求不同. 动词的层级从低到高可以这样排列：知道、了解、懂得、分辨、认识、理解、感受、体会、体验、关心、尊重、养成……其中，"知道、了解、懂得、分辨、认识、理解" 等动词，揭示了学生对知识的认识程度标准.

[拓展阅读]

[1] 叶立军. 中学数学教学设计. 北京：科学出版社，2015.

[2] 苏穆特尼，弗拉门德. 在普通课堂教出尖子生的 20 个方法：分层教学. 梁军，译. 北京：中国青年出版社，2014.

问题四　如何导入新知

新知导入是课堂教学的一个起始环节，其形式类似于开场白. 其目的是通过组织教学，把学生的注意力及时引导到课堂学习中来；通过教师的问题设置或情境创设，引起学生对旧知识的回顾和对新知识的探究欲望，找到知识的立足点、生长点和学习的原动力. 其作用是帮助学生架设起新旧知识之间的一座桥梁，激发学生的学习热情和欲望，同时也是对学生进行学习方法的指导和渗透，为学生的新课学习扫清障碍，顺利地进入新课的学习.

数学是一门逻辑性很强的学科，中学生的思维恰恰处于由形象思维逐步向逻辑思维过渡的阶段，结合数学学科的特点和学生的年龄、心理特点，新知引入的途径更显得丰富多彩，如从数学知识点发展的需要来引入新知、从知识体系的系统性和完整性来引入新知、从解决实际问题的需要来引入新知、从学生的生活经验中引入新知、从知识的类比中引入新知、在操作演示中引入新知、在创设情景中引入新知等.

一、新知为什么要导入

"导"，《辞海》解释为"带领、指引，教育、启发，传送"；《说文解字》里解释为"引也"."入"，《辞海》解释为"进、由外面到里面，合宜、适合"；《说文解字》里解释为"内也".

数学教学新知识的导入是指在课堂教学开始之初，为激发学生的求知欲，发散学生思维，创设良好的教学情境，调动学生积极性，为本堂课的顺利展开做好铺垫，教师有意识、有目的利用各种教学工具，引导学生接受新知识的一种教学行为. 新知识引入作为一堂课的开端对整堂课效果的影响是毋庸置疑的，这就要求教师在上课之前根据本班学生的特点，教学内容的不同等因素来设计恰当的引入环节. [①]

德国教育家第斯多惠曾说，"教学的艺术不在于传授本领，而在于激励、唤醒、鼓舞."[②]这句话简明扼要地阐明课堂教学中引入的作用与价值. 课堂引入是整个课堂的前奏，是教学过程中重要的一环，发挥着举足轻重的作用，就像跳高运动员起跳前的"助跑"、电影的"序幕"一样必不可少. 现代教育心理学和统计学表明：学生思维活动的水平是随时间变化的，一般在课堂开始教学10分钟内学生思维逐渐集中，在10～30分钟内思维处于最佳活动状态，随后思维水平逐渐下降. [③]而人在注意力集中的情况下，能高效接收、

---

① 邢静琪. 中学数学教学中基于数学史的新知识引入的案例研究. 上海：华中师范大学, 2014.

② 郝经春. 教师必读的外国教育名著导读(修订版). 长春：吉林大学出版社, 2010: 224.

③ 沈中斌. 良好的开端是成功的一半——初中数学课堂课题引入的有效性初探. 新课程研究(基础教育), 2011, (6): 58-60.

理解新事物. 因此, 成功的课堂引入, 不仅能“未成曲调先有情”, 如磁铁般吸引学生, 还能影响知识间的平稳衔接, 消除其他课程的延续效应, 使学生马上进入新课学习的最佳状态, 提高课堂教学效率, 取得事半功倍的教学效果. 成功的新知导入在课堂教学中的功能主要表现在以下四方面.

(一) 新颖独特的导入可激发学习兴趣, 引发学习动机

新知导入是进行课堂教学的前奏, 它将直接影响到整节课的教学质量好坏. 因而, 导课时是否调动学生的积极性、学生是否产生浓厚的学习兴趣和欲望成为评价教学效果优劣的重要条件. 在教学活动中, “导” 是教师主动实施的, 教师是引导者; “入” 是学生在教师的积极引导下主动参与的, 学生是实践主体. 在践行 “双主体” 的新课程理念下, 课堂教学就必须在新课伊始引起学生的注意, 充分调动学生的学习主动性, 真正启发学生的思维灵感, 否则, 会剑走偏锋. 一段失败的课堂教学引入会使学生产生厌烦心理, 导致学习不主动, 结果是概念不清、主次不明, 重点、难点不分.

有吸引力的导入可以在课堂开始之初就将学生带入教学活动. 新颖独特且设计巧妙的导入可以刺激学生的神经中枢, 引起神经系统的兴奋, 促使学生的思维活跃起来, 让学生积极主动地去思考问题, 探索知识的奥秘, 从而调动了学生学习的兴趣. 教师顺水推舟般的引导, 通过丰富的教学知识、极富技巧的教学手段又可以让学生主动参与到教学活动中去, 使学生产生浓厚的学习兴趣. 同时, 学习兴趣会进一步强化学习动机, 激起新一轮的学习欲望, 保证学生处于学习的最佳状态.

(二) 自然合理的导入可铺设学习桥梁, 建立新旧知识间的联系

教材的编排遵循着学生的认知规律和年龄特点, 前后两节课之间有着紧密的联系. 新知的导入, 既是前面知识的延续, 又是新知识的开端, 它建立在学生已有知识的基础上, 又与学生未曾学习与了解的新知识相关. 因此, 有针对性的导入能够顺利实现新旧知识的过渡, 降低学习的难度.

建构主义的学习观认为: 学习是主动构建的过程. 学习者在一定的情境下, 以己身的知识经验为基础, 外部的信息经感知、分化、改造, 以同化或顺应的方式, 有选择地接受, 使之适合自己的认知结构, 才能被理解掌握. [①] 由此可见, 突兀的新知的讲授不符合学生的学习规律, 也达不到知识积累的作用. 成功的新知导入就在于以旧知为基础, 将知识的生长点触及新知, 从而实现新旧知识之间的衔接. 在此情况下, 学生就能够实现自然过渡, 既可以减轻学习的压力, 也可以消解教学的阻力. 新旧知识的贯通势必会扩大学生的视野, 顺利改变学生原有的认知结构, 实现知识间的同化和顺应.

(三) 情境性的导入可以营造出一个轻松的学习氛围

心理学研究表明: 学习的内容与学生熟悉的生活背景越贴近, 学生自然接纳知识的

---

① 桑标. 儿童发展心理学. 北京: 高等教育出版社, 2013: 47-53.

程度就越高. [①]把学生熟悉、感兴趣的实例作为认识的背景材料, 引入相对抽象的数学课题, 不仅使学生感到亲切、自然, 激发他们的学习兴趣, 而且能尽快唤起学生的认知行为, 促成学生主动思考, 为课堂的后续实施作好心智准备.

情境性的导入可以促进学生思维兴奋, 使思维活动的印象更加深刻, 思维面更加开阔, 使学生探索新知识的能力得到加强. 导入的情境化可以让学生不再觉得知识是抽象的, 而是与生活息息相关的, 这也让课堂更加贴近生活. 在成功的情感体验氛围中, 学生能顺利克服在学习中遇到的困难, 保持长时间的学习热情, 对学习兴趣的培养也是十分有利的.

(四) 有目的性的导入可以起到目标定向作用

教学目标是课堂教学的核心和灵魂, 是课堂教育的出发点和归宿. [②]教学目标的制定与实现不仅仅是教学活动的依据, 也是教学测量与评估的依据. 每一节课的教学过程就是完成教学目标, 实现知识传递与转化的过程, 包含着教师的教和学生的学, 是一个双边互动的过程. 在这个过程中, 如果教师没有明确传递这节课的教学目标, 或者学生未能明白教师的意图, 就变成教师一人的独角戏, 学生被动、消极地接受新知识. 教师如果从新课伊始就向学生展示学习目标、让学生提前知晓此次教学活动要学习的教学内容, 那么学生在学习的过程中就会始终关注教师的讲解、不时地权衡自己知识掌握的程度, 起到目标定向功能. 带着问题有意识学习是最有效的学习方式, 而且可以避免出现教师唱独角戏、学生被动学习的不良现象.

二、新知导入的基本途径

优秀的新知导入形式有利于教师教得生动、学生学得主动, 实现知识能力与情感素养方面的显性目标和隐性目标互补联动同步发展. 下面就通过几个案例介绍在实际课堂中如何选用适当的导入方法.

(一) 以景激情, 情境导入法

数学来源于生活, 它不只是一些枯燥、乏味的数学符号的集结, 数学教学更不应是刻板地对知识的传授, 而应遵循源于生活、寓于生活、用于生活的准则. 情境导入法就是利用数学学科与现实世界的密切联系, 设置出贴近现实以及学生生活实际的教学情境, 使学生学习情感得到激发, 学习欲望得到增强, 从而主动深入新知内容探索活动中, 实现“要我学”向“我要学”的切实转变. [③]

---

① 李伯黍, 燕国材.教育心理学. 3 版. 上海: 华东师范大学出版社, 2010: 108.

② 叶立军.中学数学教学设计. 北京: 高等教育出版社, 2015: 155.

③ 刘成刚. 初中数学新知教学导入方略探究. 数理化学习, 2012, (7): 49-50.

案例1　“数轴”的教学设计片段

【问题1】　在一条东西走向的马路上，有一个汽车站牌，汽车站牌往东3m和7.5m处分别有一棵柳树和一棵杨树，汽车站牌往西3m和4.8m处分别有一棵槐树和一根电线杆，试画图表示这一情境.

师生活动：学生小组讨论解决问题的方法，学生代表画图演示.

学生画图后教师提问：

(1) 马路可以用什么几何图形代表？(直线)

(2) 你认为站牌起什么作用？(基准点)

(3) 你是怎么确定问题中各物体的位置的？(方向、与站牌的距离)

设计意图：“三要素”为定向，用直线、点、方向、距离等几何符号表示实际问题. 这是实际问题的第一次数学抽象.

【问题2】　上面的问题中，“东”与“西”、“左”与“右”都具有相反意义. 我们知道，正数和负数可以表示两种具有相反意义的量，那么如何用数表示这些树、电线杆与汽车站牌的相对位置呢？

师生活动：学生画图表示后教师提问：

(1) 0代表什么？(基准点)

(2) 数的符号的实际意义是什么？(方向)

(3) 如图1所示，点B用3表示，点C用7.5表示，行吗？为什么？(不行，单位不一致，与实际情境不符.)

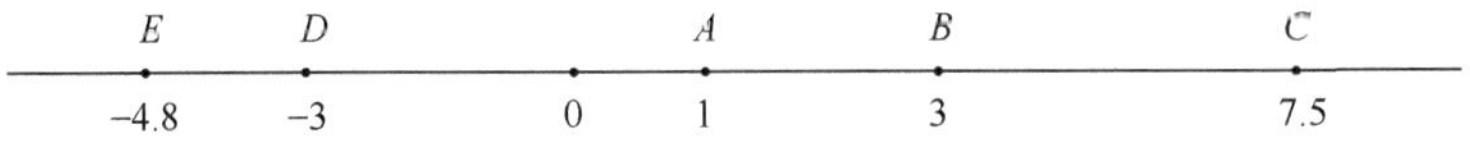

图1

(4) 上述方法表示了这些树、电线杆与汽车站牌的相对位置关系. 例如，–4.8表示位于汽车西侧4.8m处的电线杆. 你能再举个例子吗？

设计意图：继续以“三要素”为定向，将点用数表示，实现第二次抽象，为定义数轴概念提供直观基础.

【问题3】　大家都见过温度计吧？你能描述下温度计的结构吗？比较上面的问题，你认为它用了什么数学知识？

师生活动：教师可以先解释0℃的含义.

设计意图：借用生活中的常用工具，说明正数、负数的作用. 引导学生用“三要素”表达，为定义数轴概念提供又一个直观基础.

【问题4】　你能说说上述两个实例的共同点吗？

设计意图：进一步明确“三要素”的意义，体会“用点表示数”和“用数表述点”的思想方法，为定义数轴概念提供进一步的直观基础.

(二) 温故知新，复习导入法

古人云，温故而知新. 当新知与一部分旧知存在着某种明显的类比关系时，教师用复习导入新课的方法, 既让学生由旧知归纳推理出新知, 高效掌握新知, 又能快速地把新知纳入自己已有的认知结构, 完成知识的自我建构.

案例 2 "梯形的面积" 复习导入[①]

师: 同学们, 这节课我们接着研究平面图形的面积. 在本节课之前, 我们已经研究了哪些规则平面图形的面积?

生: 正方形、长方形、平行四边形和三角形.

师: 怎样研究的?

生: 研究长方形和正方形是用面积单位去度量的, 有多少个面积单位, 它的面积就是几. 而研究平行四边形, 是用切割、拼合的方法把它转化成长方形.

师: 那三角形呢? 我们是怎样研究的? (生答略)

教师通过类比正方形、长方形、平行四边形的面积, 进而研究三角形面积. 运用类比方法, 从数学思想与方法上引领, 让学生自己推理归纳, 这样既给予学生必要的帮助, 保证了大方向的探索, 使课堂的有限时间能聚焦在对教学重点的学习讨论上, 同时也不会压缩学生的思维空间, 学生有充足的时间与空间开展个性化的自主研究.

(三) 示范引领, 演示导入法

教师作为教学活动的引导者, 在新知导入时, 可以发挥教师的 "总指挥" 作用, 借助于教学资源, 通过直观手段, 将新内容进行形象、具体的展示, 引导学生形成所学事物、过程的清晰表象, 丰富他们的感性思维, 并引导他们对学习内容进行分析、归纳、综合、抽象、概括, 使知识引入自然, 使抽象的问题变得通俗易懂.

案例 3 "等腰三角形的性质" 教学设计片段

引言: 我们知道, 有两边相等的三角形是等腰三角形. 下面, 我们利用轴对称的知识来研究等腰三角形的性质.

【问题 1】 利用长方形纸片和剪刀, 你能剪出一个等腰三角形吗? 你能说明所剪出的图形为什么是等腰三角形吗?

师生活动: 学生动手操作, 剪出等腰三角形, 然后小组交流.

设计意图: 让学生利用轴对称剪出三角形, 为等腰三角形的性质探究作准备.

【问题 2】 仔细观察自己剪出的等腰三角形, 你能发现这个等腰三角形有什么特征吗?

师生活动: 学生独立思考后尝试着概括自己剪出的等腰三角形的特征, 并汇报交流. 学生如果不能发现其特征, 或者对结论概括得不全面, 教师作如下提示: 把剪出的等腰三角形沿折痕对折, 找出其中重合的线段和角, 并说明这些线段和角在等腰三角形中的名称, 由此概括出等腰三角形的特征.

设计题图: 让学生首先从一个等腰三角形开始研究, 发现其特殊性.

---

① 翟玉兰, 刘全祥. 新授课中的复习导入. 中小学数学(小学版), 2008, (12): 31.

【追问1】 剪下的等腰三角形大小不同，形状各异，是否都具有上述所概括的特征？

师生活动：学生相互比较，得出结论.

【追问2】 在练习本上任意画一个等腰三角形，把它剪下来，折一折，上面得出的结论仍然成立吗？由此你能概括出等腰三角形的性质吗？

(四) 历史佳话，故事导入法

学生往往对故事十分感兴趣，教师如果能够把教材中的一些抽象的问题情境编成简短的儿歌或故事，同时恰当地介绍一些数学家、数学史片断，这样既能增加课堂趣味性，又能够有效地调动学生的学习积极性. 教学中通过数学史的融入，让学生认识对所学知识发生、发展的过程，激发学生的求知欲，有利于学生形成锲而不舍的钻研精神和科学态度等，培养对数学的好奇心.

案例4 "对数"的教学实录片段①

1. 计算引入(教师出示四道计算题，学生自主完成)

计算：(1) $32\times256=$　　(2) $4096\div128=$

(3) $16^4=$　　(4) $\sqrt[5]{32768}=$

学生回答(略)

师：通过这组计算，大家有什么感觉？

生：运算量大，很繁琐.

2. 对数发明的背景

教师介绍：16世纪前半叶，欧洲人热衷于地理探险和海洋贸易，特别是地理探险需要更为准确的天文知识，这就对计算速度和准确性的要求与日俱增，人们希望将乘除法归结为简单的加减法.

3. 对数产生的前奏

让学生观察两个数列，并找出规律.

0	1	2	3	4	5	6	7	8	9	10	11	12	13	14	15
1	2	4	8	16	32	64	128	256	512	1024	2048	4096	8192	16384	32768

生：前一排数设为 n，则后一排数可以表示为 2^n.

教师肯定学生后，介绍相关数学史：德国数学家史提非在观察上述两个数列时，称上排的数为"指数"，下排的数为"原数". 史提非发现，上一排数之间的加、减运算结果与下一排数的乘、除运算结果有一种对应关系，即假定我们想求下一排任两个数之积，只要计算与这两个数对应的上一排的数之和就行了.

师：根据以上叙述，我们一起来尝试把开始的四道计算题做一点改写，使运算简化.

① 王华民，侯斌. 从一堂概念课的不同导入谈数学史融入教学. 数学通报，2014, 53(8): 48-50.

(1) $32\times256=2^5\times2^8=2^{5+8}=2^{13}$;

(2) $4096\div128=2^{12}\div2^7=2^5$;

(3) $16^4=2^{16}$;

(4) $\sqrt[5]{32768}=2^{\frac{15}{5}}=2^3$.

师：这四道题的改写，其数学本质是什么？

生：简化运算. 化乘除为加减；乘方、开方为乘除运算.

教师故意提问：那么 36×365 呢，能否用上述表格来进行简化运算.

学生开始议论，很多学生都对上述简便运算的价值提出了质疑. 有同学认为简化运算的实质是把乘除转化成2的指数幂的加减法运算，而36, 365不是有理数次幂，那上述简化运算就失效了.

教师追问: 36和365能否表示成2的若干次幂的形式?

学生面面相觑，都不知道.

教师利用"几何画板"的测算功能，显示结果后，师生共同发现 $36\approx2^{5.16993}$，$365\approx2^{8.51175}$，计算 5.16993+8.51175=13.68168，通过计算器求得 $2^{13.68168}=13181.0712$，而 $36\times365=13140$.

师：数据的差异取决于近似计算的精确度，与运算的本质无关.

生：按照这样的思路我们只需制作一张包含足够多数字的表格，就能算出各种各样数字的乘除和开方、乘方运算了.

师：经过刚才的探讨，可以断定这种方法是可行的. 我们可以不断地完善表格中的数据，实际上在17世纪，许多人为了制作这样一张精确的表格而奉献了自己毕生的精力.

教师归纳：此法可推广到任何二位数的乘除运算，并不仅仅限于以2为底. 比如计算 36×365，设 $36=a^x$，$365=a^y$，则 $36\times365=a^x\cdot a^y=a^{x+y}$.

4. 对数的产生

师：把我们的发现上升为一种全新的理论. 对于一般的 $a^x=N(a>0,\ a\neq1)$，若已知 a 和 N 需要求出指数 x，则记为 $x=\log_a N$，我们把 x 称为以 a 为底、N 的对数，其中 a 叫做底数，N 叫做真数. 如：$2^x=36\Rightarrow x=\log_2 36, 2^y=365\Rightarrow y=\log_2 365$.

教师简要介绍了数学家纳皮尔为对数的产生所做的巨大贡献，物理学家伽利略发出的豪言壮语"给我时间、空间和对数，我可以创造出一个宇宙来"，数学家拉普拉斯说的"对数用缩短计算的时间来使天文学家的寿命加倍".

上述教学中处处渗透着数学史，"对数发明的背景"和"对数的产生"环节向学生呈现了一副气势磅礴的画面，让学生渐渐认识对数发展的过程与意义. 另外教师并没有完全照搬历史，而是进行了再加工. 例如在数学的发展史上，从指数出发来定义对数，回避了"先有对数后有指数""还是先有指数后有对数"的争议. 这是基于学生的认知特点，容易被学生接受. 也正是由于上述数学史的融入，才使抽象的对数概念更易于学生理解接受.

三、理论提升

新知导入没有固定的模式，教师会根据每节课的内容、学生的基础以及学生的特点，借助教学资源，设计出适宜的新知导入方式. 但是有些教师在导入时过分注重情境化，为了创设情境可谓是“冥思苦想”，仿佛没有情境就不是新课程理念下的数学课. 这种现象有时会造成导入的内容最终没有与课堂内容紧密相连，起不到应有的作用.

那么，教学导入该符合什么原则呢?

(一) 要符合学生的年龄特征、认知水平和学习心理

在使用导入技能时，要以学生原有的知识和经验水平为前提，设计符合该年龄段学生学习的教学内容. 创设的情境可以是多样化的，如低年级的学生可以通过讲故事、做游戏、模拟表演、直观演示等形式创设情境；对于高年级的学生，则要侧重创设有助于学生自主学习、合作交流的问题情境，用数学本身的魅力去吸引学生. 对于一些不容易创设情境的教学内容，可以采取开门见山的方式，直接导入新课. 导入的意义在于让学生从导入提供的内容信息上进行加工、整合，并遵从数学学科的规律性，进而得出要求用此内容解决什么问题，以及运用和强化原有数学知识.

(二) 导入时间不宜太长

一般来说，一节新授课的教学环节包括引入新知、讲解新知、应用新知、归纳小结、布置作业等. 新知引入环节既要吸引学生的注意力，又要为后面的教学活动服务，始终围绕教学目标来开展. 因此，导入时间应适宜，如果导入部分花去一半的时间，虽然课堂气氛会活跃，却有点“喧宾夺主”，剩余时间能讲几道例题? 是否留下时间给学生消化、吸收新知识呢?

(三) 必须有利于培养学生的数学思维能力，保证教学效果

有一节七年级的有理数乘法课，一上来，教师就抛出问题：“九只茶杯，杯口全部朝上放在桌面上，每次将其中的 4 只同时翻转，称为一次运动，能否经过若干次运动，使得杯口全部朝下?” 别说学生，连听课教师也一下懵住了，学生自然无法回答. 于是，教师说：“不知道没关系，等上完这节课，我们回过头来再看，就很容易解决了. ” 接下来，教师讲解了大大小小十道题目，使学生了解了两个有理数相乘时积的符号的确定和有理数的乘法法则，又让学生练了十八道习题，还把下一节课的内容——“三个有理数相乘”提上来讲了一部分，结果还没进行小结已经下课了，教师根本来不及再分析、解决开头那道题目. 使得几个想知道谜底的听课教师心痒痒的，不知这道题目与有理数相乘到底有何关系，也不知学生对此有何想法. 既然提出了问题，那终归要解决问题，否则，会让人感觉有头无尾. 数学教学的开场白是为整个数学课堂教学服务和作铺垫的，是为了解决问题而设计的. 因此，导入教学不是“孤立”的，而应与整个课堂教学前后呼应.

(四) 新知导入的内容要合理, 有助于教学目标的实现

新知导入必须符合教学本身的科学性, 符合从特殊到一般、从具体到抽象、从现象到本质等原则. 通过例题引入新知是常见的导入新知方式之一. 引入例题, 在教学中的作用主要体现在引入新知上, “承上” 和 “启下” 是其教学价值所在. 对引入例题的分析与交流, 既要回顾与梳理以往的知识, 又要为新知的出现搭建桥梁. 因此, 教师应立足于这类例题引入价值的实现, 在凸显引例教学短期效益的基础上追求教学的长远效益. 同时, 数学中不少概念、性质、定理都是从类比推理中发现的, 因此在新课引入时, 视教材内容采用类比的方法, 那是大有益处的. 它能使学生积极参与研究性的活动, 有利于学生将一定的知识和技能从已知的对象迁移到未知的对象上去, 促进知识的现实化, 有利于培养学生的探索能力.

[拓展阅读]

[1] 叶立军, 斯海霞. 数学课程与教学论. 2 版. 杭州: 浙江大学出版社, 2016.
[2] 叶立军. 中学数学教学设计. 北京: 高等教育出版社, 2015.

问题五　如何有效提问

提问是最古老，也是最普遍的教师课堂教学行为，对提问行为的研究可以追溯到孔子的“启发式”提问和苏格拉底的“产婆术”提问.《中国大百科全书·教育》认为，提问是一项重要的教学手段，它被运用于整个教学活动中，是联系师生活动的纽带. 在教学中有助于引导学生探索知识、积极思考、获得智慧[1]. 提好问题等于教好书，教学的艺术在于有技巧的使用提问，因为在问题中教师有清晰生动的思想指导，能快速刺激学生的想象力，启发思考，激励行动.

课堂提问是教学过程中师生之间进行思想交流的重要方式，是沟通教师、教材和学生三者之间的桥梁和媒介[2].《西方教育词典》认为，提问对教师具有重要的意义. 提问既可作为了解学生学到了什么和能做什么的手段，又可作为教学技巧的一部分. 也就是通过提问，一方面，可以引导学生逐步作出教师预期的回答，或鼓励学生为培养他们的洞察力而对其亲身体验进行考察；另一方面，不仅能培养学生回答别人提出的问题，而且能使学生自己组织问题并求得答案[3].

美国教学法专家卡尔汉认为，提问是教师促进学生思维、评价教学效果以及推动学生实现预期目标的基本控制手段[4]. 波斯特曼指出，“我们所有的知识都是始于问题，也就是说提问题是我们最重要的智力工具”. 善教者必善问，善问是一种艺术，只有“善问”，课堂气氛才会活跃，学生的思维才能激活. 正如钱梦龙所说：“问题提得好，好像一颗石子投向平静的水面，能激起学生思维的浪花.”[5]

总之，教师课堂提问行为是一种重要的教学行为，是师生之间交流、对话的重要方式，在教学中有着许多重要的功能.

一、提问的功能

提问贯穿整个教学活动，是师生进行交流对话的重要途径，具有考察评估、促进学生思维、激励学生课堂参与等多种功能. 教师提出问题、学生回答问题、教师给予评价与反馈的过程构成了完整的课堂提问.

首先，提问的功能是推进教学进程，完成教学中的任务. 其次，通过学生对问题的反

---

① 中国大百科全书总编辑委员会《教育》编辑委员会. 中国大百科全书·教育. 北京：中国大百科全书出版社，1985.

② 余文森. 有效备课·上课·听课·评课. 福州：福建教育出版社，2010: 117.

③ 朗特里. 西方教育词典. 陈建平，译.上海：上海译文出版社，1988.

④ 李如密. 教学艺术论. 济南：山东教育出版社，1995: 343.

⑤ 同②.

馈，教师可以及时准确地了解学生知识掌握动态，检验教学效果，并采取相应的教学措施强化教学效果. 再次，有效的提问能吸引学生的注意，赋予学习的动机，并且在有效时间内阐述观点，促进思维发展. 最后，教师的提问具有引导作用，教师提问可以促进学生提问，促使学生更加积极主动地参与到课堂互动中. 课堂中教师提出问题的好坏，直接影响学生的学习效果与问题的解决能力.

二、好问题的特征

根据提问的功能，可以归纳出好问题的特征如下.

1. 严密准确无歧义，紧扣中心有目的

好问题首先要具有一定的“精度”，问题本身明确清晰，符合严密的逻辑关系，不会产生歧义，能凸显数学学科特点，学生能通过问题洞悉教师的意图，知道在问题的指引下如何思考问题，采取何种行动. 其次，问题的设置不能太泛、太大，否则学生将无从思考与表达.

目的性是好问题的重要特征. 一堂好课是经过精心设计的，课堂的问题也是有的放矢，根据教学目的而设计的. 教学目的应该从学生可持续发展的视角出发，重视对学生学习兴趣、学习习惯、学习方法的养成，关注学生认知力的提高. 另外，好问题是教师在明了知识发生与发展后，对授课的内容进行详细分析之后提出的，能紧紧抓住本节课的中心内容、重点、难点或关键点，保证课堂有序地进行，既能满足学生对知识技能的要求，又能满足情感态度价值观上的需求.

2. 增强知识理解力，符合最近发展区

数学是思维的科学，好问题是能促进思维发展的重要手段，有助于学生对知识的理解，调控思考问题的方向. 好问题能提高课堂教学效果，能帮助学生理解数学知识，促进对数学本质与思想方法的理解，提高各种认知力. 数学是高度抽象的学科，学生在学习中常常思维会遇阻，好问题能给予学生导向与暗示，令其茅塞顿开.

难度越大的问题并不一定是好问题，好问题是置于一定的情境中，在一定问题的铺垫下，具有一定的开拓空间，且是难度适中的问题. 这样的问题既能调动那些数学基础不好的学生的兴趣，又能吸引数学学习能力较好的学生进行更加深入的思考. 在一定梯度的设计下，尽量与学生的认知保持一致性. 好问题能激发学生回忆已经掌握了什么知识，在最近发展区中再跳一跳，到达更高的层次. 这样的问题能在学生需要指点的关键处为他们搭建起一个个能够得着的“脚手架”，能带给学生对问题深层次的思考与对知识的真正理解，以及对思考方法宝贵的体会与领悟.

3. 活跃课堂学习气氛，激发学生问题意识

好问题能够吸引学生的注意力，调动学生学习的积极性，激发学习的兴趣，使学生

不断地有动力学习新的内容. 一个问题如果能集思广益, 激荡起学生思维的浪花, 悬疑解难, 师生互动良好, 则能形成良好的课堂氛围, 塑造良好的学习环境, 使得课堂事半功倍.

现代教育理念是以学生的学为中心, 以质疑为学习的导向, 教师不再是纯粹的知识传授者, 而是成为激励学生思考、引导学生学习的分享者. 从教师单方面的教转向师生互动地学, 这对课堂中教师的教学行为提出了更大的挑战, 好问题的提出将直接影响课堂的高效性, 以问题促问题、促发展.

好的问题不仅能促进学生对知识的理解, 还能为学生创设一个表达自我、主动探究学习的环境, 发展学生的数学交流与自我反省能力.

好问题还能有效地激发学生的问题意识. 问题意识是指学生在学习活动中, 意识到有数学问题的存在, 感到自己需要问个"为什么""是什么""怎么办". 这样才能激起学习中的思维火花, 而且这种意识越强烈, 学生的思维就越活跃、越深刻、越富有创造性. 教师的提问能起到良好的示范作用, 使学生对所学的知识勤于质疑与进一步思考, 敢于在课堂上分享自己的观点与提出新问题.

4. 促进回答多样化, 深化思想与内涵

气氛活跃、学生积极回答问题的课堂并不一定是具有思想深度的课堂. 好的问题不在于多, 而在于教师能透过这个问题延伸得出更深刻的内涵. 一个问题如果能举一反三, 学生能在教师提示下给出多样化的回答, 从不同角度阐释自己的观点, 则往往能碰撞出思维的火花.

一个问题的提出不能脱离情境, 好问题可以是一串问题链, 问题链中的问题少一个, 则会形成思维的断节, 多一个又显累赘, 只有在一个完整的系统中才会发挥出其作用与妙处.

好的问题不仅能促进学生的思维发展, 还能使学生得到一定方法论的渗透. 数学中蕴涵的思想方法是在潜移默化中渗透给学生的, 如果教师在提问中能有意识地运用数学思想方法, 那么学生也将学会用同样的方法提出自己的问题. 例如"根据等式的基本性质, 你能说出不等式有哪些性质吗?"这样的问题使学生从旧知识出发, 运用类比的方法研究与学习, 对养成一般的数学研究方法与创造性思维具有良好的作用.

三、提问的类型

对课堂提问的研究有必要对问题进行明确的分类, 最简单的是将问题分为: 封闭性问题和开放性问题. 也有研究者称为"敛聚性"和"发散性"问题[①].

(1) 敛聚性提问: 将问答限定在一个或少数几个答案之内的问题, 学生只需要回忆某些知识即可作答, 如"20 除以 5 等于多少?"

① 明轩. 提问: 一个仍需深入研究的领域. 外国中小学教育, 1999, (4): 26.

(2) 发散性提问: 激发一般的、开放性的回应, 问题没有唯一的答案, 任何答案都有可能是正确的, 如“什么数能够被 5 整除?”

根据数学知识表征的类型, 可将提问分为以下两种.

(1) 陈述性提问: 是有关人所知道的事物状况的知识, 能被人陈述和描述, 回答是什么的问题, 如“今天我们学习了什么?”

(2) 程序性提问: 是关于人怎么做的知识, 包括运动技能、认知技能和认知策略, 回答怎么做的问题, 如“这个方程怎么解?”

根据教师的提问作用和认知水平的不同层次, 可将提问分为以下六种.

(1) 识记性提问: 要求学生通过回忆或描述记忆中已有的知识进行回答, 不需要理解所学的知识, 如“什么是因式分解?”

(2) 管理性提问: 为了维持课堂纪律使得教学有序进行而发起的提问, 与课堂教学知识无关, 如“还有谁愿意回答?”

(3) 提示性提问: 教师利用相关知识点引发学生进行正确的思考, 或教师为了完成整个过程的指导, 对解题步骤给予提示, 如“这一步优先考虑的是什么?”

(4) 重复性提问: 重复学生的回答后再进行提问, 对学生的回答表示怀疑或强调, 目的是更好地了解学生掌握的情况, 如“哦, 你选择的是 A, 对吧?”

(5) 理解性提问: 要求学生结合所学知识进行一定的思考、归纳和总结, 并对所记忆的知识进行一定的理解, 该提问有时是在提示性提问的基础上对学生提出了更高的要求, 如“如何进行分式约分?”

(6) 评价性提问: 要求学生能基于一定的标准而进行判断, 如“这个结果对吗?”

四、案　　例

在实践中如何关注不同的提问方式, 广大教师积累了丰富的经验. 下面我们通过案例来介绍这方面的经验.

案例 1　通过改变问题条件构造系列问题, 突出重点、突破难点
——连续函数零点存在性定理的理解

课程的教学重点是根据课程目标所确定, 具有一定的客观性. 教学重点可以包括核心概念、学科重要知识、具有普遍意义的思想方法等. 教学难点与教学内容安排有关, 与学生的认知基础、学习能力、习惯以及各方面综合影响有关. 在教学重点的同时, 应该把握时机, 采取有效手段突破难点. 问题串的提出能一步步将问题化难为易, 化整为零, 引导学生从正确角度理解内涵.

【片段一】 人教版“普通高中课程标准实验教科书”《数学 必修 1 A 版》(简称人教 A 版高中数学必修 1, 后同)“方程的根与函数的零点”.

《高中课程标准(2017 版)》对函数与方程提出的要求有: 会结合一元二次函数的图象, 判断一元二次方程实根的存在性及根的个数, 了解函数的零点与方程根的关系. 在

教学设计中可以把本堂课的教学任务规定为解决三个问题：方程的根与函数零点的关系；零点存在性定理的理解；判断一个连续函数在某个区间内存在零点的方法.

零点存在性定理：如果函数 $y=f(x)$ 在区间 $[a,b]$ 上的图象是连续不断的一条曲线，并且有 $f(a)\cdot f(b)<0$，那么，函数 $y=f(x)$ 在区间 (a,b) 内有零点，即存在 $c\in(a,b)$，使得 $f(c)=0$，这个 c 也就是方程的根.

问题二既是重点也是难点，教师在引导学生得出零点存在性定理后，可以通过以下问题，加深学生对定理的理解.

定理中包含的信息诸多，但是每个条件又必不可少，教师应该通过课堂教学使学生理解定理，而理解定理则应使学生理解定理中每个条件的重要性. 在教学过程中，则应引导学生观察函数图象与 x 轴的交点的情况，引导学生研究：①函数图象不连续时，定理将不成立；② $f(a)\cdot f(b)>0$ 时，对应的情况；③ $f(a)\cdot f(b)<0$，函数在区间上不单调时对应的情况；④ $f(a)\cdot f(b)<0$，函数在区间上单调时对应的情况.

教师根据以上的几种情况有针对性地设计以下问题.

提出问题 1：如果函数 $y=f(x)$ 在区间 $[a,b]$ 上的图象是连续不断的一条曲线，并且有 $f(a)\cdot f(b)>0$，那么，函数 $y=f(x)$ 在区间 (a,b) 内没有零点吗？

通过此问题，学生自然而然就能想到当函数不单调时，函数 $y=f(x)$ 在区间 (a,b) 内仍可能存在零点. 从反面理解定理，可加深对定理的理解.

提出问题 2：如果函数 $y=f(x)$ 在区间 $[a,b]$ 上的图象是连续不断的一条曲线，并且有 $f(a)\cdot f(b)<0$，那么，函数 $y=f(x)$ 在区间 (a,b) 内有零点，但是否只有一个零点？

此问题从正面更加深入理解问题，教师的提问也正能顺着学生的思维，顺水推舟，得出此时函数的零点可能不止一个. 学生将从函数单调与不单调两个方面进行考虑.

提出问题 3：如果函数 $y=f(x)$ 在区间 $[a,b]$ 上的图象是连续不断的一条曲线，并且有 $f(a)\cdot f(b)<0$，那么，增加怎样的条件可以确定函数 $y=f(x)$ 在区间 (a,b) 上只有一个零点？

上一个提问中，学生已经理解零点存在定理中零点可以不止一个. 要求增加条件，既能深入理解定理，又能锻炼学生的语言表达能力.

提出问题 4：如果函数 $y=f(x)$ 在区间 $[a,b]$ 上的图象是连续不断的一条曲线，且函数在区间 (a,b) 上有零点时，一定有 $f(a)\cdot f(b)<0$ 吗？

问题 4 的提出会使学生意识到，零点存在性定理是函数在某区间上存在零点的充分不必要条件. 在前几次提问的铺垫下，学生对问题4的理解自然水到渠成，这既是重点也是难点，此问题是这一系列问题的核心.

提出问题 5：如果函数 $y=f(x)$ 在区间 $[a,b]$ 上的图象不是连续不断的一条曲线，且函数在区间 (a,b) 上有零点时，一定有 $f(a)\cdot f(b)<0$ 吗？

通过以上五次提问，层层深入，教师通过改变原问题的条件，重新构造问题，突出重点，突破难点.

【片段二】 通过改变条件合理变式教学——以反比例函数复习课为例.

复习课是学生的思维从回忆、发散到提高的一个过程. 复习课的教学过程应注意问题设置的合理性，以阶梯难度习题、变式教学提高复习效果，使学生的思维走向有序化，收获良好的成就感．变式教学的复习课首先应把握学生的学习起点，在已有的知识经验基础与认知发展的前提下，展开学习活动，使学生的认知达到“量”到“质”的飞跃．莱布尼茨说过“后退才能跳得更高”，复习课往往需要结合回顾旧知识，新旧知识的连接则要求教师对问题的巧妙处理．通过适当的变式教学，让学生体会数学知识的联系，在思维的活动中探索与总结，提高课堂学习的质量．

一、问题引入，落实双基

【教师活动】

教师给出问题：观察下图，已知$\angle CAB=\angle CBE=\angle BDE=90^\circ$，$CB=BE$，写出可以得到的结论．

【师生活动】

师：看到图 1，你会想到哪个几何模型，得到哪些结论？

生 1：$\triangle ABC\cong\triangle DEB, AC=DB, AB=DE$.

师：如图 2，若弱化图 1 的条件，变为“已知$\angle CAB=\angle CBE=\angle BDE=90^\circ$，你能得出什么结论？”

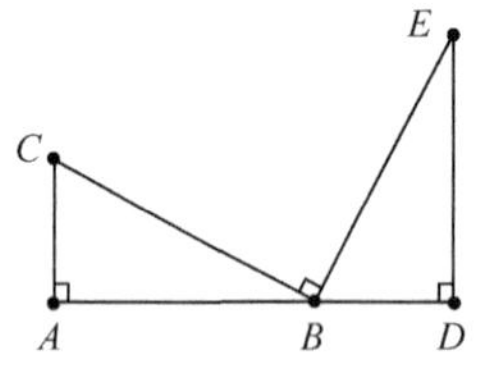

图 1

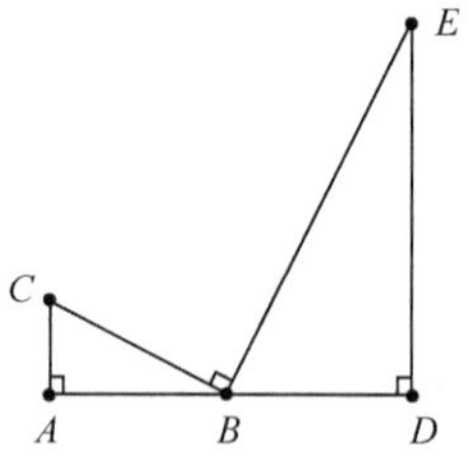

图 2

生 2：$\triangle ABC\sim\triangle DEB$，$\dfrac{AB}{DE}=\dfrac{AC}{DB}=\dfrac{BC}{EB}$.

师：说明大家对相似三角形的基本性质掌握得不错，在一条直线上如果有这样的三个直角，那么在这个“K”字模型中，我们一定能证明两个三角形相似．

二、提出问题，探究提升

师：掌握了以上两个图形及其性质，就可在复杂的图形中找出问题的本质，从而达到事半功倍的效果．

【问题 1】　如图 3，已知在第一象限内的点 A 在反比例函数 $y=\dfrac{2}{x}$ 上，第二象限的点 B 在反比例函数 $y=\dfrac{k}{x}$ 上，且 $OA\perp OB$，$OA=OB$，则 k 的值为__________.

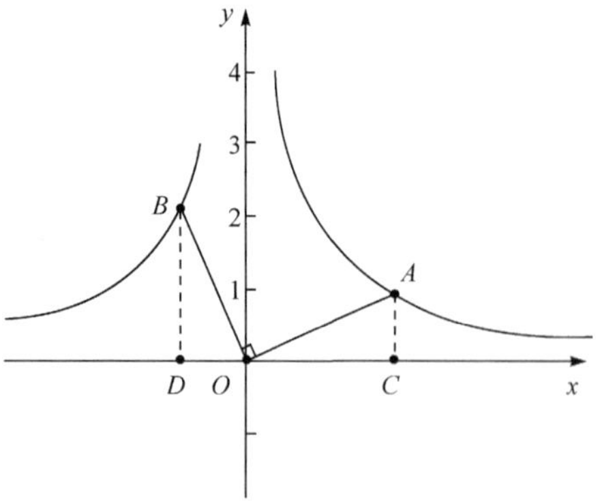

图 3

师：请同学们思考，这个问题可以怎么解决？

生 3: 这里只要作 $AC\perp x$ 轴, $BD\perp x$ 轴, 则有$\triangle AOC\cong\triangle OBD$. 设 $A:\left(x,\dfrac{2}{x}\right)$, 则 $B:\left(-\dfrac{2}{x},x\right)$, 可得 $k=-2$.

师: 本题中虽没有我们之前讨论的 "K" 字模型, 但是生 3 注意到$\angle AOB=90°$, 通过向 x 轴作垂线, 自己构造出了这个模型, 非常好! 以后在解题中, 如果遇到这类 "悬空" 出现直角而没有思路时, 大家不妨往这个方向思考.

三、变式训练, 拓展思考

师: 现在我们将问题 1 稍加改变, 就变成了一道中考题, 如下.

变式 1　(2013 年乐山中考题)如图 4, 已知在第一象限内的点 A 在反比例函数 $y=\dfrac{2}{x}$ 上, 第二象限的点 B 在反比例函数 $y=\dfrac{k}{x}$ 上, 且 $OA\perp OB$, $\cos A=\dfrac{\sqrt{3}}{3}$, 则 k 的值为________.

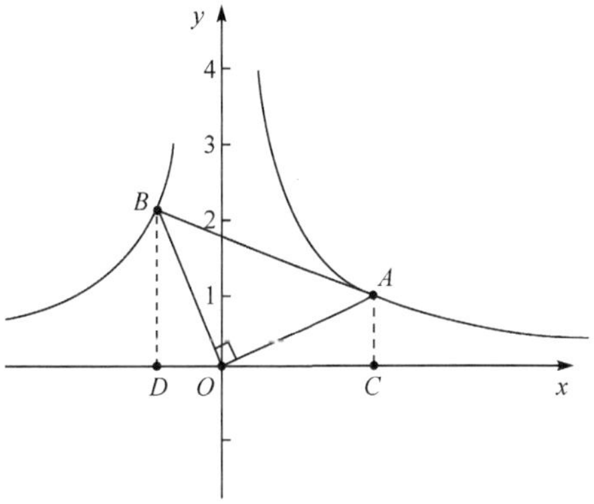

图 4

生 4: 这道题很简单, 就是由问题 1 中的全等变为了相似.

师: 不错, 具体该如何解呢? 请同学认真思考.

生众: (积极动手演算)

生 5: 仿问题 1 作辅助线 BD 和 AC, 易得$\triangle OBD\sim\triangle AOC$, 相似比为 $\dfrac{BD}{OC}=\dfrac{DO}{CA}=\dfrac{OB}{AO}=\tan A=\sqrt{2}$. 设 $A\left(a,\dfrac{2}{a}\right)$, 则 $B\left(-\dfrac{2\sqrt{2}}{a},\sqrt{2}a\right)$, 所以 $k=-4$.

生 6: 我们也可以利用 k 的几何意义来解决. 因为$\triangle OBD\sim\triangle AOC$, 相似比为 $\sqrt{2}$, 面积比为 $\dfrac{S_{\triangle OBD}}{S_{\triangle AOC}}=2$, 所以 $|k|=2\times 2=4$, 又因为点 B 在第二象限, 所以 $k=-4$.

师: 同学们对这两位同学的解法有何看法?

生 7: 此题中, 生 6 用面积法求解, 可以避免求点 A、点 B 坐标的繁杂, 所以我比较喜欢生 6 的解法.

师: 用设点坐标的方法解反比例函数是非常常见的, 思路也比较易形成, 但如果可以利用 k 的几何意义, 也不失为一种妙解. 同学们可以根据自己的解题经验进行选择.

四、问题重构, 突破难点

【问题 2】 如图 5, 点 A 是双曲线 $y=\dfrac{4}{x}$ 在第一象限上的一动点, 连接 AO 并延长交另一分支于点 B, 以 AB 为斜边作等腰 Rt$\triangle ABC$, 点 C 在第二象限, 随着点 A 的运动, 点 C 的位置也不断地变化, 但始终在一函数图象上运动, 求这个函数的解析式.

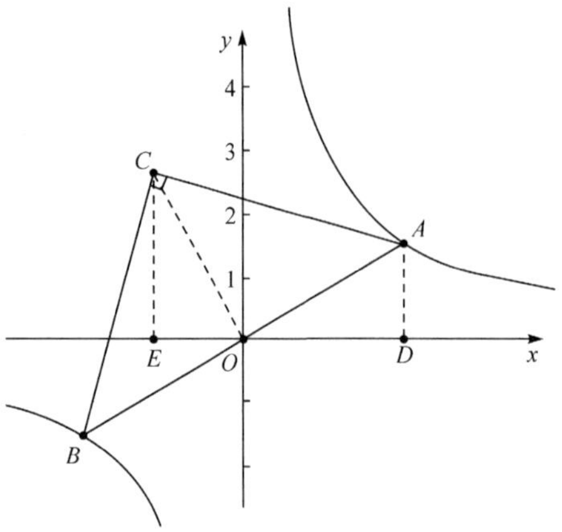

图 5

(学生思考片刻)

师：同学们觉得哪里有困难?

生 8：刚才老师讲了“一线三直角”模型，但是这里没有找到.

师：是的，本题中难以找到上述几何模型这是难点所在，但是，当问题中没有模型时，我们要善于自己构造模型. 哪位同学尝试一下?

生 9：如图 5，连接 CO，由反比例函数的对称性可知，$AO=BO$，又因为 $\triangle ABC$ 是等腰 $\mathrm{Rt}\triangle$，所以 $CO\perp AB$，$CO=AO$，这样就和问题 1 中的条件一样了，只要再作 $AD\perp x$ 轴，$CE\perp x$ 轴即可. 根据 $\triangle DOA\cong\triangle ECO$，设 $A\left(t,\dfrac{4}{t}\right)$，$C\left(-\dfrac{4}{t},t\right)$，所以点 C 所在的函数解析式为 $y=-\dfrac{4}{x}(x<0)$.

变式 2　(2014 年荆门中考题)如图 6，点 A 是双曲线 $y=\dfrac{4}{x}$ 在第一象限上的一动点，连接 AO 并延长交另一分支于点 B，以 AB 为一边作等边三角形，点 C 在第四象限，随着点 A 的运动，点 C 的位置也不断变化，但始终在一函数图象上运动，求这个函数的解析式.

生 10：根据问题 2 的启示，应该要连接 CO，由反比例函数对称性得 $AO=BO$，所以 $CO\perp AB$. 根据前面的经验，应作 AE 垂直 x 轴，CF 垂直 x 轴……后续不知该怎么做(图 7).

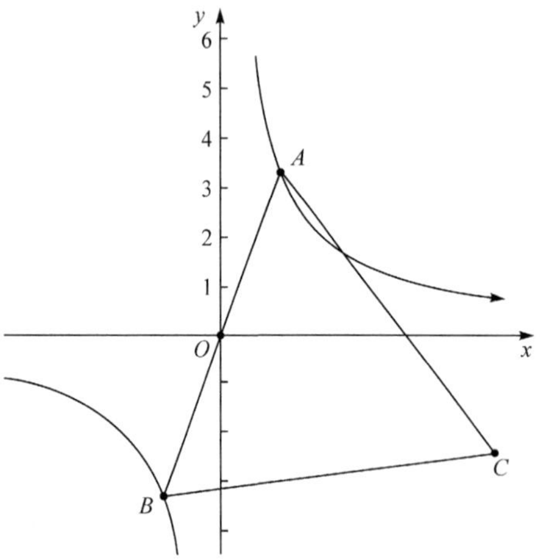

图 6

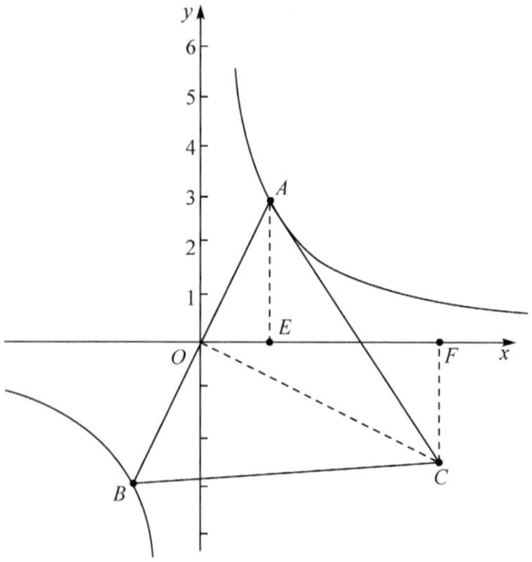

图 7

生 11：按照生 10 的解法，易证 $\triangle OCF\sim\triangle AOE$，相似比 $=\dfrac{OC}{AO}=\sqrt{3}$，$\dfrac{S_{\triangle OCF}}{S_{\triangle AOE}}=3$，所以 $|k|=2\times3=6$，由于点 C 在第四象限，所以 $k=-6$.

生 12: 还有另外一种作辅助线的方法, 实际与前面都一样, 只是过点 A, C 作 y 轴的垂线, 这样又有了“K”字模型, 后面做法类似.

师: 两种解法都很好, 本质上都利用反比例函数中构造出的相似三角形来解题, 构造“K”字模型, 本质上也是构造相似三角形, 生 10 和生 11 的解法告诉我们, 解题不能一味生搬硬套, 更多时候需要灵活处理. 这里不用“K”字模型依然可行, 只是套用模型在一定程度上可以给大家以启示, 但不能死搬硬套, 这样模型解题反会成为“绊脚石”, 而不是“垫脚石”.

案例 2　灵活使用课堂追问, 启发学生思维——“电话计费问题”的片段说明

课堂中可以适当使用追问, 让学生在出现错误时能够迷途知返, 对问题知其然, 更能知其所以然. 把握追问的时机与方法, 可以培养学生研究性学习的兴趣. 在学生的理解出现偏差时, 通过追问, 巧妙纠正错误; 在发生意外之处及时追问, 可以生成精彩课堂. 叶澜老师说过: “课堂应是向未知方向挺进的路途, 随时都有可能发现意外的通道和美丽的风景, 而不是一切都必须遵循固定的路线而没有激情的行程.”其实这些意外事件是学生独立思考后灵感的萌发、瞬间的创造, 是张扬学生个性的最佳途径. 教师不仅要保护这类意外事件, 而且还要在此处紧追不放, 让学生的创造力得以激发.①

以下将通过三个追问片段, 基于顾沛对“电话计费问题”课例的点评, 感受有效追问的灵活性、时效性、合理性和情感性.

1. 递进式追问片段

教师给出两种电话计费方式. 方式一: 月基本费 58 元, 主叫限定时间 150 分钟, 主叫超时费每分钟 0.25 元, 被叫免费. 方式二: 月基本费 88 元, 主叫限定时间 350 分钟, 主叫超时费每分钟 0.19 元, 被叫免费.

师: 解释方式一的含义.

生: 方式一就是说在使用之前先交 58 元, 可打 150 分钟电话, 如果超过 150 分钟的话, 超过部分每分钟按 0.25 元收费.

师: 好, 你说交 58 元打 150 分钟的电话, 如果我打电话的时间在 150 分钟之内, 还用再交钱吗?

生: 如果在 150 分钟内只需要交 58 元.

师: 那好, 我再来问你两个问题. 第一, 若我的主叫时间为 100 分钟, 我需要交多少钱? (追问)

生: 58 元.

师: 58 元, 那下面的问题有点难度了. 如果我现在的主叫时间是 200 分钟, 按照方式一需要交多少钱? (学生有些许停顿)一下想不好就先把式子列一下(追问).

生: 58 加上 200 减 150 的差乘以 0.25, 等于 70.5 元.

师: 好, 请坐, 她对方式一解释得很清楚.

2. 启发式追问片段

① 贾凯. 适时追问 回归本原. 初中数学教与学, 2016, (23): 6-8.

师：通过 350 分钟的特殊点，我们可以发现，方式二划算，方式一不划算. 那么前面呢？时间等于 150 分钟的时候，方式一是 58 元，方式二是 88 元. 那么观察两个时间点上的数字特征，我们能够再加强一下某生的结论吗？(追问)

生：现在看出 150 分钟时是方式一便宜，350 分钟时是方式二比较划算. 我觉得这说明它有相等的点，这个点应该是在……(学生回答困难)

师：好，我再给你举个例子，类比跑步的问题，在 150 分钟的时候，谁领先？(追问)

生：方式二 .

师：方式二，在 350 分钟的时候，谁领先？

生：方式一.

师：如果两个人跑步，开始你领先后来我领先，那么中间像你所说的点是不是必然会存在呢？那就是两个人怎么样的时候？(追问)

生：方式一追上方式二的时候.

师：也就是两个人相遇的时候.

3. 因果式提问片段

师：第一个问题，探究解题的过程大致包含哪几个步骤？我们刚才都经历了，说不全没有关系. 我们再概括概括.

生：首先要找出关键点，再对关键点两边进行分类讨论.

师：找关键点也是在进行分类讨论，然后呢？

生：然后再把讨论的问题变成式子列出来.

师：你刚才说的是一般的过程. 那我问你，这个电话计费问题，最后回答的时候是利用哪个时间点回答的？(追问)

生：方式一和方式二相等的时间点.

师：那么 t 等于？

生：270.

师：它是由什么求得的？(追问)

生：还没想好.

师：(教师指向黑板的等式关系)由什么求得的？(追问)

学生 ：由方程求得的.

五、理论提升

(一) 追求课堂提问的时效性，减少低效提问，增加高效提问

教师的提问行为与学生的应答行为构成了一个师生对话系统，该系统应以完成教学目的为宗旨. 如果该系统不以完成教学任务为宗旨，而一味地追求较多的提问与应答行为来达到课堂的表面活跃氛围，是没有任何价值和意义的. 所以，教师应根据不同的教学目的、不同的教学内容和不同的学生，选择不同类型的提问，以激发学生不同认知层次

的应答行为.

教师应该增加有效提问，减少无效或低效提问，激发学生积极思维的动力，把学生的思维引向学习的内容，引向问题的关键处、实质处.

(二) 针对不同类型的问题引导学生采取不同的应答方式，激发学生高认知思维，使学生的认知水平达到“最近发展区”的要求

苏联著名的心理学家维果茨基认为，人的认知结构可划分为三个层次：“已知区”“最近发展区”和“未知区”[①]. 人的认知水平就是在这三个层次之间循环往复，不断转化并螺旋上升的. 教师应能够很好地驾驭课堂，要倾向于严格调控课堂秩序并提出半简单性问题与复杂性问题，以此激发学生较高认知程度的思维. 随着每个学生都平等地被提问，学生便不再去想他能够或被迫回答可以抵抗老师的意志、不回答问题，那么他就能更好地集中精力思考和学习，更好地参与到教学中来，从而创造高认知的回答[②]. 因此教师的提问要符合学生的已有认知水平，处在学生的“最近发展区”，使学生能够思考问题并理解问题.

(三) 鼓励学生积极参与课堂教学提问

从众多的课堂教学研究来看，教师提问次数越多，学生参与应答的次数就会很少，独立参与应答的人数会更少，特别是在新知讲授和课堂练习这两个重要教学环节中，学生参与度较低. 所以，在合适的范围内，教师应该积极鼓励学生参与教学活动，大胆表达各自想法，发挥学生的主体性.

(四) 教师应针对不同的提问类型采用不同的等候策略，调动学生的思维活动，提高学生的参与度

我们发现，教师的提问类型与提问后等候时间之间存在明显的关系. 这也就是说，教师在提出问题后，应根据不同难度的问题和学生不同的认知程度，给予学生不同的思考时间，从而充分调动学生的思维活动，提高学生的思维水平和学生的参与度. 只有这样，学生的思维才能最大限度地活跃起来.

(五) 教师在备课时应以教学目标为指导，设计课堂提问，切实提高教师提问行为的有效性

教师在备课时就应以教学目标为指导，设计课堂提问. 备课时应该关注核心问题，所谓核心问题，是指主要关注和指导课堂师生对话的内容和认知操作的问题，其目的是引导学生去思考课堂互动中的内容.

研究表明，教师合理的提问顺序在课堂教学中起着十分有效的作用，教师应该在备

① 维果茨基. 维果茨基教育论著选[M]. 余震球，译. 北京：人民教育出版社，2005: 244.

② Wigle. S E Higher quality questioning[J]. Education Digest, 2002, 65 (4): 62-64.

课时认真思考合理安排提问顺序. 课堂教学提问顺序应该由具体的行为目标、教学内容和学生的水平决定. 我们认为, 提问基本顺序应该按照组织—激发—反应这样的模式进行. 最常见的提问顺序往往采用由开发性问题导向封闭性问题的形式. 许多教师在组织—激发—反应过程中的开始时多采用开放性问题, 然后进一步组织, 再导向下一个问题, 而这个问题只需要回忆或简单的推论.

就提问而言, 教师好的提问应该是具有启发性的. 好的提问, 能够启发学生对所学知识的联系, 启发他们对问题进一步思考, 而不仅仅是简单的回忆. 教师的提问在于"启", 而不在于"多". 作为教师, 应该有能力组织好开放性问题和封闭性问题, 并根据具体类型的学习者定位好问题, 以及将问题按有意义的序列进行安排. 而且教师还应该有能力组织认知复杂性层次不同的问题①.

因此, 教师在课堂提问时, 应该以合适的问题形式提问, 并且选择合适的学生回答, 这样不仅使所选择的学生和教师之间进行了积极的互动, 而且其他学生也能够就教师所提的问题进行积极的思考. 所提的问题还应具有挑战性、有趣性和贴近学生的生活实际, 所提的问题应在学生"最近发展区"中.

(六) 在设计课堂问题时要注意问题的梯度和难度, 不同类型的问题采用不同的提问策略

并非教师所有的复杂性提问都能激起学生高认知的回答, 问题复杂性程度的高低与提问内容难度无关. 从而, 在设计问题时要注意提问的难度应与学生的认知水平相一致, 要根据"最近发展区"的要求设计问题, 采取相应的提问策略. 通过统计分析发现, 学生应答认知程度与教师提问的方式有很大的关系, 高水平的提问方式能引发学生高认知的回答. 因此, 教师要选择合适的教学材料, 确保能激起学生高认知的回答. 同时, 提问应建立在学生的"最近发展区"内, 合理设计有梯度的问题, 对复杂的问题进行分解, 对不同的内容采取不同的策略. 当教学难度较大时, 可结合教学内容, 由易到难地进行提问, 尽可能采取开放式的提问, 切忌控制学生的答案, 并且对不同的学生采取不同的提问策略; 而当教学难度不大时, 教师可以适当增加提问难度, 给予学生充分的思考时间, 寻求更高认知水平的回答.

(七) 合理采用追问方式, 使问题形成高效的"问题链"是有效提问的重要策略

通过研究发现, 无论是教师提问的类型还是学生应答的类型都与教师提问的方式有着显著的相关性. 因此, 教师在教学过程中, 要重视提问的有效性, 合理采用追问方式, 使问题形成高效的"问题链". 也就是说, 教师在追问的过程中, 首先要面向全班学生提出问题, 然后等待一段时间, 留给学生一定的思考时间再让学生回答, 重视获取答案的过程, 最后还要采用先提问后叫学生名字或先叫学生名字后提问的个别提问策略来让学生回答, 这样不但能减少学生不回答现象, 还能增加回答问题的正确性和完整性, 并且在高认知水平上也会有更好的提高.

---

① 鲍里奇. 有效教学方法. 4 版. 易东平, 译. 南京: 江苏教育出版社, 2002: 210-211.

总之，教师提问应遵循适时、适度原则，教师应当根据不同教学环节、不同的提问类型选择不同的提问策略从而激发学生不同认知层次的应答行为，不断提高自身的提问艺术，全面提高教学质量.

[拓展阅读]

[1] 叶立军. 数学教师课堂教学行为研究. 杭州: 浙江大学出版社, 2014.
[2] 叶立军, 斯海霞. 基于录像分析背景下的代数课堂教学提问研究. 教育理论与实践, 2010, 30(8): 41-43.

问题六　如何设计课堂练习

课堂练习是课堂教学中的重要部分. 有效的课堂练习能够使学生快速理解, 巩固课堂新知, 因此, 为了更好地利用课堂练习来提高课堂的教学效率, 教师应该加强对课堂练习的研究, 提高学生课堂练习效率, 从而优化课堂教学质量.

一、课堂练习有什么作用

(一) 课堂练习帮助学生掌握知识概念, 形成概念体系

教师在课堂教学新知的过程中, 经常可以发现学生对新学的概念理解得不够透彻, 对概念的内涵认识得不够清楚, 混淆概念, 不能将其融会贯通, 这不仅与教师教学水平、学生学习水平有关, 一定程度上还与课堂练习是否足量和有效有关. 不管是已经理解的概念还是新接触的概念, 教师都应该通过课堂练习来帮助学生进行巩固. 要更好地掌握一个概念, 不应该仅仅局限于其中, 而是将其与其他概念进行联系、比较、归纳, 才能更好地揭示其中的关联与区别. 因此, 学生要掌握知识概念, 形成概念体系, 课堂练习是必不可少的.

(二) 课堂练习帮助学生运用课堂知识, 锻炼解题技能

课堂练习是利用一般原理去解释具体的同类事物, 由抽象到具体的过程, 它以多样、灵活的课堂练习形式和具体的材料反映一般原理, 这种原理反映方式更具有含蓄性、启发性和趣味性, 要求学生必须灵活地运用概念、规律进行分析、综合、判断, 从而使平日所学的知识变活, 并在这种“活化”中促进学生技能和技巧的形成.

(三) 课堂练习帮助教师了解教学效果, 获得信息反馈

根据学生课堂练习的情况, 教师可以及时了解学生课堂学习的情况. 不同课有着不同的知识点、重点、难点, 而不同的学生也有着不同的知识水平、学习水平, 因此, 为了使课堂教学能顺利进行, 同时又保证教学效果, 教师就要及时了解学生对知识点、重点、难点的掌握情况, 而这个情况单纯靠教师课堂上的简单提问难以充分体现, 这个时候课堂练习就展现了它的必要性, 通过学生对课堂练习的解答, 教师就能充分了解学生对知识的掌握情况, 而学生反馈的这个信息, 能及时地被教师所捕捉, 根据反馈的情况, 教师可以发现学生学习中所存在的问题, 及时采取措施, 进行教学补救, 从而提升课堂教学效果.

二、课堂练习的类型

课堂练习是连接基础知识与深层理解之间的桥梁，是提高学生利用所学知识解决问题能力的重要途径.一般说来，根据课堂练习的概念，我们可以将课堂练习分为三种类型，即引新练习、尝试练习和巩固练习.

(一) 引新练习

学习新知识前的练习就是引新练习. 它既是教师和学生上好课的知识巩固、心理准备，又是学习新知识的坚实基础. 其练习过程就是在新旧知识间架桥铺路的过程. 这类练习一般要少而精，要围绕教学重点来设计. 闫承利称这类练习为准备性练习，主要包括既为新知识作铺垫又能激发学生求知欲、分散新知识中的难点，以及复习与新知识有关而又容易出错的旧知识等几方面的题目. 准备性练习起着复习巩固、激发求知欲、扫除学习障碍、为新知识作铺垫的作用①.

引新练习是影响一节课质量好坏的前提因素，而一节有效的引新练习可以激发学生学习兴趣、自然地衔接新旧知识，使新旧知识的接替与转换不至于突兀. 它是前面所学知识的深化巩固，又是后面新内容的铺垫，起到起承转合的作用.

(二) 尝试练习

学习新知识时，教师引导学生进行一定的尝试，学生凭借自己已有的知识经验，探究摸索新知识的过程，就是尝试练习. 尝试练习是课堂探究的过程，这在数学课堂中占据很重要的作用，数学学科自身的抽象性与逻辑性，要求尝试练习要注重过程性. 这类练习是新知识呈现的线索，是学生理解新知识的前提. 尝试练习分散在教学过程中各个环节，是探索新知识必经的道路，占据着重要地位. 它是数学课堂知识点之间的有效衔接.

(三) 巩固练习

新知识学完后，学生要对新知识进一步理解和巩固，进而形成技能技巧. 这就要求教师把握重难点，设计难度适中、层次分明、螺旋式上升的巩固练习. 这类练习一般要求学生独立完成，方便教师了解学生掌握的情况，及时查漏补缺. 我们平时的练习多数指巩固练习. 现代信息加工心理学认为，知识分两大类，即陈述性知识和程序性知识. 为促进陈述性知识的记忆，根据人体遗忘规律，在新知识习得后安排一些再现性的练习(如复述、背诵、填空、归纳等)或理解性练习(名词解释等)，有助于学生对这部分知识的理解和记忆. 根据广义知识学习阶段模型，在知识学习的第二阶段，部分知识以命题形式，经过重建被保持下来，另一部分知识，经过课堂中的变式练习，转化为以产生表征的程序

① 闫承利. 素质教育课堂优化艺术. 北京：教育科学出版社, 2000.

性知识[①].

巩固练习在教学中起着巨大的作用，这类练习也常常是现在教师看重的课后作业. 严先元认为，练习作业对于学生巩固和运用知识、发展能力以及增强学生的自主性和责任感，都有重要的、不可替代的作用[②]. 美国著名教育家杜威就十分强调“主动性作业”的特殊重要性. 苏联教育家巴班斯基在谈到教学最优化和减轻学生负担时，告诫人们“不要取消作业”，而是要“从一道练习作业中取得最大可能的效果”. 因此，在课后作业的布置上要做到注重典型性与综合性，使得一道题中的知识点利用率达到最高. 教师在布置作业的时候要避免同种类型题的反复操练.

好的课堂练习可以促进学生主动学习，《构建主体性课堂教学》一书中曾提到：课堂练习是课堂教学——尤其是数学课堂教学中必不可少的重要环节. 它既是加深理解和巩固所学知识的手段，又是学生由知识向能力、智能转化和发展的有效方法，还是教师了解学生情况、及时调控课堂教学的重要途径[③].

合理的课堂练习既要遵循教学目标，又要突出课堂重点. 课堂练习的过程就是知识巩固与应用的过程. 合理的课堂练习能有效地提高学生的学习能力、发展学生数学思维，加强数学知识在生活中的运用. 课堂练习的设计既要做到遵循学生认知基础与规律，同时也要做到因材施教，以教材为根基进行设计与变式. 然而一堂课中不同阶段的练习设计是有差异的.

案例 1 “一次函数”——引新练习

【教材分析】 本节内容选自八年级上册第 5 章 5.3 节“一次函数”. 内容主要为一次函数、正比例函数的概念以及利用一次函数、正比例函数来判断实际情景中量之间的关系. 本节内容为函数与方程中的重要基础内容，渗透了利用一次函数解决实际问题的数学模型思想.

一次函数是常量与变量、函数等知识的延续，也是对函数的深入研究，同时为后面学习一次函数的图象、性质奠定基础，在整个数学体系中有着承上启下的地位.

◆ 回顾旧知

教师活动：教师引导学生回顾函数的定义，并判断下列关系式是否为函数.

(1) $m=6t$； (2) $y=-2x$； (3) $y=2x+3$； (4) $Q=-312t+936$.

学生活动：学生在教师的引导下，对函数的概念进行回顾. 并根据函数的概念判断上面各式.

教师活动：教师提出下面的问题，并引导学生对这些函数进行观察.

◆ 导入新知

问题：比较这些函数，它们有哪些共同特征?

---

① 吴叔君. 练习. 上海：上海教育出版社, 2004.

② 严先元. 走向有效的课堂教学. 成都：四川大学出版社, 2009.

③ 李明新. 构建立体性课堂教学. 北京：社会科学文献出版社. 2002.

学生活动：学生根据引导，进行观察，并小组讨论，尝试归纳特点.

教师活动：教师提出下面的问题，让学生尝试着小组合作进行回答.

以上这个环节即为引新练习，一次函数前提是一个函数，因此函数的概念是学生必须掌握的. 在导入新课之前，教师先带领学生对之前所学习的函数概念进行回顾. 根据函数的概念判断练习中哪些为函数，并找出自变量. 该练习所运用到的知识点都是学生已经学习过的，因此符合学生认知，学生回答自如. 接着教师又要求同学们观察这些函数，引导学生发现函数的共同特征. 这里就需要学生运用所学知识，发散思维，解决问题.

另外，这四个式子简而精，具有典型性. 前两个是正比例函数(特殊的一次函数)，后面两个是一般的一次函数，并且系数上有正有负，将一次函数的四种简单类型自然地展示出来，为后面学习一次函数做好铺垫. 该引新练习完全围绕本节课的知识点展开，为这堂课的探究打下基础.

通过判断是否为函数引入新知，能够让学生理解数学知识的前后联系，同时为学生学习一次函数做好铺垫.

案例 2　尝试练习——合并同类项教学片段

学生在认识了同类项的基础上，进行下面的课堂练习.

【练习一】　教师活动：把 $8n, 5n$；$3ab^2, -ab^2$；$6xy, -3xy$；$-7a^2b, 2a^2b$；$-5, \frac{1}{2}$ 这样分成五组. 观察五组的特点，可以得到同类项的特征是什么？

学生活动：观察这些式子并归纳同类项的特征.

教师活动：教师根据学生的回答情况归纳同类项的概念.

以上单项式同学们之前已经学习过，练习要求同学们观察这五组单项式，尝试得到同类项的特征，这一练习是摸索新知的过程，通过观察学习过的单项式，来概括同类项，由已学知识发现新知，最后与教师共同得到同类项的概念.

【练习二】　$-5a^2b$ 与 ba^2 是不是同类项？$\sqrt{3}a^2bc$ 与 $-5a^2b$ 是不是同类项？$\sqrt{3}a^2bc$ 与 $-abc$ 是不是同类项？

练习二是教师在判断同学们掌握同类项概念的情况，并且题目具备一定的灵活性. 该练习直接考察同学们对“所含字母相同，且相同字母的指数也相同”的理解. 问题设置的也相对直接、简单. 每道题都有其要考查的侧重点，这对接下来学习合并同类项起到铺垫作用，为本节课重点做好准备.

【练习三】　出示 $2x$；$2ab^2$；$-\frac{1}{3}$；mn^3，请编出它的同类项.

这里教师出示了四种不同的单项式，对于 $2x$，同学们可以很轻易地编出 $3x, 5x$ 等；对于 $2ab^2$，同学们可以编出 $-4ab^2$，$2b^2a$ (即系数为负，字母调换位置等). 这说明同学们具备了一定识别同类项的能力，甚至还有同学对同类项的理解更深刻. 这道题体现题目的灵活性，培养学生的发散思维与创新能力，体现学生的自主性. 练习三较前两道题体现出更高的开放性，同时也提高了练习的难度，更深程度地考察学生对同类项的掌握情况，并根据情况做出必要的调控.

【练习四】 (教学片段)观察 $2x^2+3x+x^2-3x^2-2x+2$，共有几个单项式？

(1) 当 x=1.1 时，你能很快说出这个代数式的值吗？

(2) 当 $x=\frac{1}{2}$ 呢？

学生: 6 个单项式，当 x=1.1 时，代数式的值是 3.1. 当 $x=\frac{1}{2}$ 时，代数式的值为 2.5. 先把 $2x^2+x^2-3x^2$ 合并，这样的话因为并掉了，所以是 0. 然后是 $3x-2x=x$，所以是 1.1，1.1+2=3.1.

教师: 他们为什么算得这样快？怎样才能算得更快？请看，现在我把这个多项式分解，与生活中的事物进行对比，两只豹加一只豹等于几只豹？

学生: 三只豹.

教师: 好，把 $2x^2$ 落下来，把豹换成 x^2 可不可以？

学生: 可以.

教师: 好，下面应该加什么？

学生: x^2.

教师: 等于？

学生: $3x^2$

教师: 好，同样，把 x^2 再增加一个字母，各项都增加一个字母，是不是同类项？

学生: 是的.

教师: 是的，刚才的是加法，由一个字母变成两个字母，但必须都得是什么？

教师&学生: 同类项.

教师: 现在看减法的，成立吗？

学生: 成立.

教师: 嗯，说明了什么？

学生: 我觉得同类项之间可以相加减，同类项除了可以相加减外，还可以乘除.

教师: 乘除是我们以后要算的啊，那今天从这几个式子，通过与具体事物的对比，我们可以得到，同类项是可以？

教师&学生: 合并的.

教师: 是可以进行运算的，那把它们相加在一起，这样一个过程叫什么呢？

学生: 合并同类项.

练习四主要是合并同类项的探索过程. 部分同学可以很快说出当 $x=1.1$ 时，当 $x=\frac{1}{2}$ 时代数式的值，其实学生们在某种意义上已经运用了合并同类项，但是这时他们不知道这一过程的名称是什么. 经过老师的引导，同学们逐渐明白同类项合并的过程. 在学习了同类项概念之后，教师运用了同类项，并引出新的内容，学生在练习的过程中不断摸索前进，从已知探究未知，尝试练习也一步步发挥其作用.

【练习五】 (教学片段)如图 1，这是狮子的家，你能用代数式表示它家的面积吗？

有几种表示方法?

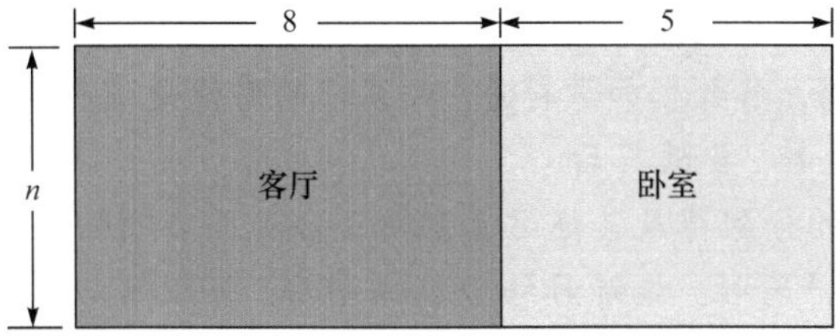

图 1

学生: 我有两种方法来表示, 一个是$(8+5)\times n$算出他家的面积, 另外一个是$8n+5n$也可以算出他们家的面积.

教师: 两种方法说明结果应该是相等的吧?

学生: 相等.

教师: $8n+5n=(8+5)\times n$观察等号左边, 是两个同类项吗?

学生: 是.

教师: 是的, 右边原来没有括号, 现在怎么有括号了? 这个是乘法的什么律啊?

学生: 结合律.

教师: 什么律?

学生: 分配律.

教师: 分配律的什么运算?

学生: 逆运算.

教师: 好, 那我们看到, 合并同类项实质上就是乘法分配律的逆运算. 再从右向左看, 这里有括号, 到这没有括号了, 这是不是去括号的一个过程? 这个过程又是怎样的一个运算律的过程?

学生: 乘法分配律.

教师: 乘法的分配律. 好, 现在我们结合这个图形, 用了乘法的分配律, 说明了合并同类项的合理性, 以后我们在多项式中碰到同类项, 就可以进行合并了.

那么大家想, 这个合并的时候是怎么合并的呢? 合并的时候是怎样做的呢? 谁能总结一下?

学生: 我觉得就是字母先不动, 把系数相加减.

教师: 系数相加减, 减法可以统一成什么?

学生: 加法.

教师: 简称系数?

学生: 相加.

教师: 结果作为? 系数相加, 结果还作为?

学生: 系数.

教师: 那字母呢?

学生: 我觉得字母和字母指数都不能变.

教师: 都不能变是不要了还是落下来?

学生：落下来.

教师：落下来.

教师：说得非常好，系数相加带符号，大家记的时候是这样的：系数相加带符号，字母指数随其后. 不能丢掉，要随其后.

练习五根据乘法的分配律及其逆运算说明了合并同类项的合理性. 这是论证的过程，同时也体现了数学的严密性. 该练习结合具体图形，将几何与代数结合起来，这种数形结合的思想在课堂练习中会时常运用. 该练习也说明了数学是“大胆假设，小心论证”的过程，数学发生的每一步都需要有严格的论证过程.

【练习六】　化简多项式 $2x^2+3x+x^2-3x^2-2x+2$.

学生上台板演，教师给予指导与纠正，并与学生一同探究化简多项式的步骤.

教师：我们这里找同类项，相同的同类项都用同一种符号，第一步，我们把它总结为“找”！找同类项. 第二步，是不是应该把同类项移在一起，根据加法的什么律？交换律和结合律，“移”！第三步呢？

学生：算！

教师：算，算的过程是不是就是合并的过程？用一个字概括.

学生：合、并(同学们答案不一致)

教师：并！接下来老师就这种类型题，给出一种规范的解法：找、移、并.

练习六相对前面一道题提高了一定难度，体现了课堂练习的层次性. 在这一过程中学生在逐步尝试化简过程，与教师一起总结合并同类项的步骤. 既是对前面所学内容的运用，同时也是对新题型探索的一种尝试.

以上几个尝试练习分别是从探究同类项的概念与探究合并同类项的步骤这两个方面进行设计的. 练习具有一定的梯度性与层次性. 根据学生的学习情况，教师设计不同梯度的习题. 同时，每个题目都有其作用点，训练的知识点都有所侧重. 有些题目具备典型性，包含易错点与易考点，使得学生在练习过程中提高探究能力，理解重点，突破难点.

案例 3　巩固练习——合并同类项教学片段

【练习一】　已知 $a=-\dfrac{1}{2}, b=4$，求多项式 $2a^2b-3a-3a^2b+2a$ 的值.

教师活动：按照前面所总结的规范解法：找、移、并.

第一步，先找同类项：$2a^2b$ 和 $-3a^2b$ 是同类项，$-3a$ 和 $2a$ 是同类项.

第二步，移项. 注意：移的时候一定要注意连同它的性质符号.

第三步，系数相加.

学生活动：学生在运算过程中，找同类项时会忘记每一项的性质符号，导致最后算系数时出错，以下是解题的规范过程.

解：原式 $=(2a^2b-3a^2b)+(-3a+2a)$

$=(2-3)a^2b+(-3+2)a$

$=-a^2b-a$.

当 $a=-\frac{1}{2}, b=4$ 时，原式 $=-\left(-\frac{1}{2}\right)^2\times 4-\left(-\frac{1}{2}\right)=-\frac{1}{2}$.

练习一具备一定的典型性，在系数相加时会出现异号两数相加的问题，同学们会忘记性质符号. 同类项的系数为异号，相对前面的内容增强了难度，体现课堂练习设置的梯度性. 该练习既是前面所学异号两数相加知识的运用，又有其强调的侧重点，因此在巩固前面所学内容的过程中也加强学生的运算能力，同时强调了此类问题的易错点.

【练习二】

(1) 请写出 $-3xy^2$ 的一个同类项.

(2) $-7x+4x=$__________.

(3) 下列合并同类项结果正确的是(　　).

A. $a+a=2a^2$　　　　B. $4x^2y-5xy^2=-x^2y$

C. $3a+3b=5ab$　　　　D. $3x^2+2x^2=5x^2$

(4) 在多项式 $3x^2y-xy^2-2x^2y+5xy^2-4$ 中，$3x^2y$ 的同类项是__________，$-xy^2$ 的同类项是__________.

(5) 一个单项式与 $-\sqrt{3}ab^2$ 是同类项，则这个单项式中必须含有字母__________，并且它是个__________次单项式.

(6) 合并同类项：$-3x^2-8x^2+11x^2$.

(7) 合并同类项：$-5x^3y^2+6x^2y^3$.

练习二主要针对同类项的概念进行训练. 在合并同类项中，找同类项并计算同类项的系数是重点，教师紧紧把握本节课的重点，以重点为核心设计课堂练习题，以不同的类型题训练学生的思维，使学生思维更加灵活. 同时，合并同类项是代数课的基础内容，因此，打牢基础对学生今后的学习有重要的作用.

【练习三】　已知单项式 $0.3x^{m+3}$ 和 $-0.69x^{n-3}$ 都是 $200x^4$ 的同类项，则 $m+n=$__________.

练习三是有关同类项的变式训练，也是对学生掌握情况的考察. 该练习较前面的更难一些，联系到一元一次方程求解的问题，这也体现了数学课堂练习的灵活性. 同时也体现了数学课堂“万变不离其宗”，即便题目千变万化，但始终围绕某一概念而展开.

【练习四】　(教学片段)已知 $x+y=4, xy=-3$，求 $3x-2y-4xy-x+4y-xy$ 的值.

教师：动笔算. 这道题有没有什么好方法？你怎么算出来的？

学生：先是 $3x-x=2x$，再是 $4y-2y=2y$，然后用 $2x+2y$ 就等于 8，然后 $-4xy+(-xy)=-5xy$，然后 -3 乘 -5 等于 15, 15 加 8 等于 23.

教师：那你是一种什么思想？

学生：把同类项分开来算，然后再加起来.

教师：那你是不是把 x 加 y，以及 x 乘 y 分别看成一个整体？

学生：嗯.

练习四是整体代入思想的体现，而合并同类项是解决这道题必需的过程，也体现了合并同类项在数学课堂中的作用.

巩固练习主要是指在新知识学完之后，学生对新知识进一步理解与巩固，进而形成技能技巧. 练习一与练习二主要针对基础知识的练习. 练习三与练习四稍微提高了难度，这两个练习题具有一定的典型性，是平时练习中常见的习题. 练习四是整体代入思想的运用，这种解题技巧可以运用于多种习题之中. 因此，巩固练习是灵活性与技巧性较强的一类题目，在设计时要注重将二者结合起来.

三、怎样设计合理的课堂练习

(一) 课堂练习要有目的性

设计课堂练习时，教师要有明确的目标. 一堂课，除了要进行课堂练习之外，教师还要进行知识的讲解、课堂的小结、各种课堂活动的开展等，而留给课堂练习的时间是有限的，因此，教师要明确本节课的知识点、重点、难点，继而设计和选择具有代表性和启发性的课堂练习. 通过解题，让学生能够巩固新知、掌握方法、锻炼技能，达到良好的课堂教学效果. 同时，也要向学生提出明确的要求，在规定时间完成课堂练习，帮助学生养成按时、独立完成练习的好习惯.

(二) 课堂练习要有针对性

一方面，课堂练习要针对教学目标进行设计，即针对一节课的总体教学目标和各项教学子目标进行课堂练习的设计，这样可以促进学生的学习不断从完成子目标过渡到完成总目标，从而完成总体教学目标. 另一方面，课堂练习还要针对不同水平的学生进行设计. 在设计课堂练习的过程中，教师既要注意面向全体学生，又要关注不同学生之间知识水平的差异和学习能力的差异. 教师应当关注所有学生的全面发展，不能只着眼于大部分学生而忽略了小部分学生，在课堂教学中，面对不同水平的学生，教师可以让他们根据自己的情况进行选择性练习，这样可以将不同学生的课堂学习效果达到最大化. 因此，课堂练习的设计就要考虑学生的差异性，要针对不同水平的学生设计不同的练习内容.

(三) 课堂练习要有多样性

重复的、机械的、形式单一的练习会让学生缺乏学习的积极性，因此，教师在设计课堂练习时，要丰富课堂练习的内容、形式，调动学生的积极性，吸引学生主动参与课堂练习.

课堂练习内容尽量贴近实际生活，练习的内容若远离学生的实际生活，就难以调动学生的积极性，因此，练习的内容在设计时，应结合社会实际，能够联系学生已有的学习和生活经验，同时尽量找一些学生感兴趣的内容，引起学生的兴趣，让学生在模拟真实情境中练习，使得学生能够更好地将所学知识运用到实际生活中去.

课堂练习形式做到新颖多变. 若课堂练习都是单一的做题，容易引起学生的厌烦情绪，因此，教师需要设计形式新颖多变的课堂练习，教师可以设计新颖的题型和情境来吸引学生的注意力, 也可以适当变换提问练习、书面练习、操作练习、实践练习等练习方式, 交叉使用不同的练习方式, 这样也可以增加学生的学习兴趣.

(四) 练习数量要有合理性

教学行为是一种有目的、有计划的活动, 因此为了达到教学目的, 就必须对教学行为实行控制, 减少教学过程中的盲目性、随意性, 避免教学活动偏离原定目标. 因此, 在设计课堂练习时, 首先, 要根据教学内容、教学目标以及难易程度的不同, 来确定练习的数量. 同时, 教师还要根据学生学情, 包括学生的知识水平、认知水平等, 来设计不同层次、不同要求的练习题. 练习要以大多数学生为主, 同时还应准备好不同层次、不同数量的练习题, 争取使各个层次的学生都能学有所获, 优化教学效果. 其次, 选择的练习题要把握好难度, 如在新知练习时, 应使用较多的基础知识题, 而在复习回顾时, 则可以适当加大难度, 使得学生对知识的理解得到提升.

同时, 课堂练习的时间有限, 而学生课后再练习的时间难以保证, 所以练习或活动能在课堂上做的尽可能不在课后做, 由此也可以看出控制安排好练习的数量的必要性. 当堂完成, 当堂反馈, 及时查漏补缺, 对课堂教学做出有效调整, 才能优化教学效果. 因此, 课堂上要安排适当数量的练习, 让学生有足够的时间来进行交流、练习、探索. 这样会非常有利于学生对新知识的巩固和深化, 从而减轻学生过重的课业负担.

(五) 练习编排要有科学性

课堂练习的科学性是课堂练习实施有效性的重要前提, 主要体现在基于教学目标设计的练习本身具有科学性, 科学的课堂练习必须安排严密合理, 促进课堂教学顺利完成. 因此, 要围绕一堂课的目的要求, 在不同类型的课堂中, 不同阶段的课堂环节中, 设计不同的课堂练习, 采用不同的练习方式. 如在新知引入过程中, 教师应该采用引入性练习, 为引入新知服务, 起承前启后的作用; 在学习新知后, 应采用巩固性练习, 帮助学生巩固知识, 掌握思想方法; 在课堂探究环节, 则应采用探究性练习, 引导学生深入探究, 发展学生探究性思维; 在复习课中, 则需采用复习性练习, 帮助学生温习旧知, 加深对知识的理解.

四、教学中如何合理使用课堂练习

(一) 课堂练习安排需有层次, 注重深化巩固新知

课堂教学过程中, 教师要根据教学环节和本节课的教学目标, 通过编制的练习题有计划、有步骤地进行课堂教学, 而课堂练习的安排应有层次. 不同阶段的练习应有不同的层次, 给学生提供一种思维实践, 让学生通过练习理解新知, 巩固新知, 深化新知, 这样既能够让学生掌握新知识, 又能培养学生的逻辑思维能力. 以新授课结束后的练习为例, 我们可分为以下三个层次进行.

(1) 采用模仿性的练习题, 初学新知的学生对于该知识还处于懵懂阶段, 模仿性练

习可以巩固知识.

(2) 采用有变化的练习题, 让学生摆脱模仿, 能更好地运用知识, 从而加深对知识的理解.

(3) 采用综合性的练习题, 不同知识的互相交错, 才能使得学生更深刻地认识其本质, 继而能够完全掌握知识, 同时也拓展了学生的思维.

(二) 课堂练习要灵活使用, 注重拓展学生数学思维

课堂练习的灵活使用体现在教师在课堂教学的过程中, 根据教学需要和学生的实际, 对练习的节奏、时间、数量进行及时合理的调整. 在新知巩固练习的过程中, 发现学生对知识的运用还不够熟练, 教师可以适当再添加几道练习, 帮助学生更好地巩固知识; 在练习过程中, 发现学生出现厌烦情绪, 则需要思考是否是练习数量过多, 从而及时删减练习.

同时练习过程中, 教师也不能仅仅局限于该练习题, 同时还应注重拓展学生的思维.

1. 知识的融会贯通

在学习新知的过程中, 学生往往会形成孤立的、单独的知识点, 难以把握知识的整体结构, 形成合理的知识体系, 因此, 将知识融会贯通是课堂教学中重要的任务. 如教师可以建立一个以例题为中心的知识网络, 采用纵向加深知识, 横向发展能力的做法, 则可以很好地在一个新知识的学习中融入多个知识点, 从而加深学生对知识的理解.

2. 练习的一题多解

一题多解可以优化学生的思维品质, 拓展学生的思维角度, 训练学生的观察力, 提升处理例题的能力, 从而发现解题思路, 选择最佳解题方法, 优化教学效果.

任何问题总有具体的解决方法, 但与此同时, 对一类问题我们能够找到一种普遍有效的解决方法, 对学生解题则大有帮助. 而这种通用的解题方法, 不能由教师单方面告诉学生, 而是教师要通过让学生课题练习, 引导学生自主掌握.

3. 练习的合理推广

在学生的学习过程中, 从抽象到具体、从特殊到一般是一种常见的思维方式, 在学生能接受的前提下, 为学生讲解一种简明易记、灵活实用的方法结论, 对学生学习更上一层楼是很有必要的. 但若仅仅局限于一种解题方法, 则会限制学生的思维. 因此在课题练习过程中对其进行合理的推广是非常有必要的.

(三) 课堂练习时注重反馈, 优化调整课堂教学

课堂教学的过程是一个师生互动的过程. 学生是课堂教学的主体, 而教师则起到主导作用. 教师可以通过课堂练习, 得到信息反馈, 了解学生知识理解和掌握的程度, 了解学生的思想方法、思维方式和解题技巧, 为教师开展教学活动和调整教学方式提供依据.

因此, 在课堂练习的过程中, 教师应充分注意学生的反馈情况, 查漏补缺, 优化调整. 根据学生的反馈信息, 教师才能够充分了解学生课堂学习的效果, 从而, 重新调整教学的过程, 达到教学过程的最优. 而在课堂练习的过程中, 教师应该鼓励学生敢于说出自己的想法, 敢于提出疑问, 只有这样学生才能及时地将有效信息反馈给教师. 如果学生忽视或不及时反馈, 教师不能及时获得有效信息, 则会导致教学判断出现偏差, 同时也会使学生知识的漏洞越来越多, 从而学习的包袱越积越沉, 以至于丧失学习的信心.

[拓展阅读]

[1] 傅学顺. 中学数学思维方法——妙说波利亚的解题编题绝招. 北京: 北京大学出版社, 2014.
[2] 叶立军. 数学方法论. 北京: 科学出版社, 2017.

案 例 篇

案例一　教学设计案例

一、“导数的概念” 教学设计

课型：新授课　　　　课时：一课时　　　　年级：高三

(一) 教材分析

“变化率与导数”选自人教 A 版高中数学选修 1—1 第三章 3.1 节，内容分为“变化率问题”、“导数的概念”、“导数的几何意义”三个部分，用第一部分作为背景，引出导数的概念，再介绍导数的几何意义，加深对导数的理解. 在内容设计上，教材先充分借助变化率问题的直观性引出导数的概念，再用极限思想抽象出导数，然后用函数思想拓展、完善导数，以及在应用中巩固、反思导数. 因此教材在编排上呈现出“从具体经验出发，向抽象和普遍发展，使探究知识的过程简单经济有效”的显著特点.

“导数的概念” 是全章的核心，不仅自身具有非常严谨的结构，更重要的是导数运算是一种高明的数学思维，用导数运算去处理函数性质更具一般性，能获得更为理想的运算结果；把运算对象作用于导数，可使我们扩展知识面，感悟变量、极限等思想，运用更高的观点和更为一般的方法解决或简化中学数学中的不少问题；导数方法是今后全面研究微积分的重要方法和基本工具，在其他学科中同样具有重要作用，在物理学、经济学等学科和生产、生活各个领域都有广泛的应用.

(二) 学情分析

在知识方面，学生在平时生活中接触过极端思想，对函数的极限已经有所感悟，加上有具体背景的学习，新知教学有很好的基础；在技能方面，高三学生有很强的概括能力和抽象思维能力；在情感方面，学生求知的欲望强烈，喜欢探求真理，具有积极的情感态度. 但由于极限思想具有高度的抽象性，在把握时需要一定的时间和过程，这对于学生来说有一定的难度.

学生的知识主体结构与知识迁移类比如表 1 与表 2 所示.

表 1　知识主体结构比较

认知区域	对象	内容	符号语言	数学思想
现有认知结构	曲线 $y=f(x)$	切线的斜率	$\frac{\Delta f}{\Delta x}$	函数思想
	物体运动规律 $S=s(t)$	物体的平均速度及瞬时速度	$\bar{v}=\frac{\Delta s}{\Delta t}$	函数思想
最近发展区	函数 $y=f(x)$	导数	$y'=\lim\limits_{\Delta x\to 0}\frac{\Delta y}{\Delta x}$	极限思想 函数思想

表 2　知识迁移类比

现有认知结构	最近发展区	相似点
物体在 t_0 时刻的瞬时速度	函数 $f(x)$在 x_0 处的导数 $f'(x_0)=\lim\limits_{\Delta x\to 0}\dfrac{f(x_0+\Delta x)-f(x_0)}{\Delta x}$	特指常数
瞬时速度	导数	名称对应
$v=v(t)$	$y'=f'(x)$	关系对应
$v_0=v'\|_{t=t_0}$	$f'(x_0)=y'\|_{x=x_0}$	求法对应
位移对时间的变化率	函数对自变量的变化率	本质对应

(三) 教学目标

【知识与技能】

(1) 理解导数的概念;

(2) 掌握用定义求导数的方法;

(3) 领悟函数思想和无限逼近的极限思想.

【过程与方法】

(1) 培养归纳、抽象和概括的能力;

(2) 培养数学符号表示和数学语言表达能力.

【情感态度与价值观】

通过导数概念的学习, 体验和认同“有限和无限对立统一”的辩证观点, 接受用运动变化的辩证唯物主义思想处理数学问题的积极态度.

(四) 教学重难点

【重点】

理解函数在某点处的导数的概念和含义.

【难点】

对导数概念的理解.

(五) 教学方法

【教法】

讲授法、讨论法、多媒体辅助教学法、支架式过程法(即 $a\times b=$学习, a: 教师启发、诱导、激励、评价等为学生的学习搭建支架, 把学习的任务转移给学生; b: 学生接受任务, 探究问题, 完成任务; $a\times b$: 以问题为核心, 通过对知识的发生、发展和运用, 过程的演绎、揭示和探究, 组织和推动教学)等.

【学法】

探究学习法、自主学习法、合作学习法等.

(六) 教学过程

环节一：问题提出，引导激趣

【问题回忆】教材 P73 的“探究”题说明什么？

【学生活动】

(1) 平均速度只能反映运动员在某段时间内的运动状态；

(2) 平均速度不一定能反映出运动员在某一时刻的运动状态.

【问题】如何衡量运动员在某一时刻的运动状态呢？

设计意图：创设情境，提出课题. 展示两种速度的区别与联系，为学生提供一个联想的“源”，从变量分析的角度，巧妙设问，把学习任务转移给学生.

环节二：概括抽象，形成概念

【探究比较】通过对教材 P74—75 在 $t=2$ 附近的情况的比较分析，引出瞬时速度的表示方式.

【学生活动】先思考、分析后表述、书写.

【教师活动】黑板上清晰完整地板书定义.

某时刻的瞬时速度

抽象⇓舍去问题的具体含义

归结为一种形式相同的极限 $\lim\limits_{\Delta x\to 0}\dfrac{\Delta y}{\Delta x}$，即

$$f(x_0)=\lim_{\Delta x\to 0}\frac{\Delta y}{\Delta x}=\lim_{\Delta x\to 0}\frac{f(x_0+\Delta x_0)-f(x_0)}{\Delta x}.$$

设计意图：回顾实际问题，抽象共同特征，自然提出：$f(x)$ 在 x_0 处可导的定义，完成“导数”概念理解的第一层次.

环节三：互动导标，知识探究

【实例巩固】通过对教材 P76 的例 1，原油温度的瞬时变化率以及其他事物的瞬时变化率的分析、类比，用相关的实际问题去强化导数的概念，完成“导数”概念理解的第二层次.

(1) 研究：函数 $y=2x+5$ 在下列各点的变化率：$x=1$，$x=2$，$x=3$；

(2) 研究：函数 $y=x^2$ 在下列各点的变化率：$x=1$，$x=2$，$x=3$.

设计意图：设置几个探究问题加以分析，并引导学生提出新的问题或猜想，鼓励学生进行数学交流，激发学生进一步探究的热情，从而找到推进解决问题的线索——导数.

环节四：概念导析，回归体验

【课堂练习】教材 P76“练习”部分，P79 习题 3.1A 组第 2 题.

【辨析】

(1) $f'(x_0)$ 与 $(f(x_0))'$ 相等吗？

(2) $\lim\limits_{\Delta x \to 0} \dfrac{f(x_0+2\Delta x)-f(x_0)}{\Delta x}$ 与 $f'(x_0)$ 相等吗？

设计意图：引导学生用辨析和讨论的方式，反思导数概念的实质，从而突破难点，促成学生形成合理的认知结构.

【教学活动】回归到前面变化率中的例题及相关知识，评述导数的应用价值.

设计意图：通过随堂提问和讨论例题，增强师生互动，让学生在“做”中“学”，体验求导的结果表示的实际意义，体验导数运算的作用，体会用导数定义求导的两种方法，产生认可和接受“导数”的积极态度，并养成规范使用数学符号的习惯.

环节五：引导小结，自我提升

【想一想】

(1) 导数的本质是什么？你能用今天学过的方法解决上次课的问题吗？

(2) 切线的斜率和物体的瞬时速度，它们的本质都是什么？怎样来表示它们？

$$k=f'(x_0)=y'|_{x=x_0} \text{ 或 } k=f'(x),$$
$$v_0=s'(t_0)=s'|_{t=t_0} \text{ 或 } v=s'(t).$$

(3) 导数还可以解决实际生活中哪些问题？你能举例说明吗？

例题 A 组：①已知 $S=\pi r^2$，求 S_r'；②已知 $V=\dfrac{4}{3}\pi R^3$，求 V_R'；③已知 $y=x^2+3x$，求 y'，$y'|_{x=2}$.

例题 B 组：④已知 $y=\sqrt{x}$，求 y'.

【知识结构】

(1) 导数的概念(语言表达；符号表示；$f(x)$ 在点 x_0 处的导数)；

(2) 主要数学思想：极限思想、函数思想；

(3) 用定义求导的方法、步骤；

(4) 导数的作用.

设计意图：引导学生进行自我小结，从知识结构、思想方法等方面进行概括，巩固新知，形成新的认知结构，完成导数概念理解的第三层次.

(七) 作业布置

【必做题】

(1) 教材 P80 第 2～5 题；

(2) 已知 $y=x^3$，求 y'，$y'|_{x=0}$.

【选做题】

(1) 求必做题的第 2 题中的函数在 (1,1) 处的切线方程；

(2) 若 $f'(x_0)=a$，①求 $\lim\limits_{\Delta x \to 0} \dfrac{f(x_0-\Delta x_0)-f(x_0)}{\Delta x}$ 的值；②求 $\lim\limits_{\Delta x \to 0} \dfrac{f(x_0+\Delta x)-f(x_0-\Delta x)}{\Delta x}$ 的值.

设计意图：注意双基训练与发展能力相结合，设计递进式分层作业以满足不同学生的多样化学习需求，使他们得到最全面的发展. 布置适当的选做题既不影响主体知识建构，又能满足学生进一步的探究需求.

(八) 板书设计

导数的概念		
1. 平均速度与瞬时速度的意义 2. 瞬时速度的极限定义 3. 导数的概念及定义 4. 用导数的定义解决相关问题的方法 5. 小结(知识、方法、思想)区别与联系	研究 辨析 例题 A 组 例题 B 组 比较与鉴别	机动区

二、“正弦定理”教学设计

课型：新授课　　　课时：一课时　　　年级：高二

(一) 教材分析

本节内容安排在人教 A 版高中数学必修 5 第一章 1.1 节正弦定理第一课，正弦定理是学生在高二学习了三角等知识之后，对三角知识的应用；同时，作为三角形中的一个定理，也是对初中解直角三角形内容的直接延伸，因而定理本身的应用十分广泛.

在实际教学中，正弦定理这部分内容分为三个层次：第一层次，教师通过引导学生对实际问题的探索，大胆提出猜想；第二层次，由猜想入手，带着疑问，以及特殊三角形中边角的关系的验证，通过“作高法”“等积法”“外接圆法”“向量法”等多种方法证明正弦定理，验证猜想的正确性，并得到三角形面积公式；第三层次，利用正弦定理解决引例，最后进行简单的应用. 学生通过对任意三角形中正弦定理的探索、发现和证明，感受“观察—实验—猜想—证明—应用”这一思维方法，养成大胆猜想、善于思考的品质和勇于求真的精神.

(二) 学情分析

由于本课内容和一些与测量、几何计算有关的实际问题相关，教学中若能注意课程与生活实际的联系，注重知识的发生过程，定能激起学生的学习兴趣. 当然本课涉及代数推理，定理证明中可能涉及多方面的知识方法，综合性强，学生学习方面会有一定困难.

(三) 教学目标

【知识与技能】

(1) 掌握正弦定理的内容及其证明方法;

(2) 理解三角形面积公式;

(3) 学会运用正弦定理解决解斜三角形的两类基本问题.

【过程与方法】

(1) 通过对实际问题的探索, 培养观察问题、提出问题、分析问题、解决问题的能力, 增强协作能力和交流能力, 发展创新意识, 培养创造性思维;

(2) 经历探索任意三角形边角关系的过程, 培养观察、实验、猜想、验证、证明等逻辑能力, 感悟合情合理探索数学规律的数学思想方法.

【情感态度与价值观】

(1) 通过自主探索、合作交流, 亲身体验数学规律的发现过程, 培养勇于探索、善于发现、不畏艰辛的创新品质, 增强学习的成功心理, 激发学习数学的兴趣;

(2) 通过平面几何、三角形函数、正弦定理、向量的数量积等知识间的联系来体现事物之间的普遍联系与辩证统一.

(四) 教学重难点

【重点】

(1) 正弦定理的发现与证明;

(2) 正弦定理的简单应用.

【难点】

正弦定理的猜想提出过程.

(五) 教学方法

【教法】

讲授法、讨论法、多媒体辅助教学法等.

【学法】

探究学习法、自主学习法、合作学习法等.

(六) 教学过程

环节一: 创设情境, 引入课题

船从港口 A 航行到港口 C, 测得 AC 的距离为 600m, 船在港口 C 卸货后继续向港口 B 航行, 由于船员的疏忽没有测得 BC 距离, 如果船上有测角仪我们能否计算出 A, B 的距离?

【学生活动】思考提出测量 $\angle A, \angle C$.

【问题】若已知测得 $\angle BAC = 75°$, $\angle ACB = 45°$, 要计算 A, B 两地距离, 你有办法解决吗?

【学生活动】思考交流, 画一个 $\triangle A'B'C'$, 使得 $A'C' = 6\text{cm}$, $\angle B'A'C' = 75°$, $\angle A'C'B' = 45°$, 量得 $A'B'$ 距离约为 4.9cm, 利用三角形相似性质可知, AB 约为 490m.

【过渡】在初中学过相似三角形, 也学过解直角三角形, 还记得吗?

【师生活动】共同回忆解直角三角形：①直角三角形中，已知两边，可以求第三边及两个角；②直角三角形中，已知一边和一角，可以求另两边及第三个角.

【问题】$\triangle ABC$ 是斜三角形，能否利用解直角三角形，精确计算 AB 呢？

【师生活动】学生思考交流，解题过程由学生阐述，教师板书.

解：过 A 作 $AD\perp BC$ 于 D，在 $\mathrm{Rt}\triangle ACD$ 中，$\sin\angle ACB=\dfrac{AD}{AC}$.

$\therefore AD=AC\cdot\sin\angle ACB=600\times\dfrac{\sqrt{2}}{2}=300\sqrt{2}\mathrm{m}$.

$\because \angle ACB=45^\circ$，$\angle BAC=75^\circ$，

$\therefore \angle ABC=180^\circ-\angle ACB-\angle BAC=60^\circ$.

在 $\mathrm{Rt}\triangle ABD$ 中，$\sin\angle ABC=\dfrac{AD}{AB}$，

$\therefore AB=\dfrac{AD}{\sin\angle ABC}=\dfrac{300\sqrt{2}}{\frac{\sqrt{3}}{2}}=200\sqrt{6}\mathrm{m}$.

【问题】在解决问题的过程中，若 $AC=b$，$AB=c$，$BC=a$，能否用 B，b，C 表示 c 呢？

【教师活动】引导学生再观察刚才解题过程.

【学生活动】发现 $\sin C=\dfrac{AD}{b}$，$\sin B=\dfrac{AD}{c}$，$\therefore AD=b\sin C=c\sin B$，$\therefore c=\dfrac{b\sin C}{\sin B}$.

【问题】在刚才的推理过程中，你能想到什么？你能发现什么？

【学生活动】发现既然有 $c=\dfrac{b\sin C}{\sin B}$，那么也有 $c=\dfrac{a\sin C}{\sin A}$，$a=\dfrac{b\sin A}{\sin B}$.

【教师活动】引导 $c=\dfrac{b\sin C}{\sin B}$，$c=\dfrac{a\sin C}{\sin A}$，$a=\dfrac{b\sin A}{\sin B}$，习惯写成对称形式 $\dfrac{c}{\sin C}=\dfrac{b}{\sin B}$，$\dfrac{c}{\sin C}=\dfrac{a}{\sin A}$，$\dfrac{a}{\sin A}=\dfrac{b}{\sin B}$，因此可以发现 $\dfrac{a}{\sin A}=\dfrac{b}{\sin B}=\dfrac{c}{\sin C}$.

【问题】是否任意三角形都有这种边角关系呢？

设计意图：从学生日常生活中的实际问题引入，激发学生思维，激发学生的求知欲，引导学生转化为解直角三角形的问题，在解决问题后，对特殊问题一般化，得出一个猜测性的结论——猜想，培养学生从特殊到一般思想意识，培养学生创造性思维能力.

环节二：自主探究，互动交流

【教师活动】给学生指明一个方向，先通过特殊例子检验 $\dfrac{a}{\sin A}=\dfrac{b}{\sin B}=\dfrac{c}{\sin C}$ 是否成立，举出特例：

(1) 在 $\triangle ABC$ 中，$\angle A$，$\angle B$，$\angle C$ 分别为 60°，60°，60°，对应的边长 $a:b:c$ 为 $1:1:1$，对应角的正弦值分别为 $\dfrac{\sqrt{3}}{2}$，$\dfrac{\sqrt{3}}{2}$，$\dfrac{\sqrt{3}}{2}$ (图 1(a))；

(2) 在 $\triangle ABC$ 中，$\angle A$，$\angle B$，$\angle C$ 分别为 $45°$，$45°$，$90°$，对应的边长 $a:b:c$ 为 $1:1:\sqrt{2}$，对应角的正弦值分别为 $\frac{\sqrt{2}}{2}$，$\frac{\sqrt{2}}{2}$，1(图 1(b))；

(3) 在 $\triangle ABC$ 中，$\angle A$，$\angle B$，$\angle C$ 分别为 $30°$，$60°$，$90°$，对应的边长 $a:b:c$ 为 $1:\sqrt{3}:2$，对应角的正弦值分别为 $\frac{1}{2}$，$\frac{\sqrt{3}}{2}$，1(图 1(c)).

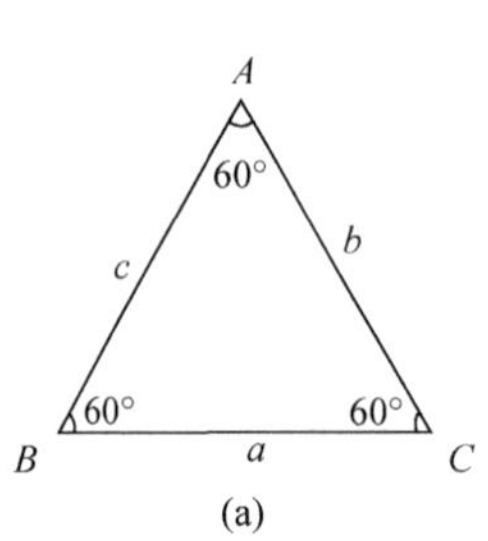

图 1

【师生活动】教师引导学生考察 $\frac{a}{\sin A}$，$\frac{b}{\sin B}$，$\frac{c}{\sin C}$ 关系；学生回答它们相等.

【问题】对于 Rt$\triangle ABC$ 呢？

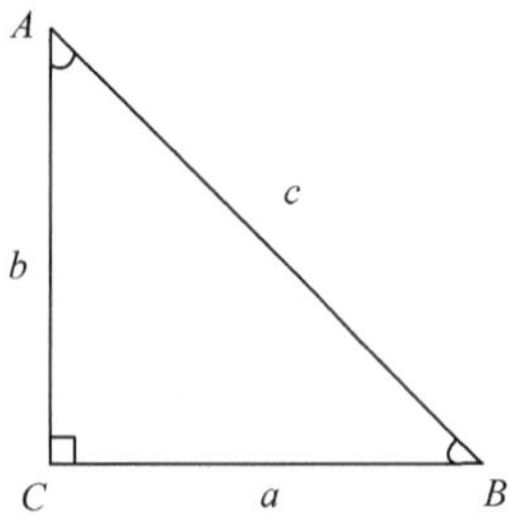

图 2

【学生活动】思考交流得出，如图 2，在 Rt$\triangle ABC$ 中，设 $BC=a$，$AC=b$，$AB=c$，则有 $\sin A=\frac{a}{c}$，$\sin B=\frac{b}{c}$，又 $\sin C=1=\frac{c}{c}$，则 $\frac{a}{\sin A}=\frac{b}{\sin B}=\frac{c}{\sin C}=c$，从而在 Rt$\triangle ABC$ 中，$\frac{a}{\sin A}=\frac{b}{\sin B}=\frac{c}{\sin C}$.

【问题】任意三角形是否都有 $\frac{a}{\sin A}=\frac{b}{\sin B}=\frac{c}{\sin C}$ 呢？

【学生活动】分组互动，每组画一个三角形，度量出三边和三个角度数值，通过实验数据计算，比较 $\frac{a}{\sin A}$，$\frac{b}{\sin B}$，$\frac{c}{\sin C}$ 的近似值.

【教师活动】借助多媒体演示随着三角形任意变换，$\frac{a}{\sin A}$，$\frac{b}{\sin B}$，$\frac{c}{\sin C}$ 值仍然保持相等. 我们猜想：$\frac{a}{\sin A}=\frac{b}{\sin B}=\frac{c}{\sin C}$.

设计意图：让学生体验数学实验，激起学生的好奇心和求知欲望. 学生自己进行实验，体会到数学实验的归纳和演绎推理的两个侧面.

环节三：验证猜想，形成定理

【问题】对任意的三角形，如何用数学的思想方法证明 $\frac{a}{\sin A}=\frac{b}{\sin B}=\frac{c}{\sin C}$ 呢？前面

探索过程对我们有没有启发？

【师生活动】学生分组讨论，每组派一个代表总结；教师根据学生回答情况，叙述以下证明过程.

(1) 在Rt△ABC中，成立，如前面检验；

(2) 在锐角三角形中，如图 3，设$BC=a$，$CA=b$，$AB=c$，作$AD\perp BC$，垂足为D，在Rt△ABD中，$\sin B=\dfrac{AD}{AB}$，$\therefore AD=AB\cdot\sin B=c\cdot\sin B$，在Rt△$ADC$中，$\sin C=\dfrac{AD}{AC}$，$\therefore AD=AC\cdot\sin C=b\cdot\sin C$，$\therefore c\sin B=b\sin C$，$\therefore \dfrac{c}{\sin C}=\dfrac{b}{\sin B}$.

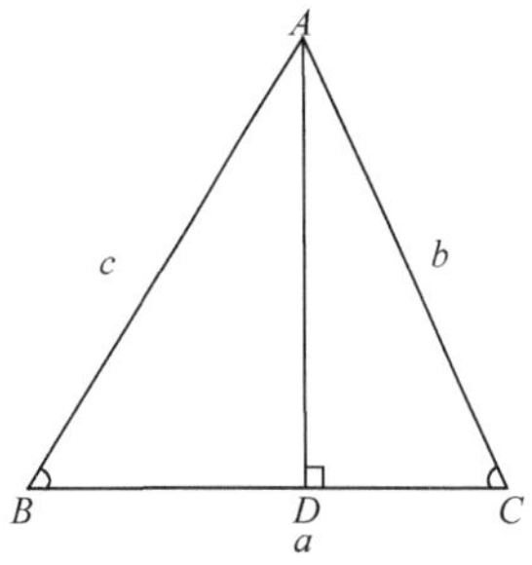

图 3

同理，在△ABC中，$\dfrac{a}{\sin A}=\dfrac{c}{\sin C}$，$\therefore \dfrac{a}{\sin A}=\dfrac{b}{\sin B}=\dfrac{c}{\sin C}$.

(3) 在钝角三角形中，如图 4，设$\angle ACB$为钝角，$BC=a$，$CA=b$，$AB=c$，作$AD\perp BC$交BC的延长线于D，在Rt△ADB中，$\sin B=\dfrac{AD}{AB}$，$\therefore AD=AB\cdot\sin B=c\cdot\sin B$，在Rt△$ADC$中，$\sin\angle ACD=\dfrac{AD}{AC}$，$\therefore AD=AC\cdot\sin\angle ACD=b\cdot\sin\angle ACB$，$\therefore c\cdot\sin B=b\cdot\sin\angle ACB$，$\therefore \dfrac{c}{\sin\angle ACB}=\dfrac{b}{\sin B}$，同锐角三角形证明可知$\dfrac{a}{\sin A}=\dfrac{c}{\sin C}$，$\therefore \dfrac{a}{\sin A}=\dfrac{b}{\sin B}=\dfrac{c}{\sin\angle ACB}$.

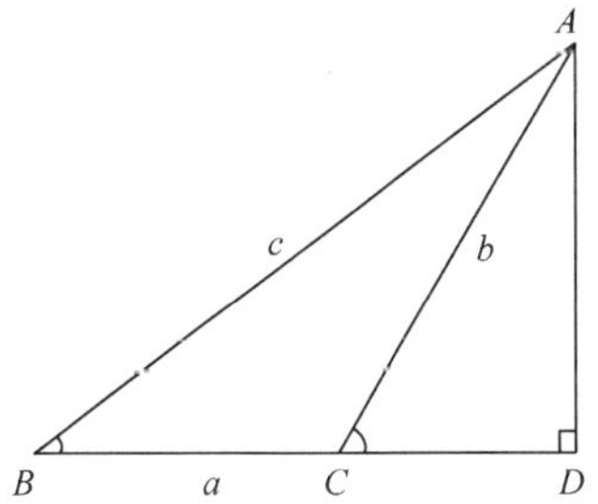

图 4

【讲授】正弦定理：在一个三角形中，各边和它所对角的正弦的比相等，即

$$\frac{a}{\sin A}=\frac{b}{\sin B}=\frac{c}{\sin C}.$$

【问题】还有其他证明方法吗？

【师生活动】边分析边引导学生，同时板书证明过程.

分析图形(图 5)，对于任意△ABC，由初中所学过的面积公式可以得出

$$S_{\triangle ABC}=\frac{1}{2}AC\cdot BD=\frac{1}{2}CB\cdot AE=\frac{1}{2}BA\cdot CF,$$

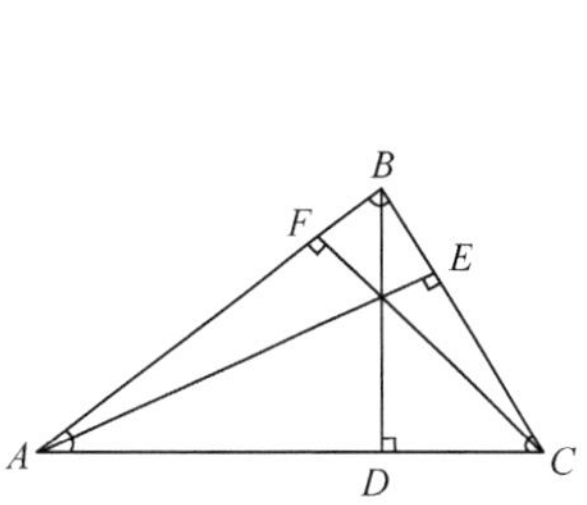

图 5

而由图中可以看出

$$\sin\angle BAC=\frac{BD}{AB},\quad \sin\angle ACB=\frac{AE}{AC},\quad \sin\angle ABC=\frac{CF}{BC},$$

$\therefore BD = AB\cdot\sin\angle BAC,\ AE = AC\cdot\sin\angle ACB,\ CF = BC\cdot\sin\angle ABC$,

$$\therefore S_{\triangle ABC} = \frac{1}{2}AC\cdot BD = \frac{1}{2}CB\cdot AE = \frac{1}{2}BA\cdot CF$$
$$= \frac{1}{2}AC\cdot AB\cdot\sin\angle BAC = \frac{1}{2}CB\cdot AC\cdot\sin\angle ACB = \frac{1}{2}BA\cdot BC\cdot\sin\angle ABC$$
$$= \frac{1}{2}b\cdot c\cdot\sin\angle BAC = \frac{1}{2}a\cdot b\cdot\sin\angle ACB = \frac{1}{2}c\cdot a\cdot\sin\angle ABC.$$

等式 $\frac{1}{2}b\cdot c\cdot\sin\angle BAC = \frac{1}{2}a\cdot b\cdot\sin\angle ACB = \frac{1}{2}c\cdot a\cdot\sin\angle ABC$ 中均除以 $\frac{1}{2}abc$ 后可得 $\frac{\sin\angle BAC}{a} = \frac{\sin\angle ABC}{b} = \frac{\sin\angle ACB}{c}$，即 $\frac{a}{\sin\angle BAC} = \frac{b}{\sin\angle ABC} = \frac{c}{\sin\angle ACB}$.

【问题】刚才的证明过程中是否发现三角形高 $AE = c\cdot\sin\angle ABC = b\cdot\sin\angle ACB$，三角形的面积 $S_{\triangle ABC} = \frac{1}{2}\cdot a\cdot AE$，能否得到新面积公式?

【学生活动】$S_{\triangle ABC} = \frac{1}{2}b\cdot c\cdot\sin\angle BAC = \frac{1}{2}a\cdot b\cdot\sin\angle ACB = \frac{1}{2}c\cdot a\cdot\sin\angle ABC$，三角形面积公式 $S_{\triangle ABC} = \frac{1}{2}ab\sin C = \frac{1}{2}ca\sin B = \frac{1}{2}bc\sin A$.

【问题】还有其他的证明方法吗? 比如: $\frac{a}{\sin A}$，$\frac{b}{\sin B}$，$\frac{c}{\sin C}$ 都等于同一个比值 k，那么它们也相等，这个 k 到底有没有什么特殊几何意义呢?

【学生活动】在前面的检验中，Rt$\triangle ABC$ 中，$\frac{a}{\sin A} = \frac{b}{\sin B} = \frac{c}{\sin C} = c$，$c$ 恰为外接圆的直径，即 $c = k = 2R$，所以作 $\triangle ABC$ 的外接圆 O，O 为圆心，连接 BO 并延长交圆 O 于 B'，把一般三角形转化为直角三角形.

证明: 如图 6，连接 BO 并延长，交圆于 B'. $\therefore \angle B'AB = 90°$，$\angle B' = \angle C$. 在 Rt$\triangle B'AB$ 中，

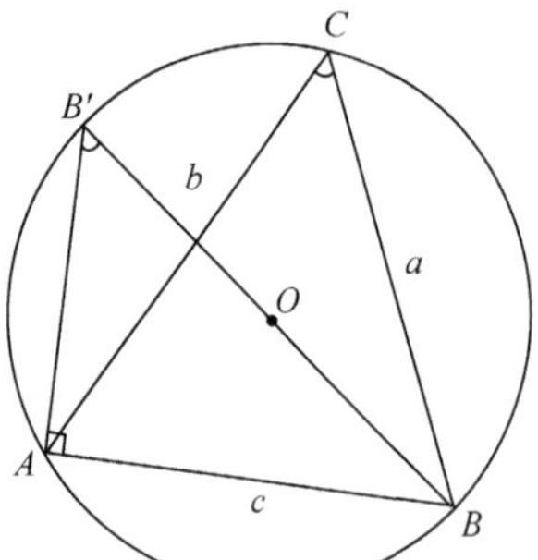

图 6

$\frac{AB}{\sin B'} = B'B$. $\therefore \frac{AB}{\sin B'} = \frac{AB}{\sin C} = B'B = 2R$，即 $\frac{c}{\sin C} = 2R$. 同理可证: $\frac{a}{\sin A} = 2R$，$\frac{b}{\sin B} = 2R$. $\therefore \frac{a}{\sin A} = \frac{b}{\sin B} = \frac{c}{\sin C} = 2R$.

【问题】刚才的证明过程中，显示正弦定理的比值等于三角形外接圆的直径 $2R$，能否利用其他知识来证明? 在向量中，学过 $\vec{a}\cdot\vec{b} = |\vec{a}|\cdot|\vec{b}|\cdot\cos\theta$，这与边的长度和三角函数值有较密切联系，能否利用向量积来证明呢?

【师生活动】联系作高的思想，得出以下结果.

如图 7, 在锐角三角形$\triangle ABC$中，$\overrightarrow{AB}+\overrightarrow{BC}=\overrightarrow{AC}$，作单位向量$\vec{j}$垂直于$AC$，$\overrightarrow{AC}\cdot\vec{j}=\overrightarrow{AB}\cdot\vec{j}+\overrightarrow{BC}\cdot\vec{j}$，即$0=c\cdot\cos(90^\circ-A)+a\cdot\cos(90^\circ-C)$，

$\therefore c\cdot\sin A-a\cdot\sin C=0$，

$\therefore \dfrac{c}{\sin C}=\dfrac{a}{\sin A}$，同理，$\dfrac{b}{\sin B}=\dfrac{a}{\sin A}$，

$\therefore \dfrac{a}{\sin A}=\dfrac{b}{\sin B}=\dfrac{c}{\sin C}$.

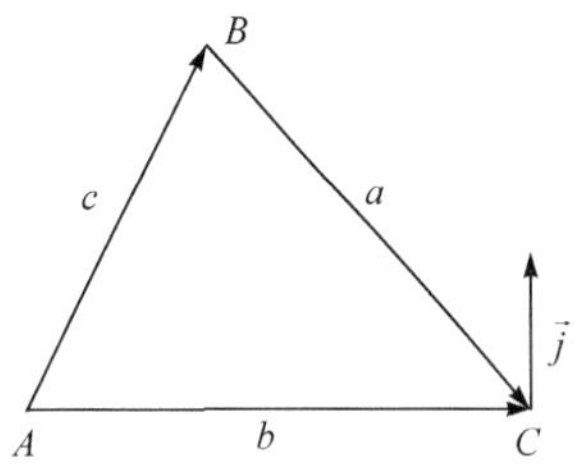

图 7

对于钝角三角形、直角三角形的情况作简单交代.

设计意图：经历证明猜想的过程，进一步引导启发学生利用已有的数学知识论证猜想，力图让学生体验数学的学习过程.

环节四：理解定理，学以致用

【问题】再用正弦定理解决引例中提出的问题.

【学生活动】马上得出在$\triangle ABC$中，$\angle B=180^\circ-\angle A-\angle C=60^\circ$，$\dfrac{c}{\sin C}=\dfrac{b}{\sin B}$，$\therefore c=\dfrac{b\cdot\sin C}{\sin B}=\dfrac{600\cdot\sin 45^\circ}{\sin 60^\circ}=200\sqrt{6}\text{m}$.

设计意图：利用正弦定理，重新解决引例，让学生体会用新的知识、新的定理解决问题会更方便简单，激发学生不断探索新知识的欲望.

【讲授】一般地，把三角形三个角A，B，C和它们对边a，b，c叫做三角形的元素. 已知三角形的几个元素，求其他元素的过程叫做解三角形.

设计意图：让学生了解解三角形概念，形成知识的完整性.

【问题】从分析方程思想分析正弦定理可以解决哪些问题?

【师生活动】讨论正弦定理可以解决的问题类型.

① 如果已知三角形的任意两个角与一边，求三角形的另一角和另两边，如$a=\dfrac{b\sin A}{\sin B}$；② 如果已知三角形任意两边与其中一边的对角，求另一边与另两角，如$\sin A=\dfrac{a}{b}\sin B$.

例 1　在$\triangle ABC$中，已知$A=30^\circ$，$B=45^\circ$，$a=6\text{cm}$，解三角形.

分析: “已知三角形中两角及一边，求其他元素”，第一步可由三角形内角和为180°求出第三个角$\angle C$，再由正弦定理求其他两边.

例 2　在$\triangle ABC$中，已知$a=2\sqrt{2}$，$b=2\sqrt{3}$，$A=45^\circ$，解三角形.

【学生活动】反馈练习(教材 P4 的“练习”).

【教师活动】用实物投影仪展示学生中做的规范的解题步骤.

设计意图：自己解决问题，提高学生学习的热情和动力，使学生体验到成功的愉悦感，变"要我学"为"我要学"和"我要研究"的主动学习.

环节五：回顾反思，概括提升

【问题】本节课学习的主要内容有哪些？

【学生活动】思考交流，归纳总结.

【教师活动】让学生尝试小结，教师及时补充，要体现以下几方面.

(1) 正弦定理的内容$\left(\dfrac{a}{\sin A}=\dfrac{b}{\sin B}=\dfrac{c}{\sin C}=2R\right)$及其证明思想方法；

(2) 正弦定理的应用范围：①已知三角形中两角及一边，求其他元素；②已知三角形中两边和其中一边所对的角，求其他元素；

(3) 分类讨论的数学思想.

设计意图：通过学生的总结，培养学生的归纳总结能力和语言表达能力.

(七) 作业布置

【必做题】

P10 习题 1.1A 组第 1, 2 题.

【选做题】

(1) 例 2 中$b=2\sqrt{3}$分别改为$b=2\sqrt{6}$，$b=\sqrt{5}$，并解三角形，观察解的情况并解释出现一解、两解、无解的原因；

(2) 课后通过查阅相关书籍，上网搜索，了解关于正弦定理的发展及应用.

设计意图：分层布置作业，满足不同学生的学习能力要求.

(八) 板书设计

正弦定理

一、正弦定理 猜想：$\dfrac{a}{\sin A}=\dfrac{b}{\sin B}=\dfrac{c}{\sin C}=2R$ 证明：直角△——钝角(锐角)△——任意△ 向量法 二、解三角形	1. 引例 2. 例 1 3. 例 2	机动区

三、"点到直线的距离"教学设计

课型：命题课　　　　课时：一课时　　　　年级：高一

(一) 教材分析

"点到直线的距离"是人教 A 版高中数学必修 2 第三章 3.3 节"直线的交点坐标与距

离公式”中 3.3.3 的内容，主要内容是点到直线的距离公式的推导过程及应用.

本节对“点到直线的距离”的认识，是解决理论和实际问题的重要工具. 它使学生对点与直线的位置关系的认识从定性上升到定量，其学习基础是学生已掌握了直线倾斜角、斜率、直线方程和两条直线位置关系等相关知识. 本节的研究，为以后直线与圆的位置关系和圆锥曲线的进一步学习奠定了基础，具有承上启下的重要作用.

(二) 学情分析

高一年级学生已经学习了两点间的距离公式、直线方程、两直线的位置关系、平面向量等相关知识，同时也学习了用代数方程研究曲线性质的“以数论形，数形结合”的数学思想方法，学生基础知识比较扎实、思维较活跃，但处理抽象问题的能力还有待进一步提高.

(三) 教学目标

【知识与技能】

(1) 理解点到直线的距离公式的推导过程；

(2) 掌握点到直线的距离公式；

(3) 掌握点到直线的距离公式的应用.

【过程与方法】

(1) 由探索特殊点到直线的距离，推广到探索点 $P(x_0, y_0)$ 到直线 $Ax+By+C=0$ (其中 $A^2+B^2\neq 0$)的距离，体会由特殊到一般的数学研究方法，并在反馈练习的过程中，进一步提高灵活运用公式的能力；

(2) 通过探索点到直线的距离公式的推导过程，渗透数形结合、算法、转化、函数等数学思想.

【情感态度与价值观】

(1) 结合现实模型将教材知识和实际生活联系起来，使学生感受数学的实用性，有效激发学生的学习兴趣；

(2) 让学生充分感受数学的美；增加对解析几何的兴趣和信心，克服畏惧感，激发求知欲.

(四) 教学重难点

【重点】

(1) 点到直线的距离公式的推导思路分析；

(2) 点到直线的距离公式的应用.

【难点】

(1) 知识教学方面：如何启发学生自己构思距离公式的推导方案；

(2) 情感教育方面：如何营造课堂积极求解的氛围，以激发学生的创造力，增强学生知难而进的决心.

(五) 教学方法

【教法】

讲授法、讨论法、多媒体辅助教学法等.

【学法】

探究学习法、自主学习法、合作学习法等.

(六) 教学过程

环节一：创设情境，引入课题

【师生活动】让学生欣赏熟知的地质勘探、人离高压电线的安全距离等生活图片，直观感受几何要素——“点到直线的距离”.

【问题】应该如何求点到直线的距离呢？

设计意图：以学生熟悉的实际生活为教学背景，引入新课，有效调动学生的学习兴趣.

环节二：探究新知，理解公式

【教师活动】提问学生“点到直线的距离”的定义.

【学生活动】回答：过点 P 作直线 l 的垂线，垂足为 Q 点，线段 PQ 的长度叫做点 P 到直线 l 的距离.

设计意图：引导学生复习旧知，为新课的学习打下基础.

【师生活动】共同探讨如何求点到直线的距离. 由于点和直线处在一般位置，所以公式的推导过程含有字母运算，比较抽象. 教师补充由浅入深的具体问题，为后面推广到一般情况作好铺垫.

【问题】已知点 P 和一条直线 l，怎样求点 P 到直线 l 的距离 d？

【学生活动】尝试合作交流，进行方法探究.

【教师活动】提问：最容易想到的方法是什么？请学生讲清解题的步骤.

确定直线 l 的斜率 k—求与 l 垂直直线 l' 的斜率 $k'=-\dfrac{1}{k}$—求过点 P 垂直于 l 的直线 l' 的方程—求 l 与 l' 的交点 Q—求点 P 与点 Q 的距离—得到点 P 到 l 的距离 $d=|PQ|$.

【问题】这种做法的优缺点是什么？

【师生活动】学生给出“思路清晰，但运算量大”的评价. 教师因势利导，引导学生寻求简便方法.

设计意图：让学生发挥主体的作用，当感觉到繁时进一步引导，从而激发学生的求简意识，达到打开学生探索性思维这一目的.

【问题】能否从点 P 的特殊位置入手，探索点到直线的距离的计算公式？

先从点 P 的特殊位置考虑(点的特殊位置).

【情形 1】 $P_1(0,0)$ (P 为原点 O). 如图 8，利用 Rt△OMN 中，$d\cdot MN=OM\cdot ON$，得

$$d=\frac{OM\cdot ON}{MN}=\frac{\left|-\frac{C}{A}\right|\cdot\left|-\frac{C}{B}\right|}{\sqrt{\left(-\frac{C}{A}\right)^2+\left(-\frac{C}{B}\right)^2}}=\frac{\left|\frac{C^2}{AB}\right|}{\left|\frac{C}{AB}\right|\sqrt{A^2+B^2}}=\frac{|C|}{\sqrt{A^2+B^2}}.$$

【情形 2】　$P_2(x_0,0)$(P 在 x 轴上), 如图 9:

$$\frac{P_2R}{OS}=\frac{MP_2}{MO},\ \therefore P_2R=\frac{MP_2\cdot OS}{MO}=\frac{\frac{|C|}{\sqrt{A^2+B^2}}\cdot\left|-\frac{C}{A}-x_0\right|}{\left|-\frac{C}{A}\right|}=\frac{|Ax_0+C|}{\sqrt{A^2+B^2}}.$$

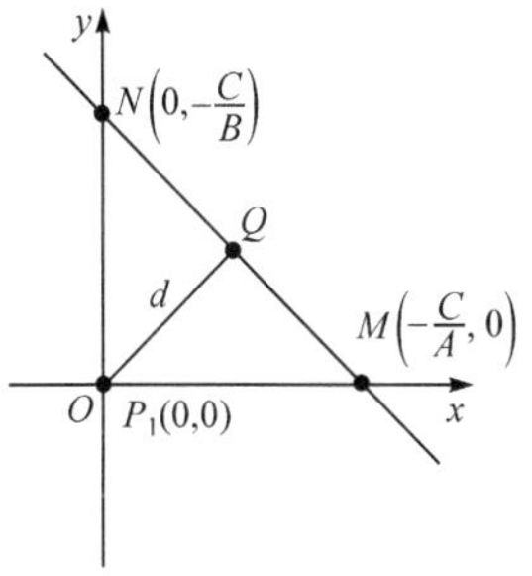

图 8

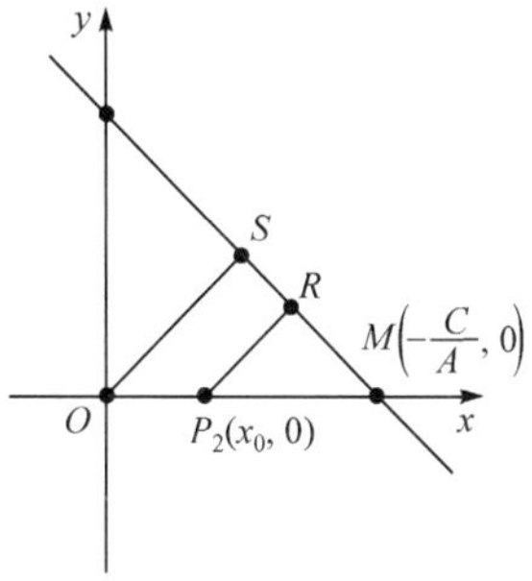

图 9

【情形 3】　$P(0,y_0)$(P 在 y 轴上). 同理可得 $d=\frac{|By_0+C|}{\sqrt{A^2+B^2}}$.

设计意图: 为解决求点到直线距离的问题, 先探求三个特殊点到直线的距离, 由认知原理告诉我们普通寓于特殊性之中, 从简单的情形入手, 容易找到突破口, 符合学生的认知规律.

【问题】观察、类比上面三个公式, 能否猜想: 对任意的点 $P(x_0,y_0)$, $d=?$

【学生活动】观察归纳到猜想: $d=\frac{|Ax_0+By_0+C|}{\sqrt{A^2+B^2}}$.

设计意图: 培养学生大胆猜想, 勇于探索的精神, 并为后面的推导起到铺垫的作用.

【师生活动】共同探讨证明方法: 引导学生利用两平行线间的距离处处相等的性质, 作平行线, 把一般情形转化为特殊情形来处理.

证明: 设过点 P 且与直线 l 平行的直线 l_1 的方程为(图 10)

$$Ax+By+C_1=0,$$

令 $y=0$, 得 $P'\left(-\frac{C_1}{A},0\right)$, 所以

$$P'N=\frac{\left|A\cdot\left(-\frac{C_1}{A}\right)+C\right|}{\sqrt{A^2+B^2}}=\frac{|C-C_1|}{\sqrt{A^2+B^2}}.\qquad(1)$$

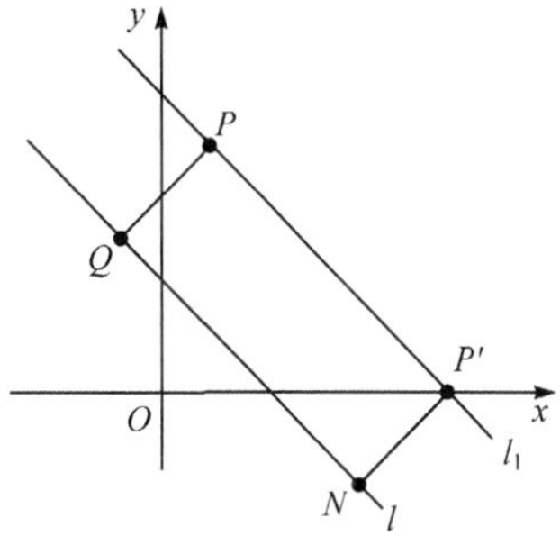

图 10

因为 P 在直线 $l_1: Ax+By+C_1=0$ 上，所以 $Ax_0+By_0+C_1=0$，即 $C_1=-Ax_0-By_0$.

代入(1)得：$|P'N|=\dfrac{|C+Ax_0+By_0|}{\sqrt{A^2+B^2}}$，即 $d=\dfrac{|Ax_0+By_0+C|}{\sqrt{A^2+B^2}}$.

【问题】还有其他转化方法吗?

【师生活动】教师引导学生发现把点 P 到 l 的距离转化为原点 O 到两条平行线的距离之差(或和)的方法.

设原点 O 到两条平行线的距离分别为 d_1，d_2，则两条平行线间的距离(即 P 到 l 的距离) $d=|d_1-d_2|$ (图 11)或 $d=d_1+d_2$ (图 12).

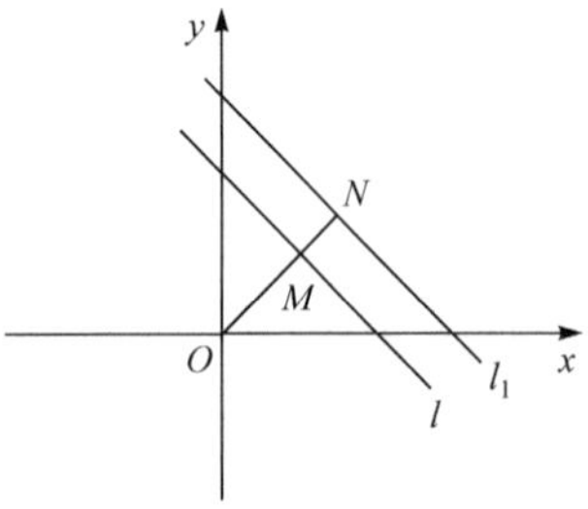

图 11

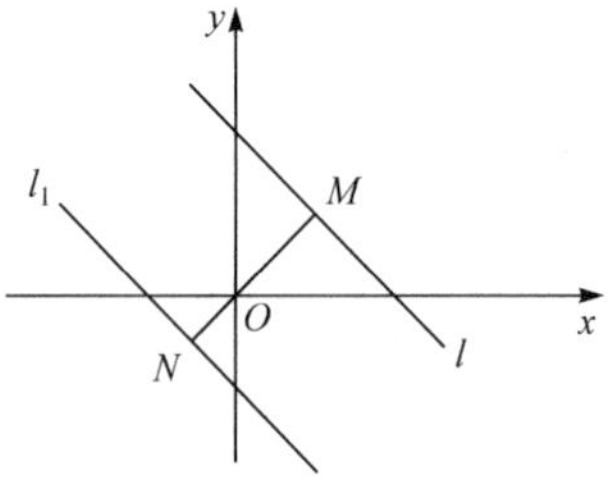

图 12

【师生活动】部分学生可能通过预习而得出教材的求法，也可能想出其他解法，教师可根据课堂实际情况进行点评，或引导学生继续探究.

设计意图：(1) 让学生在活跃的氛围中探求更多知识；
(2) 张扬学生个性，培养学生的个性品质.

【反思 1】前面我们是在 A，B 均不为零的假设下推导出公式的，若 A，B 中有一个为零，公式是否仍然成立？

求点 P 到直线 $x=a$ 与到直线 $y=b$ 的距离，得到两种结果：①利用数形结合的思想；②利用公式.

【师生活动】学生动手求解，比较两种方法的优劣. 在学生肯定回答后，老师再说明，当直线与坐标轴垂直时，点到直线的距离可以不用公式求解.

【反思 2】点到直线的距离公式的结构特征及其记忆方式?

设计意图：培养学生严密的逻辑思维，引导学生分析公式特征，有助于加深对公式的理解，为应用奠定基础.

【反思 3】回顾利用两平行线间的距离处处相等的性质来证明公式的过程，同学们还有什么发现吗?

【学生活动】从推导过程中得出了两平行线之间的距离公式.

设计意图：培养学生分析归纳能力，为今后的学习埋下伏笔.

环节三：学以致用，巩固新知

例　求点 $P_0(-1,2)$ 到下列直线的距离.

(1) $2x+y-10=0$；(2) $3y=x+7$；(3) $3x=2$.

【课堂练习】教材 P114“练习”部分第 1(2)题, 第 2(2)题.

设计意图: 通过例题练习, 强化学生对公式的记忆和应用. 同时, “代入公式计算前, 首先应将直线方程化为一般式, 以便确定系数 A, B 的值” 是学生在应用公式中容易忽略的环节. 将这一薄弱环节设置在补充例题中, 使学生在 “错误体验” 中加深记忆, 以达到强化训练的目的.

【能力挖掘】已知点 $A(1,3)$, $B(3,1)$, $C(-1,0)$, 求 $\triangle ABC$ 的面积.

设计意图: 有利于培养学生的自主探究的能力, 进一步挖掘题目的开放功能, 形成 “再创造” 的过程.

环节四: 课堂小结, 自我提升

【师生活动】先由学生自主归纳, 总结本节课所学习的主要内容, 教师加以补充说明.

(1) 点到直线的距离公式的推导中, 不同的算法思路;

(2) 点到直线的距离公式;

(3) 点到直线的距离公式的应用前提条件.

设计意图: 根据元认知理论, 小结以学生为主、教师为辅的方式进行, 学生可回顾本节课的学习过程, 也是对探究过程的再认识和数学思想方法的升华, 进一步巩固本节课所学.

(七) 作业布置

【必做题】

教材 P116 习题 B 组第 2, 4, 5 题.

【选做题】

(1) 求直线 $2x+y=10$ 关于 $P(0,1)$ 的对称的直线方程;

(2) 尝试利用向量有关知识来推导点到直线的距离公式.

设计意图: 通过作业进一步巩固本节课所学, 并设计两个思考作业, 让学有余力的同学发挥所长.

(八) 板书设计

点到直线的距离

一、公式推导过程 1. 问题: 如何求点 P 到直线 l 的距离? 2. 推导方法的探究 3. 反思并归纳 4. 运用公式的注意点	二、典型例题 例题 能力挖掘	机动区

四、“圆锥曲线复习之轨迹问题”教学设计

课型：复习课　　课时：一课时　　年级：高三

(一) 教材分析

“圆锥曲线复习之轨迹问题”是高三一轮复习中源于教材而又高于教材的命题理念，主要内容是从教材例习题出发，研究动点到两定点斜率之积的轨迹问题及其渐进演变过程，并引导学生举一反三，触类旁通，从而增强复习的实用性.

本节对圆锥曲线的轨迹问题以小专题形式开展探究式教学，它是解决理论和实际问题的重要工具，可以使学生对高三复习中的点的认识从定性上升到定量. 其学习平台是学生已掌握了相关知识，面对的是高三一轮复习. 对本节的研究，为以后圆锥曲线的进一步学习奠定了基础，具有承上启下的重要作用.

(二) 学情分析

高三年级学生已经学习了高中所有数学知识，同时也学习了用代数方程研究曲线性质的“以数论形，数形结合”的数学思想方法，学生基础知识比较扎实、思维较活跃，但处理抽象问题的能力还有待进一步提高. 有效引导学生复习、引发学生头脑风暴、进一步培养他们独立解题的能力是本节课的主导思想.

(三) 教学目标

【知识与技能】

(1) 理解圆锥曲线的第三定义的形成过程；

(2) 能利用所学的知识进行迁移应用；

(3) 能用直接法证明推理性质.

【过程与方法】

(1) 从高三数学复习“三字经”出发探索动点轨迹问题，渗透数形结合、类比推理、转化、归纳演绎等数学思想；

(2) 经历探索动点问题的过程，培养学生自主探究和发散思维的能力.

【情感态度与价值观】

(1) 将教材知识和实际生活联系起来，使学生感受数学的实用性，有效激发学生的学习兴趣；

(2) 让学生充分感受数学的美；增加对解析几何的兴趣和信心，克服畏惧感，激发求知欲.

(四) 教学重难点

【重点】

(1) 动点到两定点斜率之积的轨迹问题及其演变推理与分析；

(2) 感悟高三数学一轮复习中的器、道、“术”三字经.

【难点】

(1) 知识教学方面：如何诱发学生对知识迁移与拓展，体现“源于教材而又高于教材”的命题理念，从而达到触类旁通，增强复习的实用性；

(2) 情感教育方面：如何营造课堂积极求解的氛围，以激发学生的创造力，增强学生知难而进的决心.

(五) 教学方法

【教法】

讲授法、讨论法、多媒体辅助教学法、头脑风暴法等.

【学法】

探究学习法、自主学习法、合作学习法等.

(六) 教学过程

环节一：创设情境，激发兴趣

【教师活动】播放微课——《大道至简》，创设情境.

【学生活动】直观感受解析几何要素——“圆锥曲线的形成”.

设计意图：利用教育技术微课，引入新课，有效调动学生的学习兴趣.

环节二：追根溯源，源于教材——“器”

1. 引例(人教A版高中数学选修2—1, P41例3)

“设点 A，B 的坐标分别是 $A(-5,0)$，$(5,0)$. 直线 AM，BM 相交于点 M，且它们的斜率之积是 $-\frac{4}{9}$，求点 M 的轨迹方程.”

【思维启迪】由直接法得 $\frac{x^2}{25}+\frac{y^2}{\frac{100}{9}}=1(x\neq\pm5)$，其轨迹是椭圆.

设计意图：回归教材，引导学生复习旧知，为新课的学习打下基础.

【教师活动】分析例题，组织变式训练.

2. 变式训练(人教A版高中数学选修2—1, P54“探究”部分)

“设点 A，B 的坐标分别是 $A(-5,0)$，$(5,0)$. 直线 AM，BM 相交于点 M，且它们的斜率之积是 $\frac{4}{9}$，试求点 M 的轨迹方程.”

【思维启迪】由直接法得 $\frac{x^2}{25}-\frac{y^2}{\frac{100}{9}}=1(x\neq\pm5)$，其轨迹是双曲线.

设计意图：温故知新，以练达成，通过变题为后面学习打下基础.

3. 作业重温(人教A版高中数学选修2—1, P80复习题参考题A组第10题)

"已知$\triangle ABC$的两个顶点A，B的坐标分别是$A(-5,0)$，$(5,0)$. 直线AC，BC所在直线的斜率之积等于$m(m\neq 0)$，试探求顶点C的轨迹."

【思维启迪】① 当$-1<m<0$时，点C的轨迹是焦点在x轴上的椭圆，除去两点$(-5,0)$，$(5,0)$；② 当$m<-1$时，点C的轨迹是焦点在y轴上的椭圆，除去两点$(-5,0)$，$(5,0)$；③ 当$m=-1$时，点C的轨迹是圆，除去两点$(-5,0)$，$(5,0)$；④当$m>0$时，点C的轨迹是双曲线，除去两点$(-5,0)$，$(5,0)$.

【解析】设点$C(x,y)$，则$k_{AC}=\dfrac{y}{x+5}(x\neq -5)$，$k_{BC}=\dfrac{y}{x-5}(x\neq 5)$.

依题意得$k_{AC}\cdot k_{BC}=m$，有$\dfrac{y}{x+5}\cdot\dfrac{y}{x-5}=m(x\neq\pm 5)$，即$\dfrac{x^2}{25}-\dfrac{y^2}{25m}=1(x\neq\pm 5)$.

设计意图：让学生发挥主体的作用，从特殊到一般渐进升华引导，从而激发学生的求知意识，达到打开学生探索性思维这一目的. 并结合动画，多感官调动学生，协调一致.

环节三：历练提升，定义提炼——"道"

【问题】比较以上三道例(习)题，你有什么发现?

1. 深度探讨

(1) 引例中的点A，B即为求得椭圆的长轴端点，斜率之积恰为所求椭圆的$-\dfrac{b^2}{a^2}$.

(2) 变式中点A，B即为求得双曲线的实轴端点，斜率之积恰为所求双曲线的$\dfrac{b^2}{a^2}$.

(3) 作业中，当$m<0$，$m\neq -1$时，顶点C的轨迹是以AB为长轴的椭圆，$m=-\dfrac{b^2}{a^2}$；

当$m>0$时，顶点C的轨迹是以AB为实轴的双曲线，$m=\dfrac{b^2}{a^2}$.

设计意图：抓住问题的本质，提炼蕴藏其中的思想方法，提升学生的思维品质，形成解决问题的学科观点. 由认知原理告诉我们普通寓于特殊之中，从简单的情形入手，容易找到突破口，符合学生的认知规律.

2. 归纳小结，定义提炼

第三定义：在平面内，与两定点$A(-a,0)$，$B(a,0)(a>0)$连线的斜率之积为定值$-\dfrac{b^2}{a^2}$$\left(\text{或}\dfrac{b^2}{a^2}\right)$的点的轨迹方程是椭圆(除长轴的端点)(双曲线(除实轴的端点)).

设计意图：培养学生归纳提炼能力.

3. 拓展延伸

上面例(习)题提出了在平面内，与椭圆的长轴的端点(双曲线实轴的端点)连线的斜率之积为定值$-\frac{b^2}{a^2}\left(或\frac{b^2}{a^2}\right)$. 由此猜想“椭圆上任意一点与其同轴上的顶点连线的斜率之积为定值”.

设计意图：培养学生大胆猜想，勇于探索的精神，为后面推导作铺垫.

4. 逆向探究

在平面内，若M，N是椭圆(或双曲线)上关于原点对称的两个点，P是椭圆(或双曲线)上异于M，N的任意一点，则PM，PN的斜率之积为定值$-\frac{b^2}{a^2}\left(或\frac{b^2}{a^2}\right)$.

设计意图：重构学生知识体系，提升思维品质.

环节四：学以致用，趁热打铁——“术”

例 1 (2011 高考湖北理)平面内与两定点$A_1(-a,0)$，$A_2(a,0)(a>0)$连线的斜率之积等于非零常数m的点的轨迹，加上A_1，A_2两点所成的曲线C可以是圆、椭圆或双曲线. 求曲线C的方程，并讨论C的形状与m值的关系.

【解析】当$m=-1$时，易知曲线 C 是以A_1A_2为直径的圆，方程为$x^2+y^2=a^2$；当$m\neq-1$时，由椭圆、双曲线的第三定义，知曲线C是以A_1,A_2为顶点的椭圆或双曲线. 若曲线C是椭圆，则$m=-\frac{b^2}{a^2}$，有$b^2=-ma^2$；若曲线C是双曲线，则$m=\frac{b^2}{a^2}$，有$b^2=ma^2$；故曲线C的方程为$\frac{x^2}{a^2}-\frac{y^2}{a^2m}=1$.

设计意图：学以致用，前面两个环节得到的结论在高考试题中的应用.

例 2 (2010 高考北京理)在平面直角坐标系xOy中，点B与点$A(-1,1)$关于原点O对称，P是动点，且直线AP与BP的斜率之积等于$-\frac{1}{3}$. 求动点P的轨迹方程.

【思维启迪】本问题是 “逆向探究” 所得到的椭圆、双曲线性质的回归应用.

【解析】由题意可知点P的轨迹是椭圆(除去A，B两点)，且$-\frac{1}{3}=-\frac{b^2}{a^2}$，即$a^2=3b^2$. 又$-1<-\frac{1}{3}<0$，所以椭圆的焦点在$x$轴上，故设曲线方程为$\frac{x^2}{3b^2}+\frac{y^2}{b^2}=1(x\neq\pm1)$，则由点$A(-1,1)$在椭圆上，可得$b^2=\frac{4}{3}$，$a^2=4$. (下略)

设计意图：学以致用，及时反馈课堂的时效性.

【研究性学习】平面内与两定点连线斜率之积为定值(不等于零)的点的轨迹是圆或椭圆或双曲线的一部分.

【思维迁移】

(1) 平面内与两定点连线斜率之和为定值(不等于零)的点的轨迹是双曲线的一部分.

【解析】以两定点 F_1，F_2 所在直线为 x 轴，F_1F_2 的中点为坐标原点，建立平面直角坐标系，设 $M(x,y)$ 为曲线上任意一点，两定点 F_1，F_2 间的距离为 $2c(c>0)$，斜率之和为 $a(a\neq 0)$，则有 $F_1(-c,0)$，$F_2(c,0)$，所以 $k_{MF_1}+k_{MF_2}=a$，即 $\dfrac{y}{x+c}+\dfrac{y}{x-c}=a\ (x\neq\pm c)$，化简得 $ax^2-2xy-ac^2=0(x\neq\pm c)$，所以，满足条件的点的轨迹方程为 $ax^2-2xy-ac^2=0(x\neq\pm c)$.

(2) 平面内与两定点连线斜率之差为定值(不等于零)的点的轨迹是抛物线的一部分.

【解析】以两定点 F_1，F_2 所在直线为 x 轴，F_1F_2 的中点为坐标原点，建立平面直角坐标系，设 $M(x,y)$ 为曲线上任意一点，两定点 F_1，F_2 间的距离为 $2c(c>0)$，斜率之差为 $a(a\neq 0)$，则有 $F_1(-c,0)$，$F_2(c,0)$，所以 $k_{MF_1}-k_{MF_2}=a$，即 $\dfrac{y}{x+c}-\dfrac{y}{x-c}=a\ (x\neq\pm c)$，化简得 $ax^2+2cy-ac^2=0(x\neq\pm c)$，所以，满足条件的点的轨迹方程为 $ax^2+2cy-ac^2=0(x\neq\pm c)$.

(3) 平面内与两定点连线斜率之积为定值(不等于零)的点的轨迹是圆或椭圆或双曲线的一部分.

(4) 平面内与两定点连线斜率之商为定值的点的轨迹是直线的一部分.

【解析】以两定点 F_1，F_2 所在直线为 x 轴，F_1F_2 的中点为坐标原点，建立平面直角坐标系，设 $M(x,y)$ 为曲线上任意一点，两定点 F_1，F_2 间的距离为 $2c(c>0)$，斜率之商为 $a(a\neq 0)$，则有 $F_1(-c,0)$，$F_2(c,0)$，所以 $k_{MF_1}=a\cdot k_{MF_2}$，即 $\dfrac{y}{x+c}=a\cdot\dfrac{y}{x-c}\ (x\neq\pm c,y\neq 0)$，化简得 $(a-1)x+ac+c=0(x\neq\pm c,y\neq 0)$，所以，满足条件的点的轨迹方程为 $(a-1)x+ac+c=0(x\neq\pm c,y\neq 0)$.

设计意图：通过合作与探究，让学生在活跃的氛围中探求更多知识，张扬学生个性，培养学生的个性品质.

环节五：课堂小结，自我提升

【问题】本节课你的收获是什么？

设计意图：根据元认知理论，小结以学生为主、教师为辅的方式进行，学生可回顾本节课的学习过程，也是对探究过程的再认识和数学思想方法的升华，进一步巩固本节课所学.

(七) 作业布置

【必做题】

同步练习(选题设计).

【选做题】

互联网+教育：请借助互联网平台进一步探究以下问题(并将探究结果整理成一篇小论文).

(1) 到两定点的距离之和为定值的点的轨迹是什么？

(2) 到两定点的距离之差为定值的点的轨迹是什么？

(3) 到两定点的距离之积为定值的点的轨迹是什么？

(4) 到两定点的距离之商为定值的点的轨迹是什么？

设计意图：通过作业进一步巩固本节课所学. 作业分层，考虑不同学生的学习需求，发展学生的个性.

(八) 板书设计

从一道轨迹题话说数学“三字经”

◆ 圆锥曲线第三定义 ◆ 拓展延伸 ◆ 逆向探究 ◆ 知识迁移 ◆ 课堂小结	一、“器”的选择 二、“道”的渗透 三、“术”的指导	四、典型例题 例 1 例 2	机动区

五、“直线斜率的拓展”教学设计

课型：拓展课　　　课时：一课时　　　年级：高二

(一) 教材分析

本课时内容选自高中数学知识拓展类选修课程，主要探究直线的斜率公式 $k=\dfrac{y_2-y_1}{x_2-x_1}$ 在求分式的最值范围等问题时的拓展运用. 在课程标准和考试说明中，对直线倾斜角和斜率的概念要求为理解；对经过点 $P_1(x_1,y_1)$，$P_2(x_2,y_2)(x_1\neq x_2)$ 的直线的斜率公式 $k=\dfrac{y_2-y_1}{x_2-x_1}$ 要求为掌握.

本课时是对必修内容热点问题的延伸，斜率虽然是必修课程内容，但必修教材中对此涉及较少，学生在学习时的拓展度不够广，而在高考中形如 $k=\dfrac{y_2-y_1}{x_2-x_1}$ 的分式的最值范围等考题时有出现，因此学生对斜率的拓展学习很有必要.

(二) 学情分析

学习本课时需理解直线斜率的概念，掌握斜率的计算公式. 学生已经对平面解析几何中直线的倾斜角、斜率及斜率计算公式等知识已经基本掌握.

但是, 学生在涉及某些分式的最值范围等问题时, 不能联想到运用斜率公式来解决, 知识的迁移能力较弱. 另外, 在将分式看成斜率, 计算范围或最值时, 有部分同学会将点的坐标看错.

(三) 教学目标

【知识与技能】

(1) 复习并掌握直线的倾斜角概念、斜率定义及计算公式;

(2) 理解并掌握利用直线斜率求一类分式的最值或范围、比较(证明)大小问题.

【过程与方法】

(1) 经历构造直线斜率处理一类分式的最值、范围、大小等问题的过程, 体会数形结合的思想方法;

(2) 应用直线斜率公式解决一类分式的最值等问题, 提高观察、联系、分析等逻辑思维能力.

【情感态度与价值观】

采用"目标导航"课堂学习模式, 通过自主学习和合作学习, 提高发现问题、解决问题的能力, 进而孕育和发展创新能力, 促进个性发展.

(四) 教学重难点

【重点】

直线斜率公式在一类分式的最值或范围、比较(证明)大小问题的应用.

【难点】

构造直线斜率处理一类分式的最值、范围、大小等问题.

(五) 教学方法

【教法】

讲授法、讨论法、多媒体辅助教学法等.

【学法】

探究学习法、自主学习法、合作学习法等.

(六) 教学过程

环节一: 课内复习, 回顾旧知

1. 复习回顾

与直线斜率相关的三个概念: ①倾斜角的定义; ②斜率的定义; ③直线的斜率公式.

2. 完成例题

例 1　已知实数x，y满足$2x+y=8$，当$2\leqslant x\leqslant 3$时，求$\frac{y}{x}$的范围.

例 2　已知实数x，y满足$x^2+y^2=1$，求$m=\frac{y+1}{x+3}$的最值.

例 3　已知函数$f(x)=\log_2(x+1)$，若$c>b>a>0$，则三个数$\frac{F(a)}{a}$，$\frac{F(b)}{b}$，$\frac{F(c)}{c}$从大到小的顺序为__________.

【教师活动】对学生的错误进行个别指导.

设计意图：通过例 1 和例 2, 让学生学会能自主应用斜率公式将分式最值或范围问题转化为直线斜率的最值或范围问题, 从探求直线的临界位置入手, 清晰又准确地解决问题. 通过例 3, 期望学生通过构造斜率公式, 利用数形结合的思想将数(式)的大小问题转化为比较斜率的大小, 将问题直观简捷地解决.

环节二：自主检测，新知引入

【学生活动】自主完成两个检测题.

检测 1　已知实数x，y满足$y=x^2-2x+2(-1\leqslant x\leqslant 1)$，则$\frac{y+3}{x+2}$的范围为__________.

检测 2　求函数$y=\frac{\sin\theta+1}{\cos\theta+2}$的最大值和最小值.

【教师活动】强调在计算时, 不要固定点坐标等易错点.

设计意图：让学生考查自己是否掌握用斜率处理范围、最值问题.

环节三：问题交流，合作探究

【学生活动】四人一组, 合作完成两个问题.

【问题 1】糖水加糖(未达到饱和状态)变甜了, 你能从中抽象出一个数学不等式并证明吗?

【问题 2】实数x，y满足约束条件$\begin{cases}x-y-2\leqslant 0\\ x+2y-5\geqslant 0\\ y\leqslant 2\end{cases}$，求$u=\frac{2x+y}{x+2y}$的取值范围.

设计意图：通过合作学习, 让学生学会如何通过变形构造直线的斜率, 处理一类分式的最值、范围、大小等问题.

【教师活动】精讲问题交流环节的两个问题. 【问题 1】主要点拨如何将不等式两边看成斜率; 【问题 2】主要点拨如何将所求式子变形成能利用斜率公式求最小值.

设计意图：带领学生再一次分析两个问题, 加深对问题的深入理解和掌握.

环节四：课堂小结，自我提升

【教师活动】出示下列问题，带领学生一起小结.

(1) 对于形如＿＿＿＿＿的分式的值，我们可以考虑将它转化成坐标系内点＿＿＿＿＿与点＿＿＿＿＿的连线的斜率.

(2) 利用构造直线的斜率可以处理一些＿＿＿＿＿＿＿＿＿＿问题.

(3) 你觉得在运用斜率公式时哪些易错点需要注意？

设计意图：系统梳理本节课所学的知识内容，让学生再次回顾知识的探究过程，利于学生掌握和巩固知识.

环节五：针对训练，巩固所学

(1) 在平面直角坐标系 xOy 中，M 为不等式组 $\begin{cases}2x-y-2\geqslant 0\\ x+2y-1\geqslant 0\\ 3x+y-8\leqslant 0\end{cases}$ 所表示的区域上一动点，则 $\dfrac{y}{x}$ 的最小值为(　　).

A. 2　　B. 1　　C. $-\dfrac{1}{3}$　　D. $-\dfrac{1}{2}$

(2) 若 $a=\dfrac{\ln 3}{2}$，$b=\dfrac{\ln 4}{3}$，$c=\dfrac{\ln 5}{4}$，则(　　).

A. $a<b<c$　　B. $c<b<a$　　C. $c<a<b$　　D. $b<a<c$

(3) 求函数 $f(\theta)=\dfrac{\sin\theta}{2}+\dfrac{2}{\sin\theta}(0<\theta<\pi)$ 的最小值.

设计意图：检测学生对本节课所学知识的掌握程度，让学生进一步巩固.

(七) 作业布置

【必做题】

求函数 $y=\dfrac{\sqrt{4-x^2}+2}{x+3}$ 的最值.

【选做题】

求函数 $y=\dfrac{4x^2+7x-\frac{5}{4}}{2x^2+4x-1}$ 的值域.

设计意图：检测学生对本节课所学知识的掌握程度，让学生进一步巩固.

(八) 板书设计

直线斜率的拓展		
一、斜率公式：$k=\dfrac{y_2-y_1}{x_2-x_1}$ 二、易错点	例题	机动区

六、“动点相似三角形问题复习”教学设计

课型：复习课　　　　课时：一课时　　　　年级：九年级

(一) 教材分析

本课时是对初中阶段“解与已知三角形相似问题”内容的一堂复习课，主要讲述运用分类讨论的方法探究解决动点相似三角形问题等内容. 本课时设计在同一背景下，不断给出题目的新要求，题目难度设置层层递进，渗透数形结合等数学思想方法.

本课时在初三复习阶段具有重要的作用，一方面与相似三角形的知识紧密结合；另一方面本课时的设计针对“做一题，得一法，会一类”的数学解题目标，为今后解题教学以及学生做题提供方法上的支持和帮助.

(二) 学情分析

处于二轮复习收尾阶段的学生具有一定的问题探究和分析等逻辑思维能力，已较好掌握分类讨论的数学思想方法，能够在教师的引导下运用此方法对相似三角形进行分类，继而思考解题方法.

但是学生可能存在分类不全的困难，尤其是在解决【教学过程】中“环节二”的变式 2 这一问题中，忽略点 B，D 位置分类而导致答案遗漏，这时教师需要巧妙地运用几何画板动态地展示图形，帮助学生清晰地呈现出所有情况. 同时教师需要设置相应的问题，得出忽视自变量取值范围是遗漏分类的根本原因.

(三) 教学目标

【知识与技能】

(1) 复习相似三角形的相关性质和判定；

(2) 理解和掌握解决动点相似三角形问题的方法.

【过程与方法】

(1) 经历探究动点相似三角形问题的过程，渗透分类讨论的数学思想方法；

(2) 巧用几何画板，动态地展示图形，在运动变化中发展空间想象能力，体会数形结合在数学解题中的作用.

【情感态度与价值观】

动态几何动中有静、动静结合，培养学生综合分析问题和解决问题的能力，培养主动画图的意识，同时增强学习兴趣和自信心.

(四) 教学重难点

【重点】

解决动点相似三角形问题中分类讨论这一思想方法的应用.

【难点】

在分类讨论动点相似三角形问题中做到不重不漏.

(五) 教学方法

【教法】

讲授法、讨论法、多媒体辅助教学法等.

【学法】

探究学习法、自主学习法、合作学习法等.

(六) 教学过程

环节一：例题热身，引导学生

如图 13，在平面直角坐标系中，C 点坐标为 $(0,4)$，A 点坐标为 $(3,0)$，M 是线段 AC 的中点. 请问在 x 轴上是否存在一点 P，使得以 P，A，M 为顶点的三角形与 $\triangle AOC$ 相似？若存在，求出 P 点坐标；若不存在，说明理由.

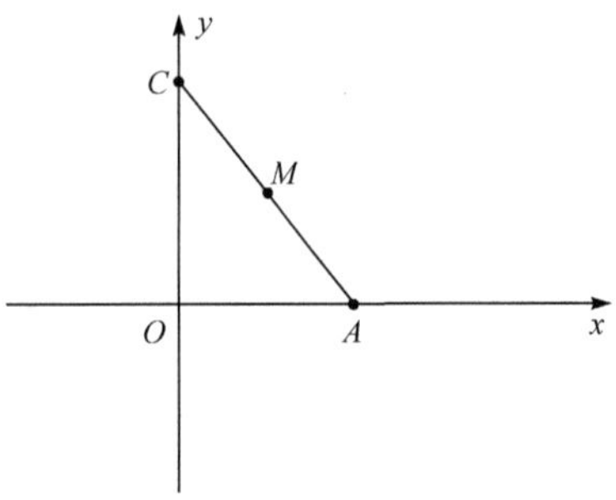

图 13

【师生活动】教师请学生独立解决；学生动笔思考解题.

【教师活动】实物投影学生作出的图形，并让学生简单口述解题过程.

【学生活动】知道 $M\left(\frac{3}{2},2\right)$，分类讨论：图 14 中 $\triangle APM\sim\triangle AOC$，$P\left(\frac{3}{2},0\right)$，图 15 中是 $\triangle AMP\sim\triangle AOC$，$P\left(-\frac{7}{6},0\right)$.

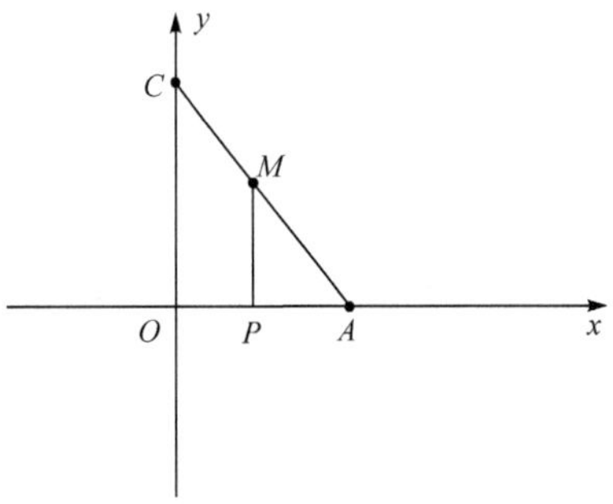

图 14

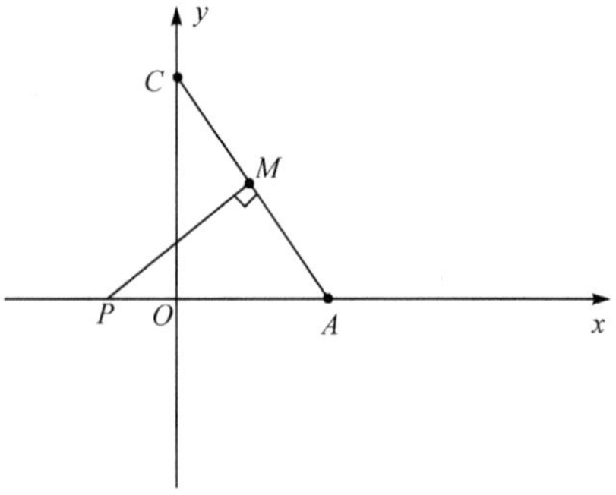

图 15

【问题】涉及分类讨论，此题的分类标准是什么？

【学生活动】以 $\angle MPA$ 为直角或者 $\angle AMP$ 为直角这两类来讨论.

【讲授】在解决与已知三角形相似的问题时，首先要明确未知三角形中确定的边角与已知三角形的对应情况.

【变式1】　如图16, 在平面直角坐标系中, C 点坐标为 $(0,4)$, A 是 x 轴正半轴上的一个动点, M 是线段 AC 的中点. 线段 AM 以 A 为旋转中心、向顺时针方向旋转 $90°$ 得到 AB. 过 B 作 x 轴的垂线交于点 E. 能否得到与点 A 在 x 轴正半轴上的位置无关的结论?

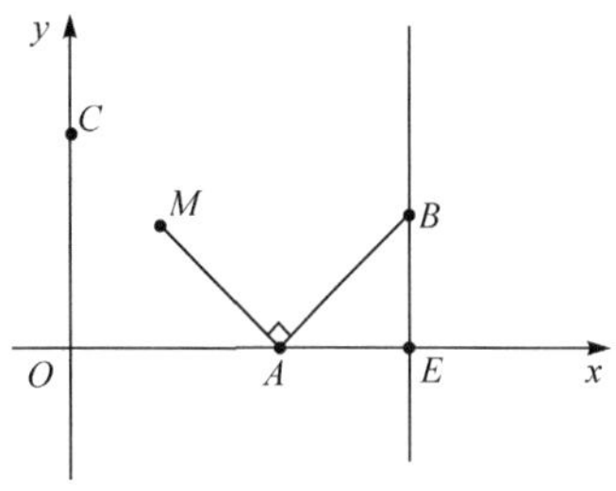

图16

【学生活动】四人小组讨论, 并把得到的结论写下来.

【教师活动】一一板书学生所得到的结论:

$$\triangle AOC \sim \triangle BEA, \quad \frac{CO}{AE} = \frac{AO}{BE} = \frac{AC}{AB} = 2, \quad AE = 2.$$

【讲授】在几何问题中寻找不变的结论, 可以从边也就是线段的数量和位置关系、角的数量关系、三角形的全等、相似等角度入手.

设计意图: 通过例题热身, 一方面帮助学生回顾学过的知识, 另一方面为下面所要介绍的内容做铺垫.

环节二: 举一反三, 感悟本质

【变式2】　如图17, 在平面直角坐标系中, C 点坐标为 $(0,4)$, A 是 x 轴正半轴上的一个动点, M 是线段 AC 的中点. 线段 AM 以 A 为旋转中心、向顺时针方向旋转 $90°$ 得到 AB. 过 B 作 x 轴的垂线交于点 E, 连接 BC, 再过点 C 作 y 轴的垂线, 与直线 BE 交于点 D, 设 A 点的横坐标为 t, 是否存在 t, 使得以 B, C, D 为顶点的三角形与 $\triangle AOC$ 相似? 若存在, 求此时 t 的值; 若不存在, 请说明理由.

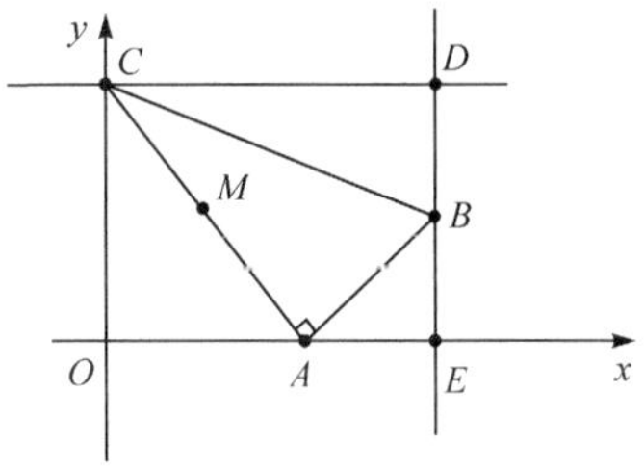

图17

【师生活动】教师引导学生求出 A 点的横坐标 t 的最常见的方法; 学生讨论根据对应线段成比例列方程.

【问题】根据"相似"列方程时, 需要注意哪些信息?

【学生活动】选定两对直角边对应相似后, 进行分类讨论.

【问题】对于这道题目还有别的思考吗?

【师生活动】教师拿出事先准备好的几何画板图, 动态演示给学生看; 学生发现遗漏了点 B 在点 D 上方的情况, 即没有关注自变量取值范围.

【学生活动】学生自行完成 $t > 8$ 的情况.

【教师活动】教师利用投影仪展示一位学生的解答过程.

设计意图: 将例题进行变式, 让学生进一步探究, 逐渐感受解与已知三角形相似问题的思路, 做到举一反三.

环节三: 反思回顾, 总结提炼

【问题】你能总结出解决与已知三角形相似问题的基本思路吗?

【师生活动】学生根据前面解题过程, 总结发言; 教师针对学生的发言, 逐步引导提示, 完善其发言.

【讲授】(1) 画(画出图形)——数形结合;

(2) 看——已知三角形(边和角的特点); 未知三角形(存在的确定的边或角);

(3) 分析——明确未知三角形中确定的边、角与已知三角形的对应情况, 讨论未知三角形中不定的边、角与已知三角形的对应情况(分类讨论);

(4) 求解(注意考虑自变量取值范围).

设计意图: 总结本节课所解决的主要问题及相应的求解方法步骤, 带领学生再次回顾探究过程, 利于学生掌握巩固知识.

(七) 作业布置

【必做题】

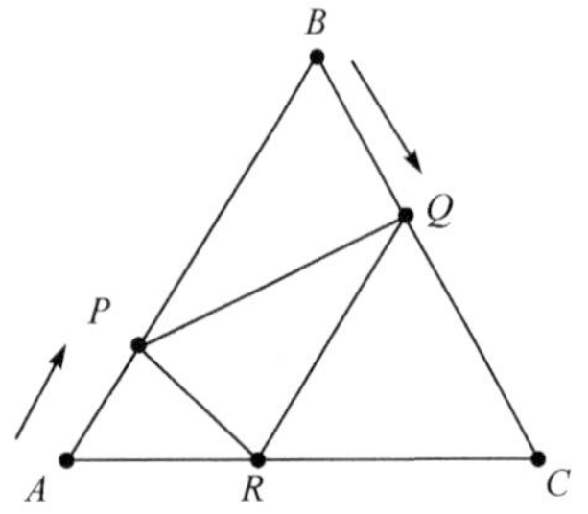

图 18

如图 18, $\triangle ABC$ 是边长为 6cm 的等边三角形, 动点 P, Q 同时从 A, B 两点出发, 分别沿 AB, BC 做匀速运动. 设运动时间为 t, P, Q 两点的速度分别为 1cm/s, 2cm/s, 当 Q 点到达 C 点时, P, Q 两点都停止运动.

(1) 当 $t=2$ 时, 判断 $\triangle BPQ$ 的形状, 并说明理由;

(2) 若作 $QR//BA$, 交 AC 于点 R, 连接 PR, 当 t 为多少时, $\triangle APR \sim \triangle PRQ$?

【选做题】

通过互联网搜索类似的题目, 解答并整理.

设计意图: 分层布置作业, 既可以帮助学生课后巩固学过的新知识, 也可以满足不同学生的学习能力要求.

(八) 板书设计

动点相似三角形问题复习

一、方法: 分类讨论 数形结合 二、步骤: 1. 画 2. 看 3. 分析 4. 求解	例题 变式 1 变式 2	机动区

七、“多边形的内角和” 教学设计

课型: 新授课　　课时: 一课时　　年级: 八年级

(一) 教材分析

本课时是上海科学技术出版社出版的“义务教育教科书”《数学 八年级 下册》(简称沪科版八年级下册)第 19 章“四边形” 这一章的起始课, 主要内容包括多边形的定义及其相关概念、多边形内角和公式等. 本课时的核心是多边形的概念, 内角和定理是其重要性质.

多边形是三角形的推广, 研究多边形是研究四边形和特殊四边形的基础. 三角形是多边形的一种, 可以借助三角形给出多边形的有关概念. 三角形是最简单的多边形, 可以将多边形分为若干个三角形, 利用三角形的性质研究多边形. 将多边形的内容与三角形的内容紧密联系, 有助于学生学习多边形的内容.

(二) 学情分析

八年级的学生有一定的探究、分析等逻辑思维能力, 能够在教师的引导之下, 类比三角形的研究经验, 对多边形的相关知识进行探究.

学生已经完整学过三角形及其相关内容, 对整体研究三角形的思路与方法有了一定的感性认识, 但没有经过系统梳理, 没有形成整体研究的思路和方法, 需要有经过梳理提炼形成"结构"的机会.

(三) 教学目标

【知识与技能】

(1) 了解多边形的定义以及相关概念(边、内角、外角和对角线);

(2) 探索并掌握多边形的内角和公式;

(3) 能类比三角形的研究经验, 提出多边形研究的整体思路和方法.

【过程与方法】

(1) 经历多边形内角和定理的发现过程, 体验把多边形问题转化为三角形问题来解决的转化思想和由特殊到一般的归纳方法, 并会用多边形内角和定理解决简单问题;

(2) 通过类比三角形, 研究多边形及其相关概念, 感受类比的数学思想.

【情感态度与价值观】

以类比三角形的研究经验研究多边形及其相关知识为载体, 培养几何研究思考问题的习惯, 渗透方法引领, 承载培育策略性知识的重要教育价值.

(四) 教学重难点

【重点】

类比三角形研究多边形及其相关概念, 整体建构几何图形的一般研究思路与方法.

【难点】

(1) 整体建构几何图形的一般研究思路与方法;

(2) 通过活动设计充分挖掘、显化并发挥数学思想的最大教育价值.

(五) 教学方法

【教法】

讲授法、讨论法、多媒体辅助教学法等.

【学法】

探究学习法、自主学习法、合作学习法等.

(六) 教学过程

环节一: 类比引入, 形成结构

【问题】我们学过了三角形及其相关内容, 它是怎么研究的?

【师生活动】学生自主思考, 举手回答; 教师总结补充.

定义研究三角形及其相关要素(顶点、边、内角、外角)的概念和三角形的分类(按角分为锐角三角形、直角三角形、钝角三角形)的概念.

性质研究三角形的相关要素: 边、角的规律, 如边的性质: 三角形两边之和大于第三边; 角的性质: 三角形的内角和等于180°, 三角形的外角和等于360°.

特例研究特殊三角形, 如边的特殊: 等腰三角形、等边三角形; 角的特殊: 直角三角形; 边角都特殊: 等腰直角三角形. 对于特例的研究一般遵循“定义—性质—判定”的研究思路.

【问题】日常生活中, 除了经常接触三角形外, 还有其他边数更多的图形, 如四边形、五边形、六边形等, 这类图形统称为什么?

【学生活动】多边形.

【教师活动】有必要研究这一内容.

设计意图: 帮助学生回顾研究三角形的基本思路: 定义—性质—特例, 同时引入本节课所要研究的内容.

环节二: 探究新知, 建构概念

1. 多边形定义的类比学习

【问题】什么叫多边形呢?

【师生活动】教师引导学生回到三角形的概念, 类比得出四边形的概念: 由四条不在同一直线上的线段首尾顺次相接组成的封闭图形叫做四边形.

【问题】对于四边形的这一描述正确吗?

【教师活动】教师用一个简单的活动增加学生的感性认识.

设计意图: 三角形的三个顶点确定一个平面, 所以三个顶点总是共面的, 也就是说三角形肯定是平面图形. 但边数大于 3 的多边形就不是这样, 它的几个顶点有不共面的情况.

【学生活动】类比得出多边形的概念: 在平面内, 由若干条不在同一直线上的线段首尾顺次相接组成的封闭图形叫做多边形.

2. 相关概念介绍

【问题】如图 19, 给出图形, 类比三角形指出下面多边形的各组成部分的名称.

边: 组成多边形的线段叫做多边形的边.

顶点：相邻两边的公共端点叫做多边形的顶点.

内角：相邻两边组成的角叫做多边形的内角，简称多边形的角.

外角：在顶点处，一边与另一边的延长线所组成的角叫做多边形的外角.

【问题】在多边形中还可以连接两个不相邻顶点的线段，是什么？

对角线：多边形中连接不相邻两个顶点的线段叫做多边形的对角线.

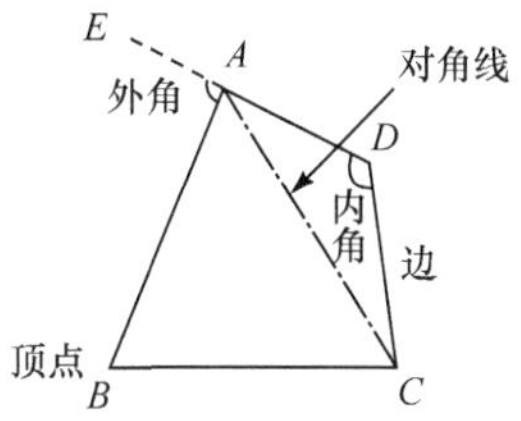

图 19

设计意图：多边形除对角线外的相关要素完全与三角形相同，可以让学生通过类比直接得出，将对角线与边对比得出，使学生更容易理解知识的联系与区别.

3. 介绍凸多边形

【问题】作一个四边形，并把作出的四边形与同学画的进行比较.

设计意图：一般学生画的四边形都是凸四边形，则可以提示还有另一种图形.

【问题】如图 20，双向延长任意一边，观察并归纳这两种四边形的特征.

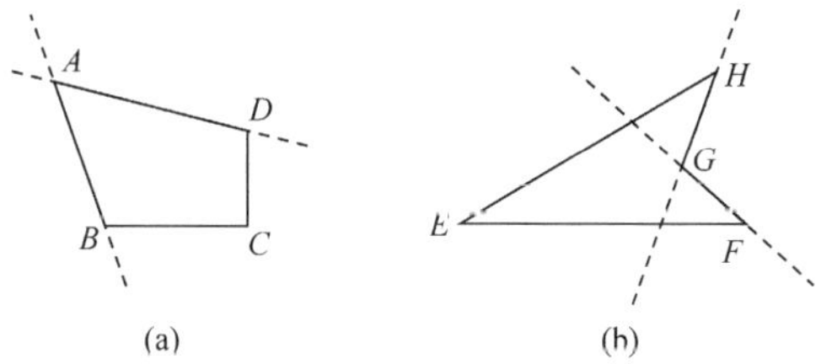

图 20

【师生活动】学生思考交流，举手发言；教师总结概括.

凸多边形：多边形的各条边都在任意一条边所在直线的同一侧.

环节三：深入探究，拓展新知

【问题】多边形有什么重要性质？

设计意图：根据三角形的研究，知道多边形的性质主要是指多边形的边、角的规律，多边形的边的性质比较复杂，所以重点研究角的性质(内角和、外角和).

【问题】三角形的内角和为180°，外角和为360°，那么多边形的内角和与外角和会有怎样的规律呢？

【问题】由于多边形有无数种，要研究其一般规律，那么要研究什么呢？

【学生活动】n 边形的内角和.

设计意图：从具体的数字到字母 n，这是符号意识培养的必然要求.

【问题】要探索 n 边形的内角和，你觉得可以怎样进行探索？

【教师活动】引导学生先来研究最简单的图形——四边形.

【学生活动】学生易于想到连接对角线来求四边形的内角和.

【师生活动】教师引导学生归纳将求四边形内角和的问题转化为求三角形内角和的问题，并求五边形的内角和.

【问题】对于更为一般的情况，n边形的内角和是多少？

【师生活动】教师引导学生归纳猜想n边形的内角和与边数的关系：

$$n\text{边形的内角和}=(n-2)\times180^\circ \quad (n\geqslant3).$$

设计意图：从特殊到一般，归纳猜想多边形内角和的规律，在问题中探究，在探究中发现.

环节四：例题讲解，学以致用

例 1 求十边形的内角和.

例 2 已知一个多边形的内角和为900°，这是一个几边形？

设计意图：设置相应的题目，学生先自主思考，教师再讲解，帮助学生应用和掌握新知.

环节五：课堂小结，自我提升

【问题】本节课主要学习了什么？

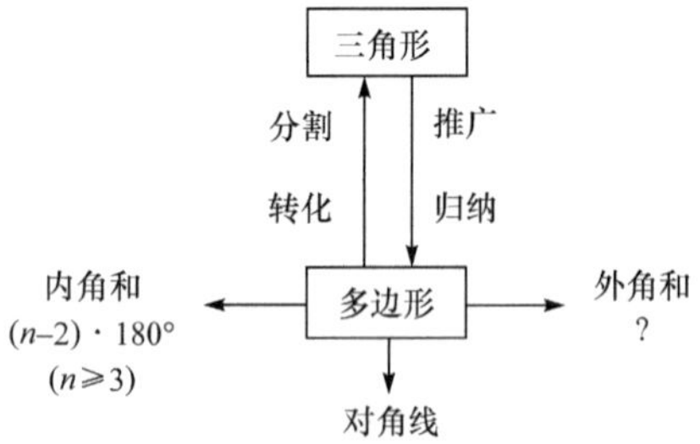

【问题】我们如何研究多边形呢？

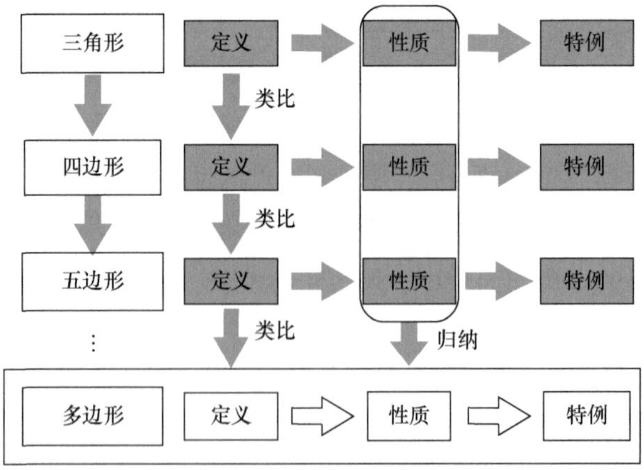

设计意图：采用学生先发言、教师后补充总结的方式，帮助学生再次回忆探究的过程，感受研究的基本思路.

(七) 作业布置

【必做题】

若n边形的内角和是$144n°$，求这个多边形的边数.

【选做题】

把一个正方形剪下一个角后，得到的多边形有几条边，内角和是多少？

设计意图：分层设置题目，既可以帮助学生课后及时复习巩固所学知识，也可以让学有余力的同学得到不同发展.

(八) 板书设计

多边形的内角和

一、概念 1. 多边形 2. 对角线 二、多边形的内角和 $(n-2)\times180°(n\geqslant3)$	例 1 例 2	机动区

八、"同底数幂的乘法"教学设计

课型：新授课　　　课时：一课时　　　年级：七年级

(一) 教材分析

本课时选自七年级下册第 3 章 3.1 节"同底数幂的乘法"，主要讲述了包括同底数幂的乘法法则及应用等内容. 本课时基础性强，同底数幂乘法法则的推导需要一定的推理能力，具有抽象性.

本课时在教材中具有承上启下的作用，一方面承接前面学过的有理数的乘法等内容；另一方面作为第三章"整式的乘除"的起始课，为后面学习单项式的乘法等内容作铺垫.

(二) 学情分析

七年级的学生正处于具体运算向抽象运算过渡的阶段，具有一定的分析能力，能够在教师的引导下，根据前面学习过的知识逐步推导、理解本节课的主要内容——同底数幂的乘法法则.

学生已经学习过有理数的乘法等知识，已较好掌握幂的运算，但是将幂的运算应用到法则的推导过程存在一定的困难，无法将两者很好地联系转换，需要教师运用教学机智，逐步引导.

(三) 教学目标

【知识与技能】

(1) 了解正整数指数幂的意义;

(2) 理解并掌握同底数幂的乘法法则;

(3) 会用同底数幂的乘法法则解决一些实际问题.

【过程与方法】

(1) 经历同底数幂的乘法法则的推导和应用的过程, 感受从特殊到一般、一般到特殊的认知规律;

(2) 在进一步体会幂的意义时, 发展推理能力和有条理的表达能力.

【情感态度与价值观】

通过观察、猜想、归纳、推理等数学规律发现的全过程, 感受证明的必要性, 体会言必有据的理性精神.

(四) 教学重难点

【重点】

同底数幂的乘法法则.

【难点】

同底数幂乘法法则的推导过程.

(五) 教学方法

【教法】

讲授法、讨论法、多媒体辅助教学法等.

【学法】

探究学习法、自主学习法、合作学习法等.

(六) 教学过程

环节一: 助学设计, 学习准备

【问题 1】我们已经学过数的哪些运算? 是怎样学习的?

【问题 2】请写出乘法结合律.

【问题 3】请根据乘方的意义填空:

(1) $(-2)^5=$__________; (2) $2^5=$__________; (3) $5^n=$__________.

【问题 4】一种电脑每秒可进行10^{14}次运算, 工作10^3秒可进行多少次运算?

【师生活动】学生自主思考, 回答问题; 教师提示补充.

【过渡】我们经常会碰到同底数幂的乘法运算问题, 这需要我们进一步的研究.

设计意图: 通过设置问题串, 帮助学生回忆与本节课相关的旧知, 为新知学习作铺垫, 帮助学生感受新知学习的背景, 激发学习兴趣和探究欲望.

环节二：教材助学，新知探究

1. 引出课题

【问题】回顾七年级上册第 4 章 4.6 节“整式的加减”，整式的内容学完了吗？如果没有学完，你认为还要学习什么内容？

设计意图：引导学生回顾整式的加减运算，类比数的运算及整式的乘法运算，既让学生充分理解数式通性，又让学生从数学知识的结构体系出发来研究拓展知识，有利于学生把握知识，理解数学知识的广泛的联系性.

【问题】如果要研究单项式和多项式的乘除运算，你觉得先研究哪个更好？为什么？

设计意图：对研究对象的选择，体现由易到难、由简入繁、由特殊到一般的研究方法.

【问题】解决两个单项式乘除的问题：① $a^4 \cdot a^3$；② $a^4 \div a^3$.

【师生活动】学生动笔尝试计算这两个问题；教师补充总结.

设计意图：对运用乘方意义的再次巩固，让学生体会利用乘方的意义，我们已经会进行同底数幂的乘除运算，只是这一运算还具有一般的规律，掌握了这一规律，可以让运算更简洁. 同时，这一设计也为了让学生感受学习的挑战性，提高学习的成就感.

【问题】许多同学的解答是：$10^{14} \times 10^3 = 10^{17}$，你是怎么思考的？

【学生活动】学生直接写出结果，大多能潜意识地用乘方的意义进行计算.

设计意图：通过设计这一问题引导学生显化这一思维过程，学会用符号表达特殊情况的推理过程，为后面的一般情况的证明奠定基础.

【问题】我们经常会碰到这样的运算问题，这种运算有何特征？

(1) $a^m \cdot a^n$ 是什么运算？

(2) a^m, a^n 是什么？

(3) 幂的底数和指数分别有何特征？

设计意图：分别从乘法运算、幂、底数相同 3 个方面引导学生概括所研究的运算的特征：同底数幂的乘法运算，提高学生的概括水平和表达能力.

2. 归纳猜想

【问题】根据乘方的意义计算：$2^5 \times 2^2 =$____；$a^3 \cdot a^2 =$____；$5^m \cdot 5^n =$____.

以上运算有何规律？请尝试写出你发现的规律.

【师生活动】学生先动笔计算，后思考交流规律；教师及时补充总结.

3. 验证猜想

【问题】你能推导这一规律的正确性吗？

请尝试说说推导过程中每一步的依据.

设计意图: 引导学生经历观察、操作、猜想、归纳、类比、推理等数学规律发现的全过程, 感受证明的必要性和言必有据的理性精神. 同时, 还能充分体现代数内容的学习也是培养推理能力.

【问题】阅读教材法则, 找出关键词, 你认为运用该法则的条件是什么?

设计意图: 指向数学学习习惯与学习方法的培养, 对于学生的数学学习能力的提升颇有益处.

环节三: 法则运用, 当堂巩固

例 1　计算下列各式, 结果用幂的形式表示.

(1) $7^8 \times 7^3$;　(2) $(-2)^8 \times (-2)^7$;　(3) $6^4 \times 6$;

(4) $x^3 \cdot x^5$;　(5) $3^2 \times (-3)^5$;　(6) $(a-b)^2 \cdot (a-b)^3$.

【学生活动】先动笔计算, 再核对答案.

设计意图: 培养学生正确的自学习惯, 同时也提示学生参考教材的书写规范.

【思考 1】各小题中幂的底数有什么不同?

【思考 2】第 5 小题能否直接运算, 教材是通过什么办法使之适用同底数幂的乘法法则的? 还有其他的解决办法吗?

【学生活动】可概括得出下面的结论.

(1) 法则中的底数, 既可以表示正数, 也可以表示负数; 既可以表示单项式, 也可以表示多项式.

(2) 运用同底数幂乘法法则计算时, 先观察底数是否相同, 如果不同底, 可转化为同底, 再运用法则进行计算.

设计意图: 引导学生进行必要的反思与归纳, 将解题的经历转化为思维活动的经验; 指导学生深入阅读、研究教材, 深化学生对教材和知识的理解.

例 2　我国"天河-1A"超级计算机的实测运算速度达到每秒 2.566 千万亿次. 如果按这个速度工作一整天, 那么它能运算多少次?

【教师活动】提示学生先思考下面问题, 再来求解.

(1) 你会计算 $(2\times 3^2)\times(5\times 3^4)$ 吗? 结果是多少? 运算的依据是什么?

(2) 工作总量=工作时间 × 工作效率; 例 2 中, 每秒 2.566 千万亿次相当于工作效率, 一天相当于什么? 所求结果相当于什么?

(3) 例 2 中的数据都是较大的数, 教材是怎么处理的?

设计意图: 教师通过以上 3 个思考题提示学生解决例 2: 问题(1)为例 2 的计算提供方法的参考; 问题(2)用工作效率模型来类比, 使学生更易于理解本题的数量关系; 问题(3)引导学生回顾用科学计数法表示较大的数. 这组问题充分考虑学生的困难, 明确给予学生通往"未知区"的支持.

环节四: 课堂小结, 自我提升

【问题】本节课学习了什么? 大家有什么收获?

【师生活动】学生自主发言, 交流讨论; 教师及时补充, 总结概括.

设计意图: 带领学生再一次回顾本节课的学习历程, 帮助学生巩固内容.

(七) 作业布置

【必做题】

(1) 教材 P61"做一做", "课内练习"第 1, 2 题;

(2) 教材 P61"作业题"第 1 题及 P62 第 2～4 题.

【选做题】

(1) 用幂的形式表示下列算式的结果: $(a+b)^2\cdot(b+a)^8$;

(2) 用科学计数法表示节前语中第 100 颗行星与地球的距离.

设计意图: 既帮助学生及时巩固掌握本节课的主要内容, 又让不同水平的学生在数学上得到不同的发展, 满足学生的需求.

(八) 板书设计

同底数幂的乘法

运算法则 1. 猜想 2. 验证 3. $a^m\cdot a^n=a^{m+n}$	例 1 例 2	机动区

九、"图形面积的函数问题" 教学设计

课型: 复习课　　课时: 一课时　　年级: 九年级

(一) 教材分析

"图形面积的函数问题" 是指在几何图形中, 通过图形的变换(轴对称、旋转、相似)构造不规则图形, 最后用函数关系表示面积的一类问题, 是中考的热点问题.

本课时涉及的问题综合性强、知识面广, 同时还包含分类讨论思想, 探索如何将归纳教学法应用于复习课, 以期探索更为高效的复习课教学模式, 为学生的复习提供方法上的支持和帮助.

(二) 学情分析

处于九年级复习阶段的学生, 已基本学完初中阶段所要求掌握的知识点, 同时具备一定的问题分析、探究等逻辑思维能力, 能够在教师的引导帮助下去解决图形面积的函数问题.

求图形面积问题、求函数的最值问题一直是不少学生的薄弱点, 同时在解题时涉及分类讨论, 学生可能存在分类不全、遗漏等问题, 这就需要教师运用教学机智, 设置相关问题, 逐步引导学生去求解.

(三) 教学目标

【知识与技能】

理解并掌握求图形面积的方法.

【过程与方法】

(1) 经历图形面积的探索过程, 体会从特殊到一般的数学思想, 体验分类讨论在数学解题中的作用;

(2) 通过数字字母化, 经历静态到动态的变化, 感受数形结合以及数学化的思想.

【情感态度与价值观】

以图形面积的函数问题为载体, 在问题中探究, 在探究中发现, 激发学生的数学学习兴趣, 增强数学学习自信心.

(四) 教学重难点

【重点】

解决图形面积的函数问题.

【难点】

求图形面积的方法.

(五) 教学方法

【教法】

讲授法、讨论法、多媒体辅助教学法、问题驱动法等.

【学法】

探究学习法、自主学习法、合作学习法等.

(六) 教学过程

环节一: 习题热身, 课堂引入

习题 1　如图 21, 二次函数 $y=(x-1)(x-3)$ 的顶点 A, x 轴的交点 B, y 轴的交点 C 构成一个三角形, 求 $\triangle ABC$ 的面积.

习题 2　如图 22, 矩形 $ABCD$ 中, $AB=6$, $BC=8$, P, Q 分别是 BC, AD 上的点, 且 $BP=DQ=x$, 作 $QE \parallel AB$. 设 $\triangle BPE$ 的面积为 S, 求 S 关于 x 的函数关系式.

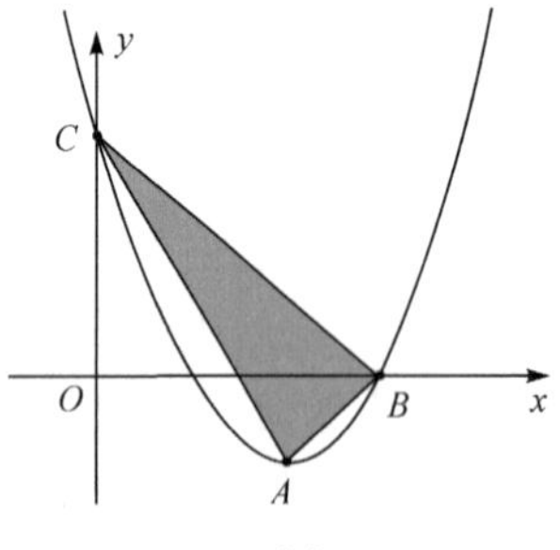

图 21

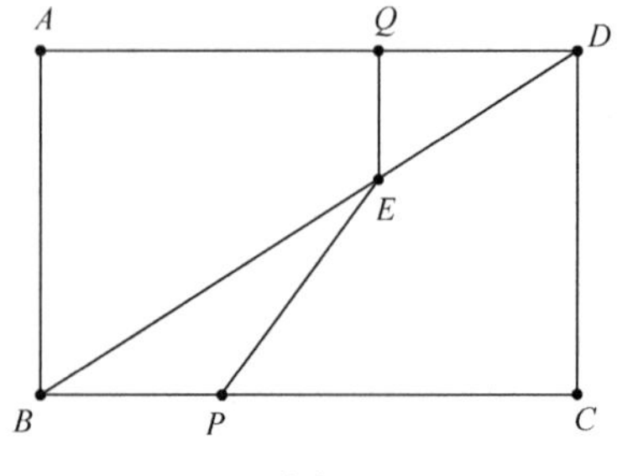

图 22

【师生活动】学生独立思考，尝试解决问题；教师观察学生求解方法，5 分钟后请学生讲作法.

方法一：割补法；方法二：公式法 $S=\frac{1}{2}ah$；方法三：等底同高法.

设计意图：通过习题帮助学生复习回忆解题方法，进入课堂状态，并且归纳求图形面积的方法.

环节二：例题精讲，知识探索

如图 23，在 $\triangle ABC$ 中，$AB=AC=2$，$\angle A=90^\circ$，P 为 BC 的中点，E，F 分别是线段 BA，AC 上的动点，使 $\angle EPF=45^\circ$.

(1) 求证：$\triangle BPE\sim\triangle CFP$；

(2) 设 $BE=x$，$\triangle PEF$ 的面积为 y，求 y 关于 x 的函数解析式，并写出 x 的取值范围；

(3) 当 x 为何值时，y 是否有最小值？最小值是多少？

【学生活动】第一问学生易证，独立完成，并由一名学生板书；第二问难度较大，思考后呈现其方法.

解法一：割补法；解法二：根据相似三角形的性质，面积比等于相似比的平方；解法三：公式法 $S=\frac{1}{2}ab\sin C$.

【教师活动】根据学生的求解过程，引导小结.

本题中所求图形是三角形，也是个规则图形，因此会考虑公式法、割补法、比例法三种解法.

设计意图：通过例题的精练精讲，使学生在教师的引领下扩大归纳图形面积的求解方法，同时思考如何恰当使用这些方法.

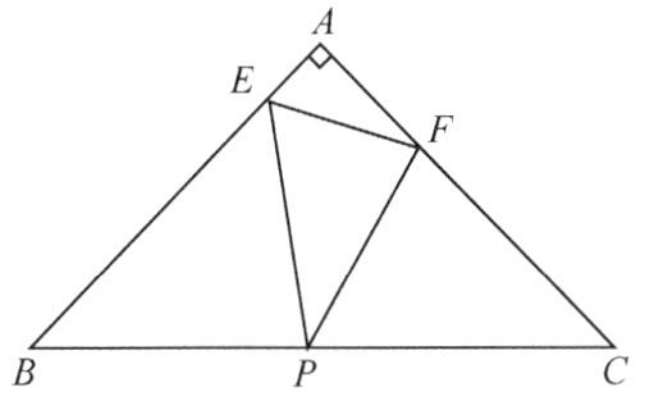

图 23

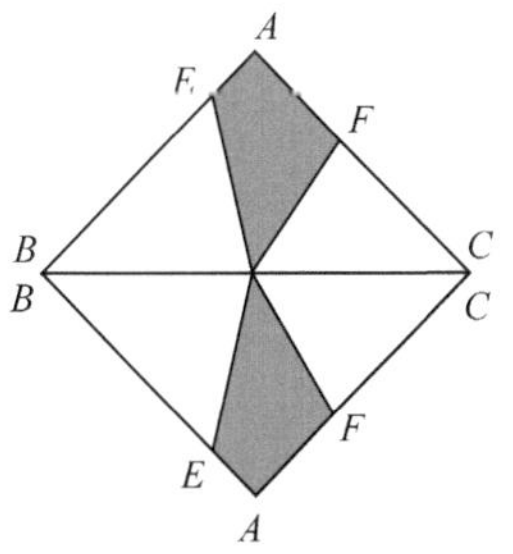

图 24

环节三：中考链接，当堂巩固

1. 中考链接

【师生活动】教师通过动态展示，让学生看到例题中的图形通过轴对称变换即变化得到 2013 年浙江省杭州市中考数学第 23 题(图 24).

2. 练习巩固

如图 25，在矩形 $ABCD$ 中，对称中点为 O 点，$AB=6$，$AD=8$，$AM\perp BD$，E 是线段 AB 上的动点，过点 E 作 $EF\parallel BD$，交 AD 于点 F，连接 EM，FM，图中两块阴影部分图形关于点 O 中心对称.

(1) 设 $AE=x$，阴影部分面积为 y，求 y 关于 x 的函数解析式，并写出 x 的取值范围；

(2) 当 x 为何值时，y 有最大值？最大值是多少？

(3) 当 x 为何值时，四边形 $FMHN$ 是菱形？四边形 $FMHN$ 是否可能为正方形，若能，求出 x 的值，若不能，说明理由.

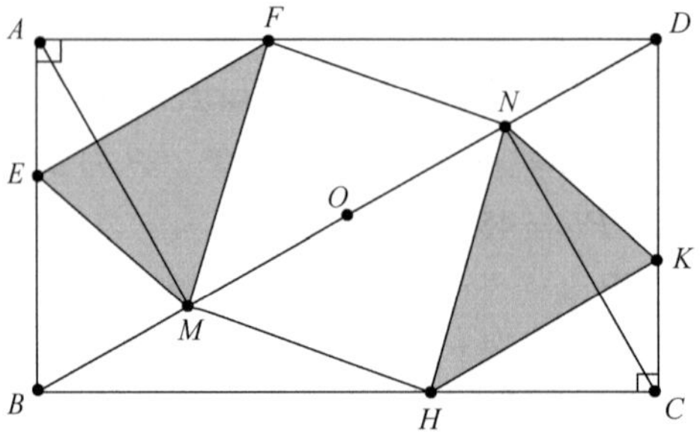

图 25

【师生活动】学生先自主思考，后交流讨论；教师先观察学生的解题方法，再挑选有代表性的解法，进行讲解.

设计意图：通过习题帮助学生再次巩固本节课的学习内容.

环节四：课堂小结，自我提升

【问题】本节课学习了什么？大家有什么收获？

【师生活动】学生自主发言，交流讨论；教师及时补充，总结概括.

设计意图：带领学生再一次回顾本节课的学习历程，帮助学生巩固.

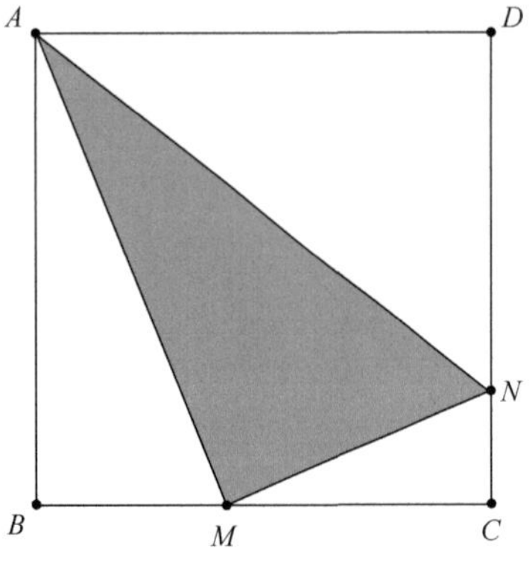

图 26

(七) 作业布置

【必做题】如图 26，已知正方形边长为 4，M，N 分别是 BC，CD 上的两个动点，当 M 点在 BC 上运动时，保持 AM 和 MN 垂直. 设 $BM=x$，$\triangle AMN$ 的面积为 y，求 y 与 x 之间的函数关系式.

【选做题】如图 27，已知正方形 $ABCD$ 的边长为 4，对称中心为点 P，点 F 为 BC 边上一个动点，点 E 在 AB 边上，且满足条件 $\angle EPF=45°$，图中两块阴影部分图形关于直线 AC 成轴对称，设它们的面积和为 S_1.

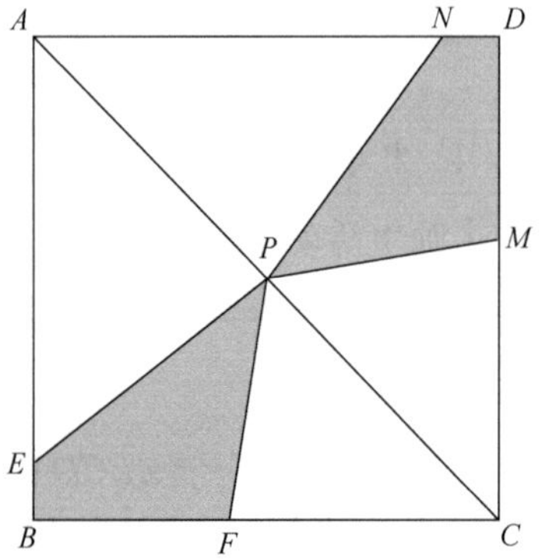

图 27

(1) 求证：$\angle APE=\angle CFP$；

(2) 设四边形 $CMPF$ 的面积为 S_2，$CF=x$，$y=\dfrac{S_1}{S_2}$.

① 求 y 关于 x 的函数解析式和自变量 x 的取值范

围, 并求出 y 的最大值;

② 当图中两块阴影部分图形关于点 P 成中心对称时, 求 y 的值.

设计意图: 既帮助学生及时巩固本节课的主要内容, 又让不同水平的学生在数学上得到不同程度的发展, 满足学生的需求.

(八) 板书设计

图形面积的函数问题		
求图形面积的方法 1. 割补法 2. 面积之比等于相似比的平方 3. 等底同高法 4. 公式法	习题 1 习题 2	机动区

案例二　说 课 案 例

一、说课基本概述

说课, 是当今教学改革的新课题, 是教学研究工作的新形式. 作为一名教师, 说课是必不可少的教学活动之一, 说课活动的开展, 受到了广大教师的关注与重视, 为教学研究工作注入了新的生机与活力, 相应地, 以说课为比赛形式的各种教师技能大赛也越来越多.

接下来, 就教师参加说课比赛应该注意哪些方面进行介绍.

(一) 什么是说课

说课比赛的好与坏, 首先取决于说课人对说课活动认识水平的高低, 所以要说好课, 必须从认识说课入手.

说课是指授课教师在一定场合就某一堂课向指定的对象陈述自己如何实施教学内容, 以及为什么要这样实施的活动. 其内容涉及教材内容的分析、教学目标的确定、教学对象的分析、教学策略的确定、教学过程的设计、教学效果的评价以及付诸实施行为的理论依据或个人看法.

说课是教学教研活动的重要组成部分, 它填补了教师"听课"和"理论学习"之间的空白, 因为它不需要有实体的教学环境(比如: 学生、教具等), 仅通过说课者的陈述来完成理论在实践过程中的应用, 所以"说课"活动经常被灵活运用于多种场合下的教研.

说课有两个明显的特点: 其一是重在交流, 这种交流是高效率的; 其二是重在分析, 这种分析不仅有教学理论上的分析, 而且还涵盖对课堂教学实际环境的分析. 根据说课时间和说课内容的实施时间的先后关系, 可以把说课划分为课前说课和课后说课(也就是"教后说").

(二) 说课要说些什么

1. *说教材*

1) 教材知识的地位分析

教材中的知识在《高中课程标准(2017 版)》(即新课程标准)中都有着不同层次的要求, 准确把握这些要求是成功课堂的标准之一, 教材知识在学生中考、高考中的地位和重要性决定了这些知识该以何种方式进行传授是最为恰当的、高效的, 知识挖掘得过深或过浅都是不当的. 所以分析教材知识的地位, 不仅仅要依照新课程标准, 还要紧密结合学生学习需求的实际情况来进行.

2) 说教学目标

教学目标是教学设计时该课教学所要达到的目标，对课堂教学活动起宏观控制作用，也是教学后续评价的重要依据. 说教学目标要注意以下几方面: ①注意目标的完整性，一般我们教学目标应包括知识与技能(知识目标)、过程与方法(能力目标)和情感态度与价值观三个方面的目标; ②注意目标的可行性，即教学目标要符合大纲的要求，切合学生实际; ③注意目标的可操作性，即目标要具体明确，能直接用来指导、评价和检查该课的教学工作，不要盲目目标，要考虑实际情况，尤其是情感态度与价值观方面.

3) 说教学重点、难点

教材关键就是教材中的重点，是教材着力叙述的部分. 教学重点是教学过程中需要着力讲解的部分，所以说课时一定要注意以重点为主，至少在时间的分配上，重点内容要占多数时间. 而难点是学生不容易理解和掌握的知识和方法，有时教材重点就是难点，有时教材重点不是难点，需要教师合理把握. 教学难点，一种是教材内容较深; 另一种是所学的数学概念太抽象，对于数学新学的抽象概念，学生缺乏足够的积累和理解，所以说课的时候就应该注意怎样去突破这一难点，比如利用多媒体去演绎突破等.

2. 说学情

在实际的教学过程中，不同的教师面对的学生群体会有所差异，这些差异主要体现在学生的知识储备、学习能力、课堂自我控制和配合能力、感悟和接受知识的能力、交流和合作能力等方面，所以对于同一知识内容，不同的教师有着不同的考量，在授课过程中就会有着不同策略和措施. 比如，同是对“对数函数性质”的新课进行教学，如果教师面对的是学业水平较高的学生，那么教师就可以充分进行自主探究学习和小组合作学习(新课程的特点)的形式，并且效果会比较好，这是因为这些学生具备相应的能力要求.

如果对于学习水平相对低的学生群体也采用这种策略，其效果将会大打折扣，主要有以下几个方面的考量.

(1) 学生学习能力的不足会导致在规定的时间内不能完成相应知识的学习或者说学习效果达不到教师的要求，甚至不少学生对于探究什么、如何进行探究都十分茫然.

(2) 学生课堂自我控制和配合能力较低就可能会导致自主学习不专心，出现教师“放” 得出、“收” 不回的场面(比如哄闹、嬉笑、难以平息情绪等情况).

(3) 学生表达交流能力较弱，可能严重影响小组间学习交流，出现效果不理想的情况.

(4) 由于学生学习效果不理想，生生互评或小组互评就会失去价值.

那么是不是面对这样的学生就不能采用新课程改革的理念了呢? 答案是否定的，因为新课程改革的理念不仅仅是自主学习和合作学习，教师还可以采用其他的形式(比如启发式、思维导图等)来凸现新课程中强调的过程性学习的要求.

所以学情分析不仅能够让老师认清教学对象的实际情况，进而采用合理的教学策略，获取良好的教学效果，而且还为说课活动中的评价者提供客观评价自己说课(包括策略的选择、教学流程的控制等方面)的真实环境.

3. 说教法和学法(即教学策略)

教法即针对教学内容、教学对象选用不同的教学方法，并说明其理论依据是什么，设计预期目的是什么. 教学过程中要尽量使用现代化的教学手段，但要忌讳使用过多，使得教学过程成为一个知识的展示过程，那就本末倒置了，因此要合理安排教法.

学法就是学生学习知识与技能的方法，主要包括观察、对比、实验探究、讨论总结等. 学法指导是教师在教学中指导学生学会学习方法，获得能力，达到学习效果.科学的学法指导，是智能发展目标得以实施的重要途径，可以从该课的知识培养目标、学生基础(包括知识基础与能力基础)与年龄特征、教法选择与教学手段等方面作出说明. 总之，新课程标准下的学法应该以学生主动学习、教师加以引导为主.

4. 说教学过程

说教学过程需要重点强调“为什么这样教”的道理，使听者既能知其然，又能知其所以然. 教学过程是一个正确处理教材、教法、学法三者关系，实现教学目标，完成教学任务的过程. 在这个过程中，要充分发挥教师的主导作用和学生的主体作用，因材施教，在教法上积极引导，帮助学生在学法上开窍，以促进学生由知识向能力的转化，由学会变为会学.

说教学过程可以从以下三方面展开.

(1) 说教学思路的设计及其依据. 教学思路主要包括各教学环节的次序安排及其内部结构，例如，怎么引入新课？新授内容分几个段落？各段落的教学分别是怎样进行？如何使用相关直观教具？如何提问和组织讨论？各教学环节之间如何过渡？如何小结？最后怎样结束？等等. 整个教学思路要层次分明，富有启发性，能体现教师的引导作用和学生的主体作用. 要逐点解释教学过程的设计依据，依据的解释要联系教法、学法、教学手段、学生的认识规律等方面.

(2) 说各教学环节的时间分配，并联系实际教材内容、学生基础和教学方法等说出依据.

(3) 说板书设计及其依据. 这点可视个人和课程情况具体而定，若板书比较多，可以适当阐述；若只是一些多媒体课件而没有什么板书，则可以省去.

5. 说教学评价或课后反思

说教学评价是针对“课前说课”，主要内容是如何落实教学目标，包括：怎样检测说课者这节课知识目标的落实情况；如何体现这节课的能力目标；通过什么途径检验情感目标.

说课后反思这个环节是针对“课后说课”的，在课后说课中，说课者通常会使用照片或者是课堂实录来展示或佐证课堂教学的各环节、突破重难点的教学活动以及教学效果, 但实际的课堂教学中, 很可能会出现与预期规划有差异情况(这也是事实), 那么在课后进行教学反思的意义就十分突出, 因为课后的教学反思不仅仅反映了课前教学规划上的部分不足或不当, 而且能通过课后的反思、交流, 实现对课堂教学的最大限度的优化, 深化说课的互相交流、互相学习的功能.

(三) 决定说课的其他重要因素

(1) 当说课者站在台上时, 要举止得体自然, 时刻保持良好的体态, 一个气宇轩昂的说课者自然就会吸引住评委的眼球. 同时, 自信和热情非常重要, 说课时要精神饱满、激情飞扬, 要使评委首先能感受到说课者对说课的决心与自信, 从而感染评委, 引起评委的共鸣.

(2) 说课者可以使用多媒体辅助说课, 有时在无形中能为自己加分, 但多媒体的使用要恰到好处, 切忌使用过多.

要说好一节课, 教师必须具备一定的教学业务能力和教育理论素养. 经常开展说课活动, 可以在教师中形成钻研教学业务、学习教育理论的浓厚气氛, 促使教师及时进行说课讨论、评价, 甚至可以边说边讨论边评价, 以达到共同提高之目的. 而要在说课的比赛中脱颖而出首先就要在平时对说课多加练习.

二、说课案例一 “数列的概念”

(一) 说教材

“数列的概念与简单表示法” 是人教A版高中数学必修5第二章2.1节的内容. 数列是安排在函数之后的内容, 数列是一个定义域为正整数集(或它的有限子集)的函数. 它在教材中起着承前启后的作用, 一方面, 可以加深学生对函数概念的认识, 使他们了解不仅可以有自变量连续变化的函数, 还可以有自变量离散变化的函数; 另一方面, 又可以从函数的观点直观地、动态地研究数列的一些问题, 以便能对数列性质的认识更深入一步, 也可以与集合的概念相比较, 来区分和加深对概念的理解. 数列还有着非常广泛的实际应用, 是提高学生数学能力的良好题材. 同时学好数列为合情推理、不完全归纳法等知识学习作好铺垫. 正因为如此, 数列部分是历年高考的重点, 是高中数学学习的重要内容之一.

作为一名数学教师, 不仅要传授学生数学知识, 更重要的是传授学生数学思想、数学意识, 因此本节课在教学中力图向学生展示观察、归纳、类比、联想等数学思想方法.

人教 A 版高中数学教科书与人民教育出版社出版的高中数学“全日制普通高级中学教科书”(简称人教老版高中数学教科书)关于数列的对比分析如下.

1. 内容定位上的变化

以往数列内容比较注重数列中各量之间关系的恒等变形. 本模块中, 对数列内容的处理突出了函数思想、数学模型思想以及离散与连续的关系, 强调它们的函数本质; 在探索等差、等比数列的通项公式与前 n 项和公式的过程中，重视对学生观察、猜想、归纳、类比、抽象和概括能力的培养；强调应用，通过解决诸如存款利息、购房贷款、资产折旧等计算问题，使学生进一步体会数学的应用价值.

2. 教材理念的变化

仔细研读人教老版高中数学教科书和几个版本的普通高中课程标准实验教科书，不难发现人教 A 版高中数学教科书对“数列”内容的呈现方式发生了一定的变化：①注重知识的形成过程. 如概念的呈现都是从一些实际例子开始，通过引导学生观察与概括其特点，建立相关的概念. ②强化用函数的观点呈现数列，如数列的表示法：解析法(通项公式、递推公式)、列表法、图象法，这些表示法都是与函数的表示法相一致的；再如用函数的观点研究数列的性质等. ③强调与社会生活的联系，强调提供内容的实际背景，强调现实情境，注重数列知识在解决现实生活问题中的应用. ④注重体现数学的文化价值，如教材中的一些例题、习题的编写素材都源于代数学和现代数学，有“斐波那契数列”“谢宾斯基三角形”等，使学生具一定的数学视野，逐步认识数学的科学价值、应用价值、文化价值.

(二) 说教学目标

根据上述教材结构与内容分析，考虑到学生已有的认知结构和心理特征，制定如下教学目标.

(1) 显性目标(知识与技能目标)：形成并掌握数列的概念，理解和初步掌握数列的通项公式，并通过数列与函数的比较加深对数列的认识.

(2) 隐性目标(过程与方法目标)：努力创设课堂愉悦情境，营造积极思考、大胆质疑的氛围，提高学习的兴趣和课堂效率；经历知识的构建过程，体会类比、归纳等数学思想.

(3) 情感态度与价值观：体会数学的美；体会研究数学问题的一种方法，激发学习热情，初步形成做数学的意识和科学精神.

(三) 说教学重点、难点

根据新课程标准，在吃透教材基础上，本节课作为本章内容的第一节课，是学生学习本章的基础. 为了本章后面知识的顺利学习，首先必须掌握数列的概念，数列的定义其实是一个描述性的定义，学生较难掌握，这是本节的重点；其次数列的通项公式是研究后面等差数列、等比数列的灵魂，所以学生理解数列的概念及掌握其通项公式是教学的重点. 由特殊到一般、由现象到本质，要学生从一个数列的前几项或相邻的几项来观察、归纳、类比、联想出数列的通项公式，学生必须通过自己的努力寻找出数列的通项 a_n 与项数 n 之间的关系，对学生的能力要求比较高，所以建立数列的通项公式是教学的难点. 教学的关键是教会学生克服难点，让学生学会观察数列前几项的特点，在观察和比较中或者利用图象揭示数列的变化规律.

下面，为了讲清重点、难点，达到本节设定的教学目标，将从学情、教法和学法上进行分析.

(四) 说学情

首先，教学设计要建立在了解学生的基础上，主要是对学生数学学习规律的了解，核心是了解学生的数学思维规律，只有深入了解学生的数学思维规律，才能知道应采取怎样的教学措施引导学生的数学思维活动，有的放矢地进行教学．所以要对学生进行如下分析．

学生对函数，包括一次函数、反比例函数、指数函数有较全面的把握和较深入的理解，同时也具备一定的从特殊到一般的归纳能力．学生经过中学三年的数学学习，已具备一定的推理能力，数学思维也逐步向理性层次跃进，但自主探究问题的能力普遍还不够理想，基础也较薄弱．本节课是学习数列的起始课，学生在学习中可能会遇到下列障碍．

(1) 对数列定义中的关键词“按一定次序”的理解有些模糊．

(2) 对数列与函数的关系认识不清．

(3) 对数列的表示，特别是通项公式 $a_n = f(n)$ 可以不唯一感到困惑．

(4) 由数列的前几项写不出数列的通项公式．

虽然学生的学习能力偏低，但我并没有迁就现状，而是一直追寻如何在课堂教学中降低抽象性，提高问题的直观性，努力寻求学生与数学对话的可能．为此，我有了如下的教法和学法设计．

(五) 说教法和学法

(1) 为激发学生学习数列的兴趣，体会数列知识在实际生活中的作用，可由实际问题引入，从中抽象出数列要研究的问题，使学生对所要研究的内容心中有数．

(2) 数列中蕴涵的函数思想是研究数列的指导思想，应及早引导学生发现数列与函数的关系．在教学中强调数列的项是按一定顺序排列的，“次序”便是函数的自变量，相同的数组成的数列，次序不同则就是不同的数列．函数表示法有列表法、图象法、解析式法，类似地，数列就有列举法、图示法、通项公式法．

(3) 由数列的通项公式写出数列的前几项是简单的代入法，这一例题可为写通项公式作一些准备，尤其是对数学掌握程度差的学生，可多举几个例子，让学生观察、归纳通项公式与各项的结构关系，尽量为写通项公式提供帮助．

(4) 由数列的前几项写出数列的一个通项公式是学生学习中的一个难点，要帮助学生分析各项中的结构特征，让学生依据前几项的规律，猜想该数列的下一项或下几项的值，以便寻求项与项数的关系．最后教师与学生共同归纳一些规律性的结论．

教学设计的核心是设计概括的过程．根据学生数学思维发展水平和认知规律，以及数学知识的发生过程设计课堂教学进程，考虑到学生已学过映射、函数的特点，需要着重就以下几个方面内容进行讲解：①数列的定义，通项公式；②画出数列的图象；

③把数列理解为一种特殊函数; ④归纳通项公式.

以问题引导学习, 尽量采用多种教学方式.

(1) 启发诱导式: 举实例让学生找规律, 得到数列的基本知识.

(2) 自主学习式: 根据数列的定义和前面所学的函数、集合关系, 由学生自己通过观察、类比、猜想、归纳的方法迁移到新情境中, 将新的知识内化到学生原有的认知结构中去.

(3) 问题解决式: 设计每一个探究问题的解答过程.

(4) 利用多媒体教学手段, 引入课题, 能激发学生学习兴趣, 增加数学人文色彩, 同时也阐述了数列来源于实际, 化抽象为具体, 增强动感与直观性, 同时也提高了教学效果和教学质量.

让学生经历概念的概括过程、思想方法的形成过程. 努力引导学生经历推广、特殊化等思维活动, 促使他们找到研究的问题, 形成研究的方法, 促使学生在建立知识内在联系的过程中领悟本质. 在教学过程中, 在关键点上要给学生提供发表自己见解的机会, 并让他们自己概括出数学的本质, 使他们始终保持一定的数学思维活动, 教学过程设计如下.

(六) 说教学过程

1. 趣味导入——上课伊始

现代版《西游记》中的猪八戒顺应时代变迁, 几年前做起了猪老板, 开始经营他的高老庄集团, 业绩如下所示(表 1、表 2、图 1 和图 2).

表 1　2013～2016 年高老庄集团产值

年份	2013	2014	2015	2016
产值/万元	50	100	150	200

表 2　2017 年 1～4 月高老庄集团产值

月份	1	2	3	4
产值/万元	24	12	8	6

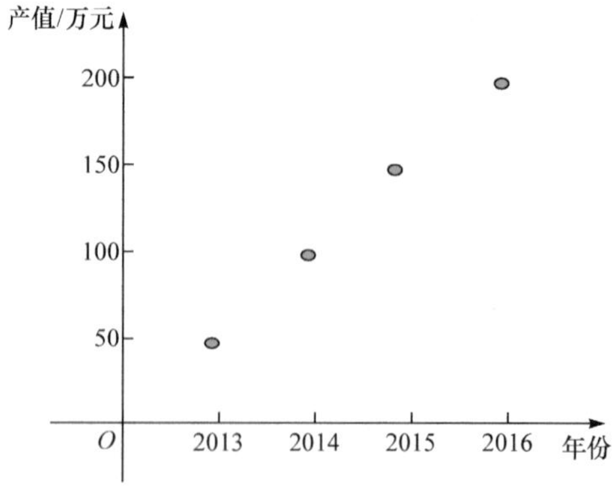

图 1　2013～2016 年高老庄集团产值图

由 2017 年 1～4 月高老庄集团产值图分析, 该集团出现了资金周转不灵的情况, 于是他向孙悟空借钱.

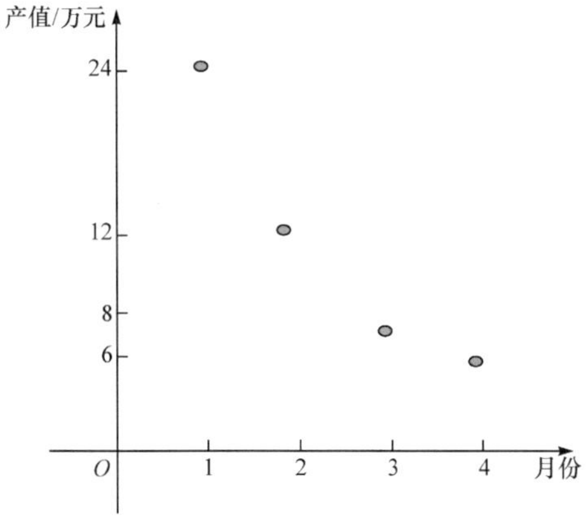

图 2 2017 年 1～4 月高老庄集团产值图

八戒: 我的集团资金周转不灵, 猴哥, 能不能帮我……

猴哥: No problem(没问题)! 第一天给你 1 万元, 每天给你投资比前一天多 1 万元, 连续一个月(30 天), 但有一个条件: 第一天返还 2 分, 第二天返还 4 分, 第三天返还 8 分, ……, 后一天返还数为前一天的 2 倍.

八戒想: 第一天出 2 分入 1 万元; 第二天出 4 分入 2 万元; 第三天出 8 分入 3 万元; ……; 哇, 发了……

但又一想, 不对啊, 这猴子没少欺负我, 这次会不会又在要我?

问: 那八戒到第 30 天的时候是不是也是赚了的呢(表 3)?

表 3

天数	1	2	3	…	30
八戒入/万元	1	2	3	…	?
八戒出/分	2	4	8	…	?

设计意图:

(1) 站在整章数列的角度上, 这个小故事虽是趣味引入, 但可贯穿整章内容. 在引出数列概念的同时, 也直接给出了等差、等比数列中两个典型的数列; 也可改变问题: "猪八戒真的赚了吗? 赚了多少? "于是就有等差和等比的求和公式; 最终猪八戒知道真的是亏大了后, 他就向银行借钱, 于是又可以联系数列的实际应用——贷款问题等. 总之, 它是 "先行组织者", 不仅架设了新旧知识之间的桥梁, 给学生后续学习提供了理想的 "固着点", 而且能帮助学生建立有意义学习的心向, 增强学生思维活动的目的性、自觉性和主动性, 切实地促进学生有效学习.

(2) 站在本节的立场上, 此例还提出了研究数列的两种基本方法: 列表法和图象法, 可以为后面启发学生寻找数列的通项公式作好铺垫. 同时也展现了我们以前学过的函数图象, 如一次函数、指数函数等. 提出了在新课程中我们学习数列一章时用函数来看数列的这一基本观点. 同时给出一个 "约定" (数列的定义), 简约表达.

(3) 与情感态度与价值观目标的联系: 激发学生学习数学兴趣, 树立学好数学的信心, 培养坚持不懈的 "取经" 精神和科学的态度. 这也是新课程目标之一.

2. 自然过渡——阅读思考

【情境 1】彗星每隔 83 年出现一次, 1740, 1823, 1906, 1989, 2072, …;

【情境 2】某种细胞分裂, 每个细胞每分钟分裂为 2 个, 那么每过 1 分钟, 1 个细胞分裂的个数依次为: 1, 2, 4, 8, 16, …;

【情境 3】一尺之棰, 日取其半, 万世不竭: 1, $\frac{1}{2},\frac{1}{4},\frac{1}{8},\frac{1}{16},\cdots$;

【情境 4】我国从第一次参加奥运会开始, 连续 6 届获得的金牌总数: 15, 5, 16, 16, 28, 32;

【情境 5】$\sqrt{2}$ 精确到 1, 0.1,0.01,…的不足近似值: 1, 1.4,1.41,1.414,…;

问: 你能举出一些数列的例子吗? 与集合有何区别? 猪八戒的高老庄集团的业绩是否也是数列?

设计意图:

(1) 长期以来, 我们的很多学生为什么对数学不感兴趣, 甚至害怕数学, 其中的一个重要因素就是认为数学离学生的实际生活太远了. 事实上, 数学学习应该与学生的生活融合起来, 从学生的生活经验和已有的知识背景出发, 让他们在生活中去发现数学、探究数学、认识并掌握数学.

(2) 在这些情境中, 有等差、等比数列, 有单调增、单调减、有限的、无限的、无规律数列, 在背景的设置上有天文的、科学的、古代的、现代的、数学的.

3. 一个约定——简约表达

由故事和情境中的几组数据给出了数列的定义, 它是按一定次序排列的一组数. 力求简约, 追求卓越, 是数学的一大魅力. 数学实际上很美, 只是我们缺少了审美的眼光! 有人说数学是无声的诗、立体的画, 然而数学更如同音乐般美丽, 可以说 “音乐是感性的数学, 数学乃理性的音乐”, 你听说过吗?

我们需要一双慧眼, 去努力发掘蕴涵数学之中的美——如图形美、结构美、简洁美、等等, 要学会处处体验数学的自然、简约与美好!

4. 悄然推进——点明重点

问: 那你当一回专家, 能否通过表 1、表 2 和图 1、图 2 来仔细研究猪八戒的高老庄集团的业绩的两组数列?

设计意图:

(1) 学生通过观察, 应较容易通过连线, 发现一些学过的一次函数和反比例函数, 求出函数解析式(图 3 和图 4).

(2) 通过 “形” (图象)研究数列, 指出数列是一种特殊的函数.

(3) 通过 “数” 也能找到数列之间的关系, 从而提出了高中重要数学思想方法之一: 数形结合.

(4) 通过问题的提出激发学生的数学思维，做到师生互动、生生互动，让他们用心去观察、去解决问题，培养学生的观察能力、逻辑思维能力、归纳分析能力等，同时也能使学生在积极的状态中接受新的知识，真正体会到数学之美.

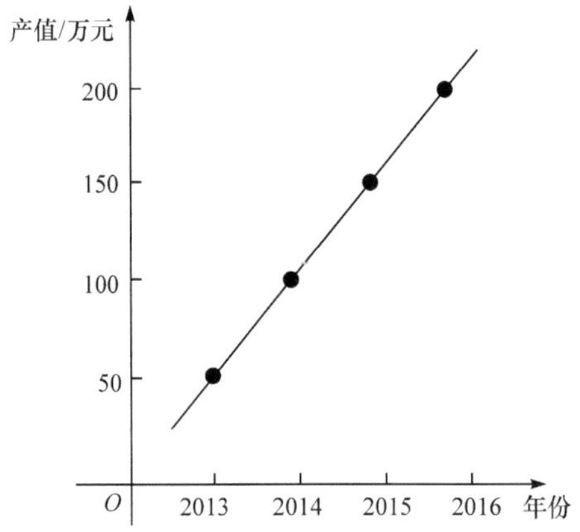

图 3　2013～2016 年高老庄集团产值图

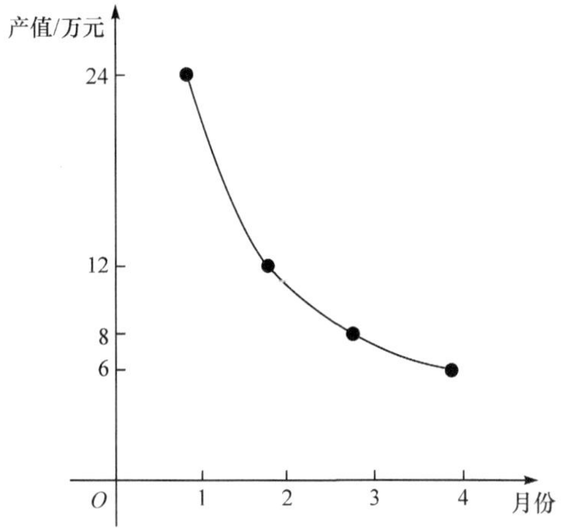

图 4　2017 年 1～4 月高老庄集团产值图

我们开拓了视野，原来数列跟函数有联系，函数学生早已熟知，在初中已经学过，于是就有了“年数”“月份”好比是函数的 x，“成绩”好比是函数的 y，那它们之间的关系就是函数解析式，但又不太同于函数，从图象上知道了数列是一个个孤立的点，是一种特殊的函数，从而给出新的定义：项、项数、通项公式.

设计意图(图 5)：

(1) 给出数列的相关概念：项、项数、通项公式.

(2) 数列是一个个孤立的点，数列是一种特殊的函数.

(3) 本节的难点之一，第 n 项 a_n 与序号 n 之间的对应关系，这是学生较难理解的. 通过对例题的分析与研究，得到求通项公式的两种方法：从表中(即对“数”研究)，从图象(即从“形”研究，只要求得出函数解析式，再把函数中的“x”换成“n”就可以了)(图 5)，尤其是分析数列的项和序号的关系进而得到通项公式. 让学生体会到从特殊到一般的认识规律，使学生深刻领悟到分析问题和解决问题的途径和一般方法.

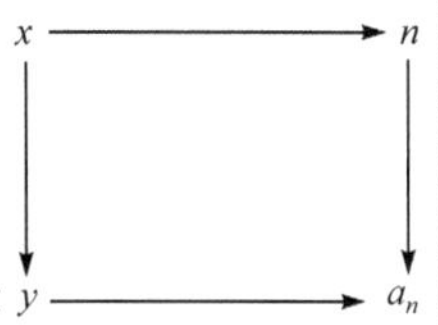

图5

5. *层层递进——最终结局*

【题组一】回到当初情境中的几组数，小组讨论找出它们的通项公式，并比较与例题的区别，有何特点？

(1) 1740, 1823, 1906, 1989, 2072，…；

(2) 1, 2, 4, 8, 16, …;

(3) $1,\frac{1}{2},\frac{1}{4},\frac{1}{8},\frac{1}{16},\cdots$;

(4) 15, 5, 16, 16, 28, 32;

(5) 1, 1.4,1.41,1.414,….

设计意图:

(1) 在例题基础上让学生自己分析, 按照获得的解题方法完成练习, 巩固知识, 培养观察、归纳等解题能力. 通过与刚学过的函数知识的对比, 培养学生的化归、类比思想, 加强知识的横向联系, 以达到巩固新知识、复习旧知识的目的.

(2) 充分让学生利用工具(表和图), 运用学过的知识进行实际操作, 体验成功.

(3) 引导学生理解数列的分类: 有穷数列、无穷数列, 单调递增数列、单调递减数列、摆动数列、常数列、没有通项公式的数列.

(4) 小组形式的合作研究学习也是新课程中充分强调的.

6. 回归应用——小试牛刀

【题组二】找出下列数列的通项公式.

(1) 1, 1, 1, 1, 1, 1, …;

(2) $1,2,2^2,2^3,2^4,\cdots$;

(3) 4, 5, 6, 7, 8, 9, 10, …;

(4) $1,\frac{1}{2},\frac{1}{3},\frac{1}{4},\frac{1}{5},\cdots$;

(5) −1, 1, −1, 1, −1, ….

设计意图:

(1) 趁热打铁, 在学生已有新知的基础上, 马上进行应用, 体验成功, 体验数学的简约与美好!

(2) 五个小题的设置, 有等差数列、等比数列、常数列、摆动数列的基本题型.

7. 深入思考——趣味引申

【思考题组一】

观察下面数列的特点, 用适当的数填空, 并写出该数列的一个通项公式.

(1) 1, (　　), 5, 7, 9, (　　), 13, …;

(2) (　　), $\frac{2^2-1}{2}$, $\frac{3^2-1}{3}$, (　　), $\frac{5^2-1}{5}$, …;

(3) $\frac{1}{1\times 2}$, (　　), $\frac{1}{3\times 4}$, $\frac{1}{4\times 5}$, (　　),…;

(4) 2, 0, 2, 0,….

设计意图：在找通项公式时应注意的问题，也是学生在具体操作时遇到的问题，需注意以下几点.

(1) 有些数列的通项公式在形式上不一定是唯一的. 如数列: 1, –1, 1, –1, 1, –1, … 的通项公式可写成 $a_n=(-1)^{n+1}$ 或 $a_n=(-1)^{n-1}$ 或 $a_n=\begin{cases}1, & n\text{为奇数}\\ -1, & n\text{为偶数}\end{cases}$ 等.

(2) 当一个数列出现 "+" "–" 相间时，应先把符号分离出来，用 $(-1)^n$ 或 $(-1)^{n+1}$ 等来控制.

(3) 有些数列的通项公式可以分子、分母分开来找通项公式.

【思考题组二】

(1) 谢宾斯基三角形.

(2) 斐波那契数列.

设计意图：数学是人类文化的重要组成部分，是打开科学大门的钥匙，是思维的工具，是一种思想方法并充满理性精神，因此，数学对于人类文化发展有着特殊意义. 在教学中，可以选取一些古今中外与数列有关的学习背景材料，让学生了解数学与人类社会发展之间的关系，体会数学的科学价值、应用价值、人文价值、美学价值，并在优秀文化的熏陶中，提高自身的文化素养和创新意识.

8. 回头望月——画龙点睛

回到最初的小故事，到第 30 天的时候，八戒出多少？入多少？赚了没？见表 4.

表 4

天数	1	2	3	…	30
八戒入/万元	1	2	3	…	30
八戒出/分	2	4	8	…	10737418.24

显然 10737418.24>300000.八戒到最后还是被猴哥要了.

起到画龙点睛，首尾呼应的作用.

由学生总结本节课所学习的主要内容:

(1) 本节课我们学习了哪些重要概念？(数列及其有关概念)

(2) 在本节课中我们学习的一个重要公式是什么公式？其作用是什么？(数列的通项公式，根据数列的通项公式求该数列的任意一项)

(3) 我们知道数列通项公式的重要性，那么今天学会哪些求法？(根据数列的一些相邻项求数列的通项公式)

(4) 数列与函数的关系如何？(数列是一种特殊的函数)

(5) 用顺口溜来总结:

函数族中特殊类，
数列列数能排队，
自然编号有座位，
队位一定要配对.

设计意图: 让学生通过知识性内容的小结, 把课堂教学传授的知识尽快化为学生的数学素养; 通过数学思想方法的小结, 使学生更深刻地理解数学思想方法在解题中的地位和应用, 并且逐渐培养学生良好的个性品质. 当然趣味故事也引申出学生的学习也是在不断地 “取经”, “路漫漫其修远兮, 吾将上下而求索”, 相信只要通过坚持不懈的努力, 勇敢克服各种困难, 必将获得知识的 “真经”.

9. 发散思维——引申拓展

求下列一列数的通项公式:

$$a_1=1,\quad a_2=0,\quad a_3=-\frac{1}{3},\quad a_4=-\frac{1}{2},\quad a_5=-\frac{3}{5},\quad a_6=-\frac{2}{3}$$

$\Rightarrow$

$$a_1=1=-\frac{-1}{1},\quad a_2=0=-\frac{0}{2},\quad a_3=-\frac{1}{3}=-\frac{1}{3},\quad a_4=-\frac{1}{2}=-\frac{2}{4},\quad a_5=-\frac{3}{5}=-\frac{3}{5},\quad a_6=-\frac{2}{3}=-\frac{4}{6}$$

$\Rightarrow$

$$\therefore a_n=-\frac{n-2}{n}$$

设计意图: 加深对本节课的概念和通项公式的理解与掌握.

10. 布置作业——课外演练

教材 P44 习题 2.1A 组习题 1, 2, 3, 4.

(七) 说板书设计

数列的概念		
一、定义 1. 数列 2. 项, 项数 3. 通项公式 4. 数列的分类	二、例题讲解 1. 题组一 2. 题组二	机动区

三、说课案例二 “等差数列前 n 项和”

(一) 说教材

【教学内容】

“等差数列前 n 项和” 是人教 A 版必修 5 第二章 2.3 节第一课时的内容, 主要是等差数列前 n 项和的推导过程和简单应用.

【地位与作用】

“等差数列前 n 项和” 的推导, 是在学生学习了等差数列通项公式的基础上来进一步研究等差数列的, 其学习平台是学生已掌握等差数列的性质以及高斯求和法等相关知识. 本节的研究, 为以后学习数列求和提供了一种重要的思想方法——倒序相加求和法, 具有承上启下的重要作用.

(二) 说教学目标

依据教学大纲的教学要求, 渗透新课程标准理念, 并结合以上学情分析, 制定如下教学目标.

【知识技能】

(1) 掌握等差数列前 n 项和公式;

(2) 掌握等差数列前 n 项和公式的推导过程;

(3) 会简单运用等差数列的前 n 项和公式.

【数学思考】

(1) 通过对等差数列前 n 项和公式的推导过程, 渗透倒序相加求和的数学方法;

(2) 通过公式的运用, 体会方程的思想;

(3) 通过运用公式的过程, 提高类比化归、数形结合的能力.

【问题解决】

创设由探索 1+2+3+⋯+100 的和, 推广到探索一般的等差数列前 n 项和 $S_n = a_1 + a_2 + a_3 + \cdots + a_n$ 的求和公式的情境, 进一步体会从特殊到一般的数学研究方法, 并在反馈练习的过程中, 进一步提高问题解决的能力.

【情感态度与价值观】

结合具体模型, 将教材知识和实际生活联系起来, 感受数学的实用性, 有效激发学习兴趣, 并通过对等差数列求和历史的了解, 渗透数学史和数学文化.

(三) 说教学重点、难点

【重点】

等差数列前 n 项和公式的推导和应用.

【难点】

等差数列前 n 项和公式的推导过程中渗透倒序相加的思想方法.

【重点、难点解决的方法策略】

本课在设计上采用了由特殊到一般、从具体到抽象的教学策略. 利用数形结合、类比归纳的思想, 层层深入, 通过学生自主探究, 分析、整理出推导公式的不同思路, 同时, 借助多媒体的直观演示, 帮助学生理解, 并通过范例后的变式训练和教师的点拨引导, 做到师生互动、讲练结合, 从而突出重点、突破教学难点.

(四) 说学情

【知识基础】

高一年级学生已掌握了函数、数列等有关基础知识, 并且在初中已了解特殊的数列求和.

【认知水平与能力】

高一学生已初步具有抽象逻辑思维能力, 能在教师的引导下独立地解决问题.

【任教班级学生特点】

学生基础知识较扎实、思维较活跃, 能够很好地掌握教材里的内容, 能较好地应用数形结合的方法解决问题, 但处理抽象问题的能力还有待进一步提高.

(五) 说教法和学法

本课采用“探究—发现”的教学模式.

教师的教法突出活动的组织设计与方法的引导.

学生的学法突出探究、发现与交流.

(六) 说教学设计

结合教材知识内容和教学目标, 本课的教学环节及时间分配如图 6 所示.

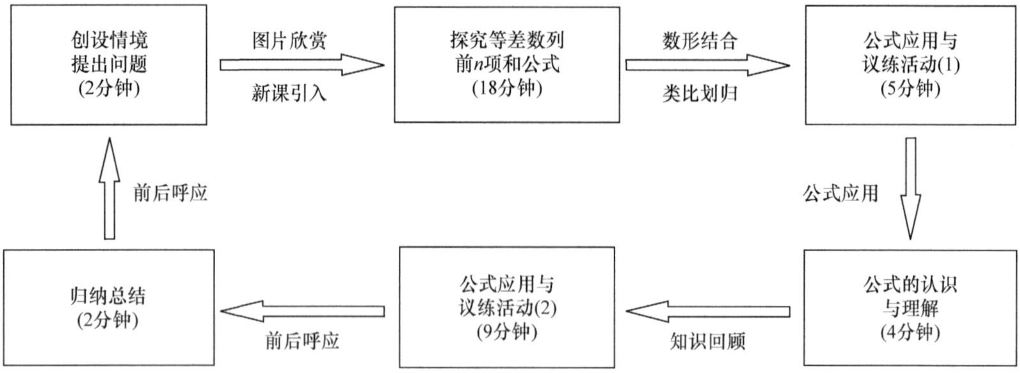

图 6　本课教学环节及时间分配图

(七) 说教学过程

教学环节	教师活动	学生活动	活动说明
新课引入	创设情境：首先让学生欣赏一幅美丽的图片——泰姬陵. 泰姬陵是印度著名的旅游景点，传说中陵寝中有一个金字塔形的图案，嵌有大小相同的宝石，共有 100 层，同时提出第一个问题，问题 1：你能计算出这个图案一共花了多少颗宝石吗？也即计算 1+2+3+…+100=? 问题 2：何老师按揭买房,向银行贷款 25 万元，采取等额本金的还款方式，即每月还款额比上月减少一定的数额. 2007 年 1 月，何老师第一次向银行还款 2348 元，以后每月比上月的还款额减少 5 元，若以 2007 年 1 月银行贷款利率为基准利率，那么到 2026 年 12 月最后一次还款为止，何老师连本带利一共还款多少万元？	 现实模型： (1) 图片欣赏 (2) 生活实例	模型直观，用实际生活引入新课.
探索公式	首先认识一位伟大的数学家——高斯，然后提出问题：高斯是如何快速计算 1+2+3+4+…+100 的？ 设等差数列{ a_n }前 n 项和为 S_n，则 $$S_n=a_1+a_2+\cdots+a_{n-1}+a_n.$$ 问题 1： 老师：利用高斯算法如何求等差数列的前 n 项和公式？ 老师：但是否刚好配对成功呢？ (1) n 为偶数时， $$S_n=a_1+\cdots+a_{\frac{n}{2}}+a_{\frac{n}{2}+1}+\cdots+a_n$$ $\therefore S_n=\frac{n}{2}(a_1+a_n)$. (2) n 为奇数时， $$S_n=a_1+\cdots+a_{\frac{n+1}{2}-1}+a_{\frac{n+1}{2}}+a_{\frac{n+1}{2}+1}+\cdots+a_n$$ 老师：那么该如何解决落单的 $a_{\frac{n+1}{2}}$ 呢？ $$S_n=\frac{n-1}{2}(a_1+a_n)+a_{\frac{n+1}{2}}$$ $$=\frac{n-1}{2}(a_1+a_n)+\frac{a_{\frac{n+1}{2}}+a_{\frac{n+1}{2}}}{2}$$ $$=\frac{n}{2}(a_1+a_n).$$ 通过对 n 取值的讨论，得到了前 n 项和求和公式： $$S_n=\frac{n}{2}(a_1+a_n).$$ 但是对 n 讨论太麻烦了，能否有更好的方法求前 n 项和公式呢？接下来给出实际问题：伐木工人是如何快速计算堆放在木场的木头根数呢？	学生：1+100=101，2+99=101，…，50+51=101，所以原式=50×(1+101)=5050. 学生：将首末两项配对，第二项与倒数第二项配对，以此类推，每一对的和都相等，并且都等于 a_1+a_n. 学生：不一定，需要对 n 取值的奇偶进行讨论. 当 n 为偶数时刚好配对成功. 当 n 为奇数时，中间的一项 $a_{\frac{n+1}{2}}$ 落单了. (可能部分学生在此会遇到困难，老师做适当的引导) 学生：观察 $a_{\frac{n+1}{2}}$ 的脚标与 a_1+a_n 脚标的关系，即 $$a_{\frac{n+1}{2}}=\frac{a_{\frac{n+1}{2}}+a_{\frac{n+1}{2}}}{2}=\frac{a_1+a_n}{2}.$$ 学生观察动画演示，不难发现用倒置的思想来解决此问题.	高斯求和众所周知，学生能快速解答. 这里用到了等差数列脚标和的性质,从高斯算法出发，对 n 进行讨论寻找求和公式，思路自然，学生容易想到. 在中间项 $a_{\frac{n+1}{2}}$ 的解决办法的过程中，进一步让学生体会研究数列就是对脚标数学的研究.

续表

教学环节	教师活动	学生活动	活动说明
议练活动	问题 2: 如何用倒置的思想求等差数列前 n 项和呢? 方法一: $S_n = a_1 + a_2 + \cdots + a_{n-1} + a_n$ ↕ ↕ ↕ ↕ $S_n = a_n + a_{n-1} + \cdots + a_2 + a_1$ 两式相加得 $2S_n = n(a_1 + a_n)$, $\therefore S_n = \frac{n}{2}(a_1 + a_n)$. 方法二: 同样利用倒序相加求和法, 教材做了如下处理: $S_n = a_1 + (a_1 + d) + \cdots + [a_1 + (n-1)d]$ ↕ ↕ ↕ $S_n = a_n + (a_n - d) + \cdots + [a_n - (n-1)d]$ 两式相加得: $2S_n = n(a_1 + a_n)$. 公式1 $S_n = \frac{n}{2}(a_1 + a_n)$ 引导学生代入等差数列的通项公式, 整理得到公式 2. 公式2 $S_n = na_1 + \frac{n(n-1)}{2}d$	(由上一问题的解决方法, 学生容易想到倒序相加求和法) 学生: 利用倒序相加求和法. 将 S_n 中的每一项用等差数列的通项公式进行巧妙的改写, 在倒序相加求和时, 每一组中的 d 都被正负抵消了. 学生类比方法一与方法二的联系与区别.	倒序相加求和法是重要的数学思想, 为以后数列求和的学习做好了铺垫. 在等差数列前 n 项和公式的推导过程中, 通过问题获得知识, 让学生经历"发现问题—提出问题—解决问题"的过程.
认识公式	例 1 计算 (1) $1+2+3+\cdots+n$; (2) $1+3+5+\cdots+(2n-1)$; (3) $2+4+6+\cdots+2n$; (4) $1-2+3-4+5-6+\cdots+(2n-1)-2n$. 教师通过动画演示给(1),(2)问一个直观的解释. 变式练习: 课前提出的房贷问题. 解:由已知每月还款数成等差数列,设为 $\{a_n\}: a_1 = 2348, d = -5, n = 240$, $\therefore S_n = na_1 + \frac{n(n+1)}{2}d$ $= 240 \times 2348 + \frac{240 \times 239}{2} \times (-5)$ $= 420120$(元).	学生自己阅读教材, 体会教材的解法是如何运用求和公式. 观察多媒体课件演示. 学生: 要求总还款额实际就是对一个等差数列求和.	通过对实际问题的解决, 让学生认识到数学来源于生活, 同时又服务于生活.
议练活动	问题 3: 能否给求和公式一个几何解释呢? 教师提示: 将求和公式与梯形面积公式建立联系. 公式1 $S_n = \frac{n(a_1 + a_n)}{2}$ 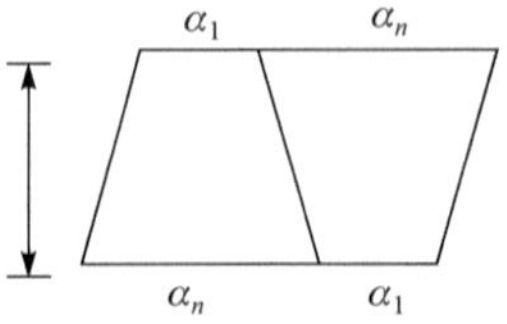	学生: 将求和公式与梯形面积公式建立联系, 而梯形面积公式的推导也正是利用了倒置的思想.	

续表

教学环节	教师活动	学生活动	活动说明
课堂点结	公式2 $S_n=na_1+\frac{n(n-1)}{2}d$ 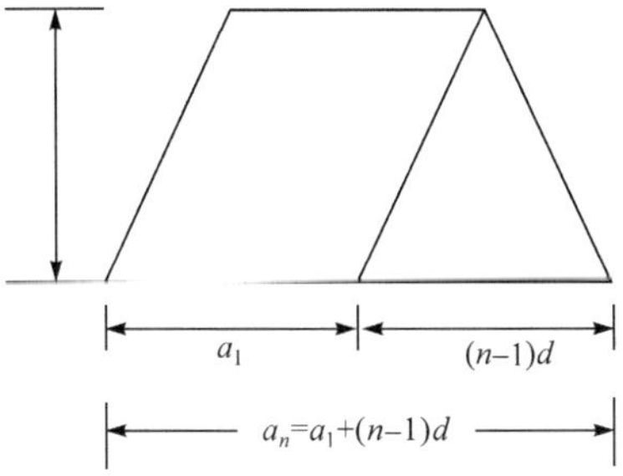 剖析公式 公式1 $S_n=\frac{n(a_1+a_n)}{2}$ 公式2 $S_n=na_1+\frac{n(n-1)}{2}d$ 通项公式 $a_n=a_1+(n-1)d$ 教师提示：从方程中量的关系入手. 例 2 等差数列−10, −6, −2, 2, ⋯，前多少项的和为 54? 解：设题中的等差数列是 $\{a_n\}$，前 n 项和为 S_n. 则 $a_1=-10$, $d=-6-(-10)=4$. 令 $S_n=54$, 由等差数列前 n 项和公式，得 $$-10n+\frac{n(n-1)}{2}\times 4=54.$$ 解得 $n_1=9$, $n_2=-3$(舍去). 因此,等差数列的前 9 项和是 54. 例 3 在等差数列 $\{a_n\}$ 中， (1) 已知：$a_2+a_5+a_{12}+a_{15}=36$, 求 S_{16}; (2) 已知：$a_6=20$, 求 S_{11}. 解: (1) $\because a_2+a_{15}=a_5+a_{12}=a_1+a_{16}$, $\therefore a_1+a_{16}=a_2+a_{15}=18$, $\therefore S_{16}=\frac{16(a_1+a_{16})}{2}=144$. (2) $S_{11}=\frac{(a_1+a_{11})\times 11}{2}=\frac{2a_6\times 11}{2}=220$. 本小题主要考察了对公式 1 的整体应用. 根据课堂剩余时间，本题作为机动练习, (2)留给学生课后完成.	学生：同样将公式 2 与梯形面积公式建立联系. 用“割”的思想将梯形分作一个平行四边形和一个三角形，而梯形面积就是这两部分面积之和. 学生讨论：公式中一共含有五个量，根据三个公式之间的联系，由方程的思想，知三可求二. 学生讨论：分析题目所含的已知量，选取了公式 2 进行运算，利用了方程的思想. 需要注意的是学生可能会把公差认为是−4，以及解得 n 的值后未把 $n=-3$ 舍去. 学生进行了分组讨论，然后每组派学生代表进行分析. 不少小组首先对已知条件作转化，希望能通过解方程求出首项和公差，但发现条件不够，不能解出这些基本量，教师做适当的引导.	利用数形结合的思想，使学生对两个公式有直观的认识，体会数学的图形语言. 例 2 在解决了例 1 的基础上，由浅入深，深化了对公式的理解，体现了方程的思想. 紧扣教材，让学生体会整体应用公式，类比划归的思想方法，同时，为以后综合问题的解答设下伏笔.

续表

教学环节	教师活动	学生活动	活动说明
课堂总结	1. 教师引导学生归纳总结本节课所学习的主要内容. 2. 课后作业: 教材 P46 习题 A 组第 1, 2, 3 ,5, 6 题 课后思考: 等差数列的前 n 项和的求和方法除了倒序相加法还有没有其他方法呢? 3. 对求和史的了解: 我国数列求和的概念起源很早, 在北朝时, 张丘建始创等差数列求和解法. 他在《张丘建算经》中给出等差数列求和问题. 例如: 今有女子不善织布, 每天所织的布以同数递减, 初日织五尺, 末一日织一尺, 共织三十日, 问共织几何? 解法是, 并初、末日织布数, 半之再乘以织日数, 即得.	本环节由学生自主归纳、总结本节课所学习的主要内容, 教师加以补充说明: (1) 回顾从特殊到一般、一般到特殊的研究方法. (2) 体会等差数列的基本元表示方法, 倒序相加的算法及数形结合的数学思想. (3) 掌握等差数列的两个求和公式及简单应用. 了解我国古代研究等差数列求和的情况.	通过对等差数列求和历史的了解, 渗透数学史和数学文化.

(八) 说板书设计

等差数列前 n 项和

一、等差数列前 n 项和 二、公式的推导 方法一: 方法二: 方法三: 三、剖析公式 公式 1: 公式 2: (主板书)	四、例题与解答 (副板书)	议练活动 (辅助性板书)

(九) 说课后反思

根据教学经历和学生的反馈信息, 本课有如下五点反思.

(1) 根据实际教学情况, 学生比较容易掌握本课知识. 在教学过程中, 重点突出学生活动, 并设计以下四个活动环节: ①公式的探究活动; ②公式的认识; ③公式的应用; ④学生课后的拓展学习.

(2) 本课特别强调了几何直观, 不仅要对求和公式给出几何解释, 而且也要对部分习题给出几何解释, 体现了数形结合的思想方法.

(3) 由于高斯求和法众所周知, 虽然对我国古代研究数列求和的情况进行补充, 但由于时间关系不能展开讲解, 所以如何在课后引导学生进行了解是一个值得研究的问题.

(4) 本节课充分利用了多媒体技术的强大功能, 把现代信息技术作为学生学习数学和解决问题的强有力工具, 使学生更愿意投入到现实的、探索性的教学活动中去.

(5) 目标达成.

本课注重在课堂教学活动中实现目标, 见图 7.

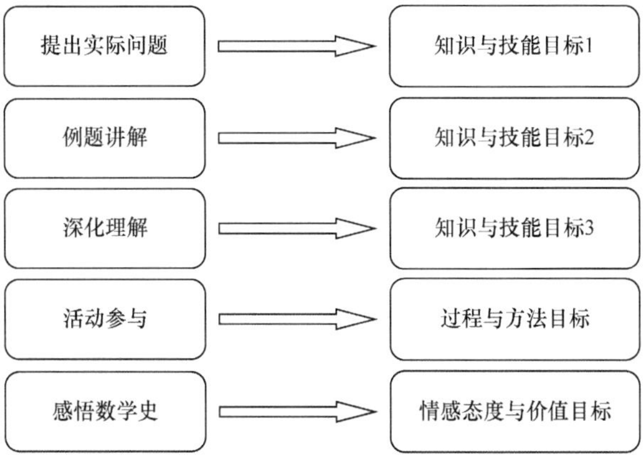

图 7 目标达成结构图

四、说课案例三 “合情推理”

(一) 说教材

【教材的地位和作用】

“合情推理”选自人教 A 版高中数学选修 2-2 第二章“推理与证明”第一节的内容. 推理与证明思想贯穿于高中数学的整个知识体系, 但是作为一章内容出现在高中数学教材中尚属首次. “推理与证明” 是新课程标准教材的亮点之一, 本章内容将归纳与推理的一般方法进行了必要的总结和归纳, 同时也对后继知识的学习起到引领的作用.

教材的设计还原了数学的本源、本质, 是对 “观察发现、归纳类比、抽象概括、演绎证明” 等数学思维方法的总结与归纳, 使已学过的数学知识和思想方法系统化、明晰化, 紧密地结合了已学过的数学实例和生活实例, 避免空泛地讲数学思想方法, 以变分散为集中、变隐性为显性的方式学习了推理和证明, 是知识、方法、思维和情感的融合与促进, 能让学生充分体会数学的发生、发展过程.

【课时划分】

“合情推理” 的教学分两个课时完成: 第一课时内容为归纳推理; 第二课时内容为类比推理. 这里只对第一课时内容进行说课.

(二) 说教学目标

【知识与技能】

理解归纳推理的概念, 了解归纳推理的作用, 掌握归纳推理的一般步骤, 会利用其进行一些简单的归纳推理.

【过程与方法】

学生通过积极主动地参与课堂活动, 经历归纳推理概念的获得过程, 了解归纳推理的含义; 通过欣赏一些伟大猜想的产生过程, 体会并认识利用归纳推理能猜测和发现一些新事实、得出新结论的作用, 并明确归纳推理的一般步骤; 通过具体解题, 感受归纳推理对探索和提供解决问题的思路和方向的作用；通过自主学习归纳推理的一般方法，建构归纳推理的思维方式.

【情感态度与价值观】

学生通过主动探究、合作学习、相互交流，培养不怕困难、勇于探索的优良作风，增强数学应用意识；通过体会成功，形成学习数学知识、了解数学文化的积极态度.

(三) 说教学重点、难点

【重点】

归纳推理的含义与作用.

【难点】

利用归纳法进行简单的合情推理.

(四) 说教法与学法

【教学方法】

启发发现法、课堂讨论法.

【教具】

多媒体、粉笔、黑板、直尺、三角板.

【理论根据】

启发发现法就是利用归纳法基本步骤开展教学，即在教学过程中利用合适的资源启发学生主动的自我发现、自我猜想、自我归纳. 因为学生拥有自己的知识、经验、灵感，是主动和富有创造性的，所以采用启发发现法，往往能使学生在课堂活动中表现出浓厚的学习兴趣. 而学生之间的讨论、师生之间的讨论不仅能培养学生的合作团队意识，对于发现新结论也是非常重要的，因此在教学过程中要倡导学生参与到课堂活动中来，形成生生互动、师生互动的局面.

(五) 说教学过程

<table>
<tr><th>环节</th><th>教学程序</th><th>师生互动</th><th>设计意图</th></tr>
<tr><td>创设情境</td><td>某市为了解本市的高中生数学学习状态，对四所学校做了一个问卷调查，其中有两题的统计数据如下.
<table>
<tr><th rowspan="2">某市
高中数学学习状态问卷调查</th><th colspan="2">对数学的印象</th><th colspan="2">数学学习的目的</th></tr>
<tr><th>生动活泼</th><th>严肃枯燥</th><th>发现问题</th><th>解决问题</th></tr>
<tr><td>甲学校</td><td>19%</td><td>71%</td><td>11%</td><td>89%</td></tr>
<tr><td>乙学校</td><td>7%</td><td>75%</td><td>23%</td><td>77%</td></tr>
<tr><td>丙学校</td><td>16%</td><td>64%</td><td>21%</td><td>79%</td></tr>
<tr><td>丁学校</td><td>25%</td><td>53%</td><td>16%</td><td>84%</td></tr>
</table></td><td>学生踊跃回答问题，教师通过评价学生的答案引入推理的概念.</td><td>自然合理地提出问题，让学生体会“数学来源于生活”. 创造和谐积极的学习气氛.
为课堂结尾的“数学是生动活泼的，发现问题是数学学习的一个重要目的”埋下伏笔.</td></tr>
</table>

续表

环节	教学程序	师生互动	设计意图
创设情境	根据这四所学校的情况，你能推测全市高中生对数学的印象吗? 教师提问：你的推测一定正确吗? 一、推理的概念：前提 $\to$ 结论(2 分钟)		
	介绍四幅图的大致内容，说明推理在现实生活中是处处存在的. 引导学生做一些简单的推理. (1) 由铜、铁、铝、金、银等金属都能导电，猜想：一切金属都能导电. (2) 由三角形内角和为 $180°$，凸四边形内角和 $360°$，凸五边形内角和为 $540°$，猜想：凸 n 边形内角和为 $(n-2)\cdot 180°$. (3) 地球上有生命，火星具有一些与地球类似的特征，猜想：火星上也有生命. (4) 因为所有人都会死，苏格拉底是人，所以苏格拉底也会死. 引导学生做出合理分类. (5 分钟)	先引导学生发现前三个推理的结论都是通过猜想得到的，再引导学生观察四个推理的前提与结论，根据前提与结论的关系由学生作出进一步分类并尝试命名.	介绍四幅图让学生感受推理在现实世界中无处不在. 给出四个例子，让学生通过直观感知、观察分析、归纳类比做出合理分类，并抽象概括出合情推理和归纳推理的概念，完成由浅入深、由易到难、由特殊到一般的思维飞跃.
授新课	教师补充:给你们一列数，第一个数是 2，第二个数是 4，第三个数是 6，第四个会是什么呢? 对比这些归纳推理的例子，能深入挖掘它们的共同特征吗? 二、归纳推理的概念：由某类事物的部分对象具有某些特征，推出该类事物的全部对象都具有这些特征，或者由个别事实概括出一般结论，简称归纳，部分推出整体，个别推出一般. (7 分钟) 学生分小组讨论: 将学生划分为两大部分，一部分讨论生活中运用归纳推理例子，一部分讨论学习中使用归纳推理的例子. 学生举例之后教师总结. (12 分钟)	通过四个归纳推理的例子的比较分析，学生理解消化归纳推理的概念. 组织学生进行分组讨论，引导学生从生活和学习两大方面对归纳推理的应用进行举例.	分组讨论降低了概念学习的难度，使学生能够更多地围绕重点展开探索和研究. 学生的主体意识在这里获得充分的体现.
	感受归纳推理的魅力，重点介绍两大猜想. (1) 探究浙江省地图着色问题，重现四色猜想产生情境. (2) 介绍哥德巴赫猜想. 观察下列等式: 3+7=10 3+17=20 13+17=30 你们能从中发现什么规律? 如果换一种写法呢? 10=3+7 20=3+17 30=13+17 这个规律对于其他偶数是否成立? (25 分钟) 介绍其他学科中运用归纳推理得到的重要发现. 三、归纳推理的作用 1. 发现新事实. 2. 提供研究方向.	学生主动探究规律，感受归纳推理对发现新事实、得出新结论的作用. 引导学生发现并总结规律.	设置四色猜想和哥德巴赫猜想产生情境，激发学生的求知欲，同时提及两大猜想产生的时代背景，让学生接受数学文化的熏陶，感受归纳推理的魅力.

续表

环节	教学程序	师生互动	设计意图
授新课	介绍费马猜想: 已知 $2^{2^1}+1, 2^{2^2}+1, 2^{2^3}+1, 2^{2^4}+1$ 都是质数, 运用归纳推理你能得出什么样的结论? 半个世纪后, 欧拉发现: $2^{2^5}+1=4294967297=641\times6700417$, 说明了什么? 后来人们又发现 $2^{2^6}+1, 2^{2^7}+1, 2^{2^8}+1$ 都是合数, 你们又能得到什么样的结论? 四、归纳推理的一般步骤: 1. 观察分析; 2. 发现规律; 3. 检验猜想.	让学生在解决问题的过程中发现归纳推理需要检验过程, 从而自我修正归纳推理的一般步骤.	教师生动讲述欧拉发现第五个费马数的过程, 激发学生的好奇心与求知欲, 同时, 通过“猜想—验证—再猜想”说明科学的进步与发展处在一个螺旋上升的过程.
	例 1　已知数列 $\{a_n\}$ 的首项 $a_1=1$, 且有 $a_{n+1}=\dfrac{a_n}{a_n+1}$, (1) 求这个数列的通项公式. (2) 记 $S_n=\dfrac{1}{a_1^3}+\dfrac{1}{a_2^3}+\dfrac{1}{a_3^3}+\cdots+\dfrac{1}{a_n^3}$, 化简 S_n .	学生自主探究, 教师点评第一小题的两种解法.	体会归纳推理的一般步骤, 进一步感受归纳推理的作用. 通过第(2)小题让学生感受归纳推理起到了能够提供研究方向的作用, 培养学生进行归纳推理的能力.
练习	任取两条平行直线 l_1,l_2 , 在 l_1 上任取三个点依次记作 A_1,B_1,C_1, 在 l_2 上任取三个点依次记作 A_2,B_2,C_2 .连接 A_1B_2,A_2B_1 , 记交点为 P ; 连接 A_1C_2,A_2C_1 , 记交点为 Q ; 连接 B_1C_2,B_2C_1 , 记交点为 H , 你能发现什么规律? 补充: 任意作一个圆, 作圆的外切六边形, 连接六边形的对角线, 你能发现什么规律? (42 分钟)	学生先在讲义上作图, 发现规律并总结, 再通过学生之间充分讨论之后相互交流, 教师点评.	给学生创建一个开放的、有活力、有个性的数学学习环境. 感受数学美和发现规律的喜悦, 激发学生更积极地去寻找规律、认识规律. 同时让学生感受到只要做个有心人, 发现规律并非难事.
小结	五、小结: 1. 知识收获; 2. 方法收获; 3. 思维收获.	学生讨论总结, 相互补充, 教师点评.	让学生自己小结, 这是一个多维整合的过程, 是一个高层次的自我认识过程.
作业	1. 教材 P83 习题 2.1A 组第 1～3 题. 2. 实习作业: 查阅网络资料, 选择两个猜想探究来源. 3. 选做题: 如图三角阵,从上往下数,第 1 次全行的数都为 1 的是第 1 行, 第 2 次全行的数为 1 的是第 3 行,…,第 n 次全行的数都为 1 的是第__________行;第 61 行中 1 的个数是__________. 第 1 行　1　1 第 2 行　1　0　1 第 3 行　1　1　1　1 第 4 行　1　0　0　0　1 第 5 行　1　1　0　0　1　1 …　… (45 分钟)		实习作业的设置是为了教会学生怎样利用资料进行数学学习, 同时让学生了解网络是自主学习和拓展知识面的一个重要平台. 这是本节内容的一个提高与拓展. 设计选做题是针对学有余力的同学提升高度, 链接高考.

(六) 说板书设计

合情推理
——归纳推理

一、推理 二、归纳推理的含义 三、归纳推理的作用 1. 发现新事实 2. 提供研究方向 四、归纳推理的一般步骤 五、小结	例 1(1)	(2)	练习

五、说课案例四 “正弦、余弦函数的性质——周期性”

(一) 说教材

正弦、余弦函数的周期性是三角函数的一个重要性质，是研究三角函数的其他性质的基础，是函数性质的重要补充. 通过本课的学习不仅能进一步培养学生的数形结合能力、推理论证能力、分析问题和解决问题的能力，而且能使学生把这些认识迁移到后续的知识学习中去，为以后研究三角函数的其他性质打下基础. 所以本课既是前期知识的发展，又是后续有关知识研究的前驱，起着承前启后的作用.

(二) 说教学目标

【知识与技能】

(1) 理解周期函数的概念及正弦、余弦函数的周期性.

(2) 会求一些简单三角函数的周期.

【过程与方法】

从生活实际的周期现象出发，提供丰富的实际背景，通过对实际背景的分析与 $y=\sin x$ 图形的比较、概括抽象出周期函数的概念.运用数形结合方法研究正弦函数 $y=\sin x$ 的周期性，通过类比研究余弦函数 $y=\cos x$ 的周期性.

【情感态度与价值观】

体会数学来源于生活，体会从感性到理性的思维过程，体会数形结合思想；亲身经历数学研究的过程，享受成功的喜悦，感受数学的魅力.

(三) 说教学重点和难点

【重点】

周期函数的定义和正弦、余弦函数的周期性.

【难点】

周期函数定义及运用定义求函数的周期.

(四) 说学情

学生已经掌握了诱导公式，正弦、余弦函数图象及五点作图的方法；在能力上已经具备了一定的形象思维与抽象思维能力；在思想方法上已经具有一定的数形结合、类比、特殊到一般等数学思想.

(五) 说教法和学法

【教学方法】

引导发现法、探索讨论法. 为了把发现创造的机会还给学生，把成功的体验让给学生，为了立足于学生思维发展，着力于知识建构，就必须让学生有观察、动手、表达、交流、表现的机会；激发学生学习的积极性和创造性，分享探索知识的方法和乐趣，使数学教学成为再发现、再创造的过程.

【学法指导】

问题探究法. 根据新课程标准“倡导积极主动，勇于探索的学习方式”理念，教材内容的特点以及学生的知识、能力、情感等因素，本节课宜采用问题探究法.

【教学手段】

借助多媒体辅助教学，增强课堂教学的生动性与直观性.

(六) 说教学过程

教学程序	教学内容	设计意图
创设问题情境	生活中有哪些周而复始现象？ 学生举例	从实际问题引入，使学生了解数学来源于生活. 问题的提出为学生的思维提供强大动力，激发学生的探究欲望.
复习回顾	引导学生回顾: 1. 诱导公式(一) 2. 正弦线 3. 利用正弦线画正弦函数图象(动画演示)	引导学生回顾旧知为新课做准备. 通过动画演示让学生直观感知周而复始的变化规律.
构建周期函数定义	由动画演示观察可得: 正弦函数图象具有周而复始的变化规律. 问题: 图象具有周而复始的变化规律，如何用数学表达式来表达? 正弦函数 $y=\sin x$ 图象: 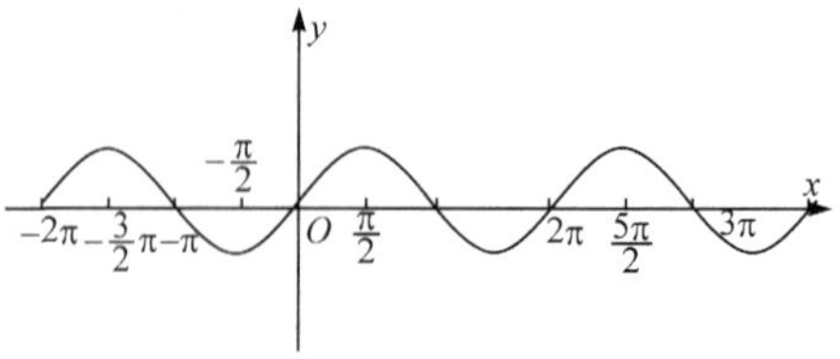 	通过对正弦函数 $y=\sin x$ 图象观察、分析，结合诱导公式，由生活中的周期现象到数学中的周期现象，由具体到抽象，构建出周期函数的定义，这样设计主要是立足于从学生的最近思维区，着力于知识建构，培养学生观察、分析和抽象概括能力,并进一步渗透数形结合思想方法.

续表

教学程序	教学内容	设计意图
构建周期函数定义	观察正弦函数 y=sin$x$ 图象特征，可知函数图象在区间 $[0,2\pi]$，$[2\pi,4\pi]$，$[4\pi,6\pi]$，…内重复. 由三角函数图象和诱导公式可得: $\sin(2\pi+x)=\sin x$. 问:对于 $\sin(2\pi+x)=\sin x$，若记 $f(x)=\sin x$，则对于任意 $x\in\mathbf{R}$,都有 $f(x+2\pi)=f(x)$吗? 周期函数及周期的定义: 周期函数定义如下：一般地，对于函数 $f(x)$，如果存在一个非零的常数 T，使得定义域内的每一个 x 值，都满足 $f(x+T)=f(x)$，那么函数 $f(x)$就叫做周期函数，非零常数 T 叫做这个函数的周期.	
正弦函数的周期和最小正周期的定义	函数 y=sin$x$ 的周期：2π，4π，6π，…, $2k\pi(k\in\mathbf{Z}$ 且 $k\neq0)$. 最小正周期的概念: 对于一个函数 $f(x)$，如果它所有的周期中存在一个最小的正数，那么这个最小正数叫做 $f(x)$的最小正周期. 上面的函数 y=sin$x$ 的最小正周期为 2π .	让学生理解最小正周期的定义，培养学生的数形结合能力.
理解周期函数定义	判断题: (1) 因为 $\sin\left(\frac{\pi}{4}+\frac{\pi}{2}\right)=\sin\frac{\pi}{4}$，所以 $\frac{\pi}{2}$ 是 $y=\sin x$ 的周期. (2) 周期函数的周期唯一. (3) 函数 $f(x)=5$ 是周期函数. (分四人一组进行讨论,再由学生发表看法) 体会: (1) 周期的定义是对定义域中的每一个 x 值来说的，只有个别的 x 值满足：$f(x+T)=f(x)$，不能说 T 是 $y=f(x)$ 的周期. (2) 周期函数的周期不唯一. (3) 周期函数不一定存在最小正周期. 说明：今后不加特殊说明，涉及的周期都是最小正周期.	设计判断题让学生讨论，主要是为了帮助学生正确理解周期函数概念，防止学生以偏概全，让学生学会怎样学习概念；培养学生透过现象看本质的能力，使学生养成细致、全面地考虑问题的思维品质. 让学生在自主探索、自由想象和充分交流的过程中，不断完善自己的认知结构，充分感受成功与失败的情感体验.
探究余弦函数周期	问题: 余弦函数 y=cos$x$ 是周期函数吗？即能否找到非零常数 T，使 $\cos(T+x)=\cos x$ 成立？若是，请找出它的周期，若不是，请说明理由.	通过对定义、余弦函数图象的理解，类比正弦函数，可以得到余弦函数是周期函数，这样使学生加深对定义的理解，培养学生类比思想和数形结合能力.
应用	例 1　求下列函数的最小正周期 T. (1)　$f(x)=3\sin x$，$x\in\mathbf{R}$； (2)　$f(x)=\sin 2x$，$x\in\mathbf{R}$； (3)　$f(x)=2\sin\left(\frac{1}{2}x+\frac{\pi}{4}\right)$，$x\in\mathbf{R}$. 方法：①函数图象观察得到周期；②周期函数定义.	设计例 1 使学生加深对定义的理解，培养学生的数形结合能力.

续表

教学程序	教学内容	设计意图
课堂反馈	1. 等式 $\sin(30°+120°)=\sin 30°$ 是否成立?如果这个等式成立,能否说 $120°$ 是正弦函数 $y=\sin x$ 的一个周期? 2. 求下列函数的周期: (1) $y=\cos 4x,\ x\in\mathbf{R}$; (2) $y=\cos\frac{1}{2}x,\ x\in\mathbf{R}$.	通过课堂反馈能准确、及时地了解学生对本节课的掌握情况, 做到及时反馈、评价, 及时查漏补缺,达到堂堂清.
回顾反思	1. 周期函数、周期概念. 2. 函数 $y=\sin x$ 和函数 $y=\cos x$ 是周期函数, 且周期均为 2π . 3. 周期的求法: ①图象法; ②定义法. 4. 探索问题的思想方法.	引导学生对所学知识进行小结, 有利于学生对已有的知识结构进行编码处理, 加强记忆.
课外作业与课外思考	课外作业: 求下列函数的周期: (1) $y=3\sin\frac{x}{4}$, $x\in\mathbf{R}$; (2) $y=\sin\left(x+\frac{\pi}{10}\right)$, $x\in\mathbf{R}$; (3) $y=\cos\left(2x+\frac{\pi}{3}\right)$, $x\in\mathbf{R}$; (4) $y=\sqrt{3}\sin\left(\frac{1}{2}x-\frac{\pi}{4}\right)$, $x\in\mathbf{R}$. 课外思考: (1) 求函数 $f(x)=A\sin(\omega x+\varphi)$ 和 $f(x)=A\cos(\omega x+\varphi)$ (其中 A,ω,φ 为常数, 且 $A\neq 0,\omega>0$)的周期. (2) 求下列函数的周期 ① $y=\lvert\sin x\rvert$, $x\in\mathbf{R}$; ② $y=\lvert\cos 2x\rvert$, $x\in\mathbf{R}$.	课外作业的布置是为了进一步巩固课堂所学知识; 课外思考题的布置是让学生把课堂探索拓展到课外探索, 进一步激发学生探究欲望, 进一步培养学生创造性思维.

(七) 说板书设计

课题: 正弦、余弦函数的周期性		设计意图
1. 周期函数定义. 2. 正弦函数 $y=\sin x$ 的周期为 2π , 余弦函数 $y=\cos x$ 的周期为 2π .	3. 例 1 板演及学生演示区.	为了使学生全面系统地了解本节内容的知识结构, 达到突出重点, 简洁明了的目的.

六、说课案例五　“数形结合在向量中的应用”

(一) 说教材

本节是在学完人教 A 版必修 4 第二章平面向量的概念、运算、坐标及应用等整章知识后的一堂专题研讨课. 教材一直坚持从数和形两个方面建构和研究向量, 如向量的几何表示, 三角形、平行四边形法则, 让向量具备形的特征; 而向量的坐标表示和坐标运算又让向量具备数的特征. 所以我们在研究向量问题或用向量解决数学、物理问题时, 应具备数形结合思想、转化思想. 通过本堂课的教学让学生感受到数形结合在解题中的魅力, 体会向量的工具性, 达到提高学生运用数形结合思想、转化思想解决问题的能力, 并把培养学生的建构意识和合作、探索意识作为教学目标.

由于向量的坐标表示为我们用代数方法研究几何问题提供可能, 通常学生在处理向量问题时多选择数而忽略形. 为了提高学生的综合解题能力, 在授完本章(向量)基本知识后, 结合学生实际, 特增加 "数形结合在向量中的应用" 专题研讨课, 为学生提供一个借助几何图形处理向量问题的思考方向.

(二) 说教学重、难点

【重点】

通过平面几何图形性质与向量运算法则的有机结合, 构造恰当的几何图形解决向量问题; 渗透数形结合思想、转化思想; 提高学生的构造能力和对所学知识的整合能力.

【难点】

如何构造恰当的几何图形.

(三) 说学情

平面向量是新增内容, 在近几年高考中一般总与解析几何相结合来命题. 但由于学生没有学过解析几何(直线与方程、圆与方程、圆锥曲线)的内容, 只有初中平面几何的知识, 因此本节的几何模型只局限在平面几何图形. 授课班级的学生具备一定的独立思考、合作探究能力, 因此本节课采用学生主讲、教师点评的授课方式, 既能充分发挥学生主观能动性, 又能达到预期的教学目的.

(四) 说教法和学法

通过设问、启发、当堂训练的教学程序, 采用启发式讲解、互动式讨论、反馈式评价的授课方式, 培养学生的自学能力和分析与解决问题的能力, 借助幻灯片、几何画板的辅助教学, 达到增加课堂容量、提高课堂效率的目的, 营造生动活泼的课堂教学氛围.

(五) 说课堂教学时间安排

◆ 复习引入(约 10 分钟)
◆ 例题讲解(约 10 分钟)
◆ 学生评析(约 18 分钟)
◆ 学生小结(约 2 分钟)

(六) 说教学过程

<table>
<tr><th>教学环节</th><th>教学内容</th><th>设计意图</th></tr>
<tr><td rowspan="3">1
复
习
引
入</td><td>一、是非判断题
(1) 若 $\vec{a}\cdot\vec{b}=0$，则 $\vec{a}=\vec{0}$ 或 $\vec{b}=\vec{0}$.　　( )
(2) 若 $\vec{a}\neq\vec{0}$ 且 $\vec{a}\cdot\vec{b}=\vec{a}\cdot\vec{c}$,则 $\vec{b}=\vec{c}$.　　( )
(3) 若 $\vec{a}\perp\vec{b}$,则 $\lvert\vec{a}+\vec{b}\rvert=\lvert\vec{a}-\vec{b}\rvert$.　　( )
(4) 若 $\vec{a}=(\cos\alpha,\sin\alpha),\vec{b}=(\cos\beta,\sin\beta)$, 则 $(\vec{a}+\vec{b})\perp(\vec{a}-\vec{b})$.　　( )</td><td>(1) 这四道题既可以用数的方法求解，也可用形的方法求解.
(2) 通过比较两种解法的优劣让学生感受数形结合的简洁美.
(3) 利用“$\vec{a}+\vec{b}$ 与 $\vec{a}-\vec{b}$”几何意义构建“平行四边形对角线”，为后面构建几何图形作铺垫.</td></tr>
<tr><td>二、跟踪检测
若向量 $\vec{a}=(1,-2)$，是否存在满足下列条件的向量 $\vec{b}$ ，使 $\lvert\vec{a}+\vec{b}\rvert=\lvert\vec{a}-\vec{b}\rvert$ 且 $(\vec{a}+\vec{b})\perp(\vec{a}-\vec{b})$ 成立?</td><td>一是对是非判断题的巩固与延伸；二是利用已知条件，构建正方形.</td></tr>
<tr><td>三、巩固检测题
若 $\overrightarrow{OA}=\vec{a}$, $\overrightarrow{OB}=\vec{b}$, 则 $\angle AOB$ 平分线上 $\overrightarrow{OM}$ 的向量为(　　).
A. $\frac{\vec{a}}{\lvert\vec{a}\rvert}+\frac{\vec{b}}{\lvert\vec{b}\rvert}$　　B. $\lambda\left(\frac{\vec{a}}{\lvert\vec{a}\rvert}+\frac{\vec{b}}{\lvert\vec{b}\rvert}\right)$ (λ 由 $\overrightarrow{OM}$ 决定)
C. $\frac{\vec{a}+\vec{b}}{\lvert\vec{a}+\vec{b}\rvert}$　　D. $\frac{\lvert\vec{b}\rvert\vec{a}+\lvert\vec{a}\rvert\vec{b}}{\lvert\vec{a}\rvert+\lvert\vec{b}\rvert}$
变式训练:
O 是平面上一定点, A, B, C 是平面上不共线的三个点，动点 P 满足 $\overrightarrow{OP}=\overrightarrow{OA}+\lambda\left(\frac{\overrightarrow{AB}}{\lvert\overrightarrow{AB}\rvert}\right)+\frac{\overrightarrow{AC}}{\lvert\overrightarrow{AC}\rvert}$, $\lambda\in[0,+\infty)$，则 P 的轨迹一定通过 $\triangle ABC$ 的(　　). [2003 高考天津理]
A. 外心　　B. 内心　　C. 重心　　D. 垂心</td><td>本题一方面有利于学生对所学知识的串联、累积和加工；另一方面为下面变式训练中的高考题作铺垫.

利用变式训练，让学生感受高考题，激发学生的学习热情.</td></tr>
<tr><td>2
课题
提出</td><td>数形结合思想在向量中的应用</td><td>让学生从具体实例中发现结论. 符合学生认识规律，并在结论的发现过程中培养学生的思维能力.</td></tr>
<tr><td>3
例
题
讲
解</td><td>例 1　已知: $\lvert\vec{a}\rvert=\lvert\vec{b}\rvert=1$ ，且 $\vec{a},\vec{b}$ 的夹角为 120°. 问 x 为何值时，$\lvert\vec{a}-x\vec{b}\rvert$ 值最小? 并求此时 $\vec{b}$ 与 $\vec{a}-x\vec{b}$ 的夹角.
分析一: 利用 $\lvert\vec{a}\rvert=\sqrt{(\vec{a})^2}$ ，将 $\lvert\vec{a}-x\vec{b}\rvert$ 转化为自变量为 x 的函数，利用函数性质求最值.
由已知得: $\vec{a}\cdot\vec{b}=-\frac{1}{2},\vec{a}^2=\vec{b}^2=1$.
$$\lvert\vec{a}-x\vec{b}\rvert=\sqrt{(\vec{a}-x\vec{b})^2}=\sqrt{\lvert\vec{a}\rvert^2-2x\vec{a}\cdot\vec{b}+x^2\lvert\vec{b}\rvert^2}$$
$$=\sqrt{x^2+x+1}=\sqrt{\left(x+\frac{1}{2}\right)^2+\frac{3}{4}}.$$
所以，当 $x=-\frac{1}{2}$ 时, $\lvert\vec{a}-x\vec{b}\rvert$ 值最小.
$\because\vec{b}\cdot(\vec{a}-x\vec{b})=0$, $\therefore\vec{b}$ 与 $(\vec{a}-x\vec{b})$ 的夹角为 90°.</td><td>此题既能从数的角度解之，也能从形的角度解之. 从数的角度能达到复习向量基础知识、基本方法的目的，但运算量较大，从形的角度达到复习向量几何运算和培养学生构图能力的目的，并为下面变式训练中的构造法解题作铺垫.

解一是从数的角度解之.</td></tr>
</table>

续表

<table>
<tr><th>教学环节</th><th>教学内容</th><th>设计意图</th></tr>
<tr><td>3
例题讲解</td><td>分析二：如下图所示.
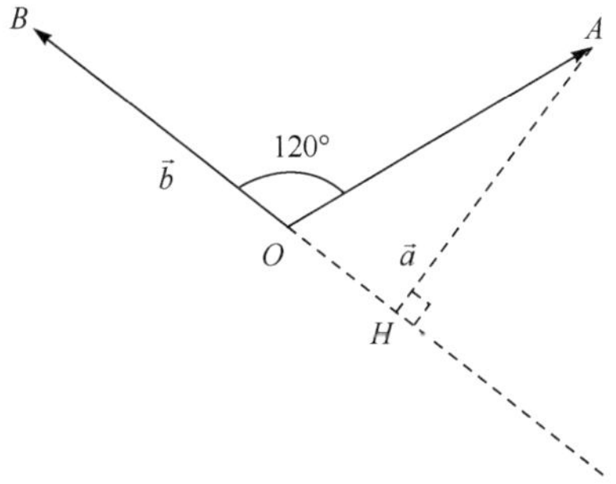
</td><td>解二是从形的角度，数形结合解之. 目的是感受数形结合方法的简洁.</td></tr>
<tr><td>4
学生评析</td><td>变式训练:
已知 $|\vec{a}|=|\vec{b}|=|\vec{c}|=1$, 且它们相互间夹角为 120°. 求证: $(\vec{a}-\vec{b})\perp\vec{c}$.
分析:
(一) 定义法
$$(\vec{a}-\vec{b})\cdot\vec{c}=\vec{a}\vec{c}-\vec{b}\vec{c}=0.$$
(二) 构建圆内接三角形法
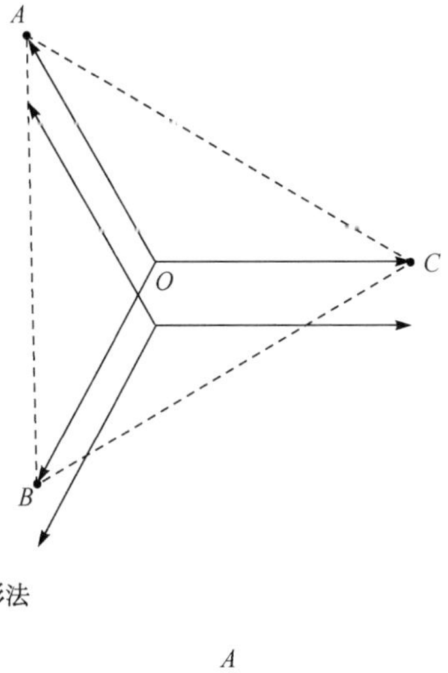

(三) 构造正三角形法
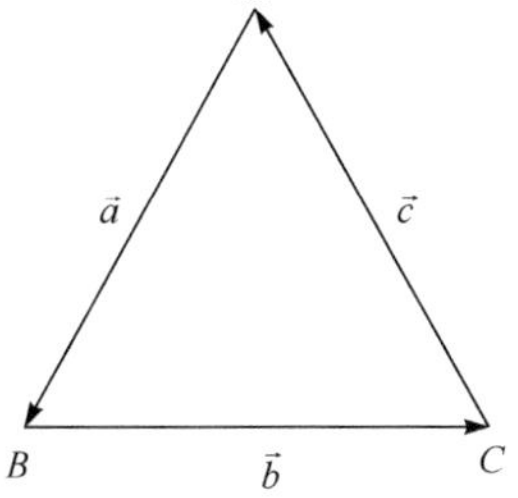
</td><td>此题解法较多，适合一题多解. 容易构造几何图形.

解(一)复习巩固向量的数乘及垂直，并渗透定义法是常用的解题方法.

解(二)复习向量的几何运算，并利用圆内接三角形或正三角形的性质证明 $OC\perp AB$.

解(三)利用正三角形的性质构造符合条件的向量，并通过菱形对角线互相垂直的性质证之.</td></tr>
</table>

续表

教学环节	教学内容	设计意图
4 学生评析	(四) 构造正六边形法 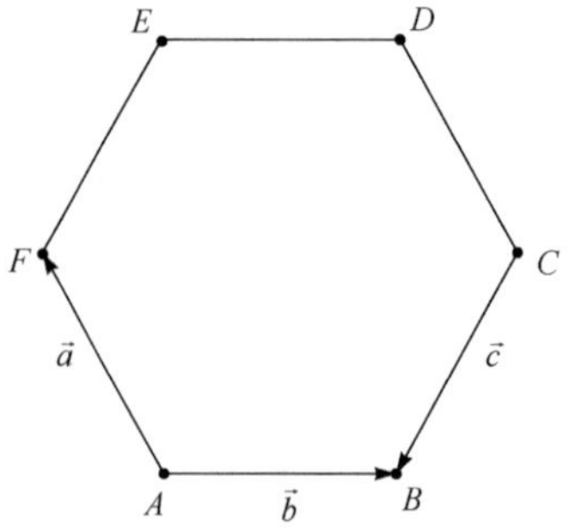 (五) 坐标法 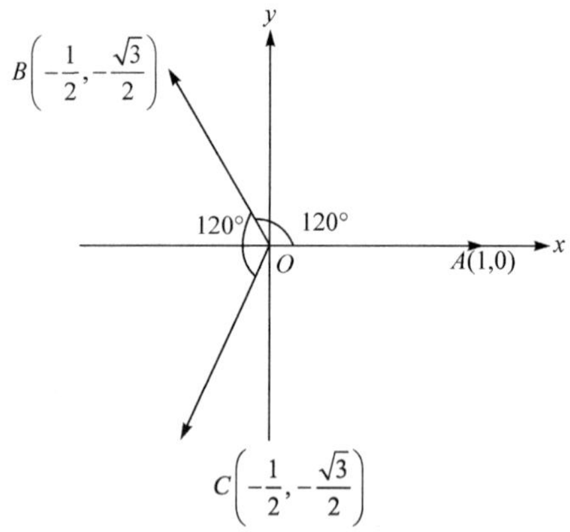 	解(四)利用正六边形的性质构造符合条件的向量，并用正六边形的性质证明 $BC\perp BF$. 解(五)一是渗透建系思想，为今后学习解析几何作铺垫；二是复习向量的坐标运算及向量垂直的坐标判定条件. 通过学生的评析，激发学生学习热情，发散学生思维，培养学生的合作探究意识.
5 课外的巩固与检测	例 2　已知 $\|\vec{a}\|=1$, $\|\vec{b}\|=\sqrt{3}$, $\vec{a}+\vec{b}=(\sqrt{3},\ 1)$, 则 $\|\vec{a}-\vec{b}\|$ 的值为(　　). A. 2　　B. 4　　C. 3　　D. $\sqrt{2}$	再现本节课的重难点. 此题若从数的角度解之，计算量较大，若从形的角度采用赋值法解之则非常快捷.
6 小结	研究向量问题要关注以下几点: (1) 要关注向量的大小(模). (2) 要关注向量的方向(夹角). (3) 要关注自由向量的可平移性. (4) 构造几何图形解决问题是手段.	启发、引导学生归纳总结，一方面了解学生对本堂课的接受情况，另一方面培养学生的归纳总结能力，使知识系统化、条理化.
7 课外作业	必做题: (1) 已知:点 O 为原点, $A(3,0)$, $B(0,3)$, 点 P 在线段 AB 上, $(\lambda\in[0,1])$, 求 $\overline{OA}\cdot\overline{OP}$ 的最大值. (2) 若 $A(1,2)$, $B(4,-1)$, $C(2,3)$, 且 $\overrightarrow{AP}=\overrightarrow{AB}+\lambda\overrightarrow{AC}(\lambda\in\mathbf{R})$, 四边形 $ABCP$ 能否构成平行四边形？若能，求出 λ 值. 若不能说明理由. 选做题: 求证: 以 $A(0,1)$, $B(3,0)$, $C(4,3)$, $D(1,4)$为顶点的四边形 $ABCD$ 是菱形. 思考题: 你能用向量形式给出点 O 是△ABC 的四心(即垂心、重心、内心、外心)的条件吗？	通过作业中 4 题的分层变式训练，满足不同层次学生需要，符合因材施教原则. 从而达到培养学生养成“题后思考”的习惯和提高数学能力的效果.

(七) 说课后反思

【自主性】

注重发展学生的个性, 设置分层式练习和选择性作业, 充分体现学生的主体地位.

【实践性】

通过学生评析中的变式训练, 给学生提供了一个很好的做数学的学习环境和学习机会.

案例三　说 题 案 例

一、说题基本概述

(一) 问题的提出

随着教育改革的不断深入, 人们逐渐意识到: 教师教学业务素质的高低很大程度上影响着学生学业水平的高低, 影响着教育改革的成败. 为此, 提高教师的教学业务素质显得十分重要. 而数学解题能力是教师教学业务素质的重要组成部分. 如何提高数学教师的解题能力就显得尤为重要. 近年来, 伴随着说课在中学数学教师教研活动中的广泛应用, 教师说题作为一种教研活动也应运而生.

数学教师说题的目的不仅是为了提高数学教师解题能力, 同时也为了加强数学教师间的业务交流, 其根本宗旨是提高数学教师的基本技能. 应该说, 解题是说题的前提, 而说题必须站在理论的高度对所解的题目作出科学的分析和理解, 从而说明自己的解题以及数学题目的讲解是有序的而不是盲目的, 是理性的而不是感性的. 因此, 可以说, 教师说题是教师教学智慧生成与表达的重要方式, 是教师成为教学研究者的有效途径.

(二) 概念界定

从说题的主体看, 说题可以分为教师说题、教师和学生互动说题和学生说题, 这里主要阐述的是教师说题. 那么什么是教师说题呢? 目前, 尚没有一个确切的概念, 但基本思路是, 应用说课的理念, 对题目进行解说. 从建构主义角度看, 说题就是教师研究数学题目, 将解题思路、解题方法、过程以及对解题后反思等活动深入浅出地表述出来. 从系统思想角度看, 主要是揭示题目系统和教材系统的内在联系; 从解题角度看, 主要指解说解题思路、方法及其规律. 研讨说题, 主要目的是要改进教法和学法, 促进教师教学水平和提高学生学习质量, 推动教师和学生的共同发展.

说题要求教师不仅仅会解题, 还要能精准把握题目所考查的数学本质, 多角度地研析题目结构, 高视角地俯瞰题目本原, 深层次地阐述题目功能, 还得适时准确地指出题目的不足. 教师说题必须关注两个主体, 即说题的对象分别是教师和学生, 一方面, 教师在讲解解题思路、过程时, 必须符合学生认知结构, 即以让学生听懂为基本原则. 另一方面教师说题时又是一个教研活动, 需要站在教师角度研究数学题目, 其主要是揭示题目系统和教材系统的内在联系, 解说解题的思路、方法及其规律.

(三) 说题的意义

1. 促进教学交流，提高教师教学技能

问题解决是数学课堂教学的核心任务，好的问题解决教学要求教师具备一定的问题分析、解决能力. 教师“说题”作为一种新型教研活动，不但能客观真实地反映出教师的数学素养、教学素质，同时，也有助于提高教师问题解决能力，提高教师的教学技能.

作为说题教师，为了说好题，势必会对自己如何分析问题、如何帮助学生思考问题、解决问题提出更高的要求，并对教学进行深层次思考. 而作为听题教师，必然也能从他人的说题过程中汲取营养，得到启发.

2. 应用于教学实践，提高教学质量

说题作为教学研究的一种新形式，是提高教师教学业务素质的有效措施之一，说题活动为教师提供了一个反思问题、解决教学、交流经验的平台. 不过，教师在说清如何分析、如何教、如何反思的同时，更应关注如何“用”. “说”以致用，才是说题的最终目的，将说题所思延伸到日常教学中，才能切实提高数学课堂教学质量.

(四) 说题的基本原则

为了使说题起到更好的效果，按照现代教学观和方法论，成功的说题应遵循如下几条原则.

1. 选题难易适度原则

说题的主要目的是教师研究数学题目，并通过说题的方式对题目进行研讨，从而达到教师教学技能的提高. 因此，所选题目不宜太难或太易，否则都会影响说题的效果. 尤其是在教师说题竞赛活动中，应以中等难度为主，辅以稍微偏难的一些题目，总之要使所选的题目处于尽可能多的学生的最近发展区内.

2. 说理精辟，突出理论性

说题与解题技能不同，说题不是宣讲解题过程，不是浓缩课堂教学过程. 说题的核心在于说理，在于说清解题思路以及“为什么这样教”. 因为在没有理论指导下的教学实践，只知道做什么，不了解为什么这样做，永远是经验型的教学，只能是高耗低效的. 因此，说题者必须认真学习教育教学理论，主动接受教育教学改革的新信息、新成果，并应用到课堂教学之中.

3. 科学客观，具有可操作性

说题的内容必须客观真实、科学合理，不能故弄玄虚、故作艰深，不要生搬硬套一些教育教学理论的专业术语，而要真实地反映自己是怎样做的、为什么这样做，从而引起听者的思考，通过相互切磋、形成共识，进而完善说者的教学设计.

说题是为课堂教学实践服务的，说题中的一招一式、每一环节都应具有可操作性，如果说题仅仅是为说而说，不能在实际的教学中落实，那就是纸上谈兵、夸夸其谈的“花架子”，使说题流于形式.

(五) 说题的基本环节

一般说来，教师说题应从以下七个方面进行分析：数学思想与数学方法，命题变化的自然思维，小结、归纳与应用，一题多解、发散思维，常规变式，多种变式、融会贯通，从特殊到一般寻找规律. 要求数学老师不但对题进行深层次的挖掘，说出题的本质、新意、特色，还要说出题的编制、演变过程以及该题的潜在价值，并和与会教师进行交流互动和探讨.

因此，说题一般应该具备以下几个基本环节.

(1) 说背景. 分析包括题材背景、知识背景、方法背景、思想背景在内的题目背景.

(2) 说“题目”. 所谓说“题目”就是要运用数学语言说清题目所给出的信息：题目类型属于哪一种，是否熟悉；已知条件(包括隐含条件)有哪些以及待求结论又是什么等.

(3) 说解法. 需就题论题进行思路分析、解题操作、一题多解.

(4) 说引申. 从条件出发、结论出发或利用类比思想等进行引申.

(5) 说反思. 反思是解题中的重要环节，题后反思对学生来说有着重要的意义. 反思主要从以下几个方面进行：① 反思解题本身是否正确. 由于在解题的过程中，可能会出现这样或那样的错误，因此在解完一道题后就很有必要审查自己的解题是否混淆了概念，是否忽略了隐含条件，是否特殊代替一般，是否忽视特例，逻辑上是否有问题，运算是否正确，题目本身是否有误等. 这样做是为了保证解题无误，这是解题后最基本的要求. 教学中应有意识地选用一些错解或错题进行解题后反思，使学生真正认识到解题后思考的重要性. ② 反思有无其他解题方法. 对于同一道题，从不同的角度去分析研究，可能会得到不同的启示，从而引出多种不同的解法，通过不同的侧面观察，使学生的思维触角伸向不同的方向、不同层次，发展学生的发散思维能力. ③ 反思结论或性质在解题中的作用. 有些题目本身可能很简单，但是它的结论或解决这道题目本身涉及的性质却有广泛的应用，如果让学生仅仅满足于解答题目的本身，而忽视对结论或性质应用的思考、探索，那就可能会“拣到一粒芝麻，丢掉一个西瓜”. ④ 反思解决问题的思维方法能否迁移. 做题不单单是为了解决一道题目，而是为了掌握一类问题的解决方法. 让学生课后深思一下解题程序，有时会突然发现：这种解决问题的思维模式竟然体现了重要的数学思想方法，这对于学生解决问题大有帮助.

(6) 说教法. 简明扼要地说明如何进行题目讲解的教学方法.

(六) 说题的评价标准构建

如何构建评价教师说题是当前值得关注的话题之一. 我们认为，说题评价的标准可以从以下几方面进行: ①题目背景分析是否正确; ②解题思路分析是否正确; ③解题过程分析是否符合学生的认知结构; ④是否有多解; ⑤解题反思是否到位; ⑥教师口头表达是否清晰、流畅、符合语言逻辑; ⑦数学语言是否简洁、易懂, 运用是否恰当、准确; ⑧着力点是否准确, 即是否抓住问题的本质和关键; ⑨题目引申是否有新意(有创新之处).

总之, 评价标准应该有利于教师说题的健康发展.

(七) 教师说题举例

二次函数 $f(x)=ax^2+bx+c$, $a\in\mathbf{N}^*$, $c\geqslant 1$, $a+b+c\geqslant 1$, 方程 $ax^2+bx+c=0$ 在区间(0, 1)上有两个不等的实根, 求 a 的最小值. (选自 2010 年浙江省高中数学教师说题比赛)

1. 说背景

本题考究的是函数零点与方程之间的关系, 往往借助于图象. 从所求结论看, 又是个最值问题, 如何利用化归思想实现等式与不等式之间的转化是问题的关键.

2. 说"题目"

已知条件: $f(x)=ax^2+bx+c, a\in\mathbf{N}^*$, $f(x)=0$ 在(0, 1)上有两个不等的根, 且有 $f(0)=c\geqslant 1$, $f(1)=a+b+c\geqslant 1$.

待求结论: a 的取值范围.

3. 说解法

多角度思考, 将会发现这道题有多种解法.

【解法一】将各个条件均转化为不等式, 进而求解.

由于 $f(x)=0$ 在(0, 1)上有两个不等的根, 所以有

$$\begin{cases} f(0)=c\geqslant 1 & (1)\\ f(1)=a+b+c\geqslant 1 & (2)\\ 0<-\dfrac{b}{2a}<1 & (3)\\ b^2-4ac>0 & (4)\end{cases}$$

由 $a\in\mathbf{N}^*$ 及(3)得 $b<0$, 再由(2)得 $a+c>1-b>1+2\sqrt{ac}$, 从而

$$\left|\sqrt{a}-\sqrt{c}\right|>1. \tag{5}$$

由(3)和(4)得 $b^2>4ac>4\left(-\dfrac{1}{2}b\right)c$, 从而 $a>-\dfrac{1}{2}b>c\geqslant 1$.

由(5)得 $\sqrt{a}>1+\sqrt{c}\geqslant 2$.

所以 $a>4$. 可验证 a 可等于 5. 所以 $a_{\min}=5$.

【解法二】设 $f(x)=0$ 两根为 x_1,x_2, 且 $x_1,x_2\in(0,1)$, 于是可构造函数 $f(x)=a(x-x_1)\cdot(x-x_2)$, $a\in\mathbf{N}^*$.

由已知得 $f(0)=c\geqslant 1, f(1)=a+b+c\geqslant 1$，所以

$$1\leqslant f(0)\cdot f(1)=a^2x_1(1-x_1)x_2(1-x_2)\leqslant a^2\left[\frac{x_1+(1-x_1)}{2}\right]^2\left[\frac{x_2+(1-x_2)}{2}\right]^2=\frac{1}{16}a^2,$$

由于 $x_1\neq x_2$，故这里等号不成立，从而 $a>4$. 可验证 a 可等于 5. 所以 $a_{\min}=5$.

4. 说引申

可以将条件引申，改变题目，起到举一反三的作用.

(1) 去掉 $a\in\mathbf{N}^*$，求 a 的取值范围;

(2) 改条件为 $c\geqslant 1, 4a+2b+c\geqslant 1$，方程有两个小于 2 的不等正根，求 a 的最小值;

(3) 改条件为 $c\geqslant 1, m^2a+mb+c\geqslant 1$，在 $(0, m)$ 上有两个不等正根，求 a 的最小值.

5. 说反思

解法一主要是将已知条件向待求结论转换. 在已知条件中，c 的取值范围已经确定，可试图通过寻找 a 与 c 的关系确定 a 的范围，又 b 是其关系转换的中介，在(2), (3), (4)式中都有 b，因此，可从这三个不等式入手进行转换. 但是，这样转换的转折点较多，不利于学生解题能力的培养. 教师可适当改变题目条件，降低题目的难度，使其成为学生易于接受的中档题，再循序渐进地提升题目难度，从而使该题处在更多学生的最近发展区内，这将更有助于学生对转换思想的理解、应用，同时提高其问题解决能力.

解法二由于已知方程 $f(x)=0$ 在(0,1)上有两个根，所以可将函数 $f(x)$ 写成两根式 $f(x)=a(x-x_1)(x-x_2)$. 并在运用已知条件的基础上，使用基本不等式可得到 a 的取值范围. 学生对于两根式的应用相对较陌生，对代入端点值后再使用基本不等式求最值的方法也不易想到，不过，此法虽不是常规解题方法，却有助于拓宽学生的解题思路. 教师在引导时，应注意强调各种函数表达形式的常用题境.

问题解决是数学教学的主要任务，在解决问题后，教师组织学生进行合作讨论，通过改变已知条件、待求结论，对其进行挖掘、变通、引申. 这将有助于培养学生的应变、求异、探索能力，提高学生解决问题的能力. 同时，通过训练学生对问题进行举一反三，更能达到事半功倍的教学效果.

6. 说教法

问题解决教学是教师帮助学生寻找解决方法的过程，这个尝试解决的工作分为四个阶段: 理解题目→拟订方案→执行方案→检验、反思、引申.

数学家波利亚认为对不理解的问题做出答复是愚蠢的，因此，要解决问题，学生首先得理解题目，教师适时地提示学生“待求结论是什么？”“已知条件是什么？”“待求结论要求的条件能满足吗？”等，将有助于学生从各个方面考虑问题. 本题中的待求结论是 a 的最值，若能求出 a 的取值范围即可，可引导学生考虑从已知的四个不等式进行划归.

当学生大体理解题目后，构思解题方案是一个曲折的过程，教师能为学生所做的最

好的事情是通过不显眼的帮助，引导学生自己获得一个好的思路. 好的思路来源于过去的经验和以前获得的知识. 教师可提示学生“你遇到过类似求最值的问题吗？”“当初是怎么解决的？”. 若学生无法回忆其相关经验，教师得适当修改题目，降低问题的难度；若学生能回忆起，则以此为阶梯，再引导学生能否利用已有的方法解决现在的问题. 最后，为了避免学生的解决方案偏离原题，还可通过提示“你用到所有的条件了吗？”把学生带回到最初的题目.

在执行方案环节，教师须提示让学生检查执行的每一步是否正确.

虽然学生执行了方案，但是仍有可能存在错误，对执行的方案进行检查、反思，有助于学生巩固所学知识，提高其解题能力. 同时，通过鼓励学生对问题进行推广、引申，让学生体验数学之间的相互联系，能激发其学习兴趣，从而提高教学质量.

总之，数学教师说题作为一种以提高教师解题、分析问题等教师技能的教研活动已经得到重视，我们应该加强对该项活动的研究，努力使之成为提高教师技能的利器.

二、说题案例一　一道数列题

数学教师的基本功之一就是做题和说题，做题是教师的一种自觉修炼，说题是一种教学提炼，说题概括地讲是教师在精心做题、备题的基础上，阐述对某道习题解答时所采用的思维方式、解题策略及依据，进而总结出经验型解题规律，针对问题的特点寻找它的背景和价值，所以说题也可以成为一种有意义的教学研究活动.

【题目】(2013 全国新课标卷 I 理)设$\triangle A_nB_nC_n$的三边长分别为a_n,b_n,c_n，$\triangle A_nB_nC_n$的面积为S_n，$n=1,2,3,\cdots$，若$b_1>c_1,b_1+c_1=2a_1$，$a_{n+1}=a_n,b_{n+1}=\dfrac{c_n+a_n}{2},c_{n+1}=\dfrac{b_n+a_n}{2}$，则(　　).

A. $\{S_n\}$为递减数列　　B. $\{S_n\}$为递增数列

C. $\{S_{2n-1}\}$为递增数列，$\{S_{2n}\}$为递减数列　D. $\{S_{2n-1}\}$为递减数列，$\{S_{2n}\}$为递增数列

该题形式新颖，涉及知识点多，入口宽. 作为一个选择压轴题，它辩证地体现了计算量与思维量的关系，综合考查学生运用知识分析问题和解决问题的能力.

(一) 说背景

数学问题都有它自己特殊的背景，在解决了问题的基础上，我们应该探求一下它的多角度背景，全方位地了解问题，这样才能在教学过程中更好地把握问题的实质，让学生明白数学方法不是“魔术师帽子里的兔子”. 有些时候要让学生欣赏到优美的解法，培养兴趣，明白“没有最好，只有更好”的真谛. 对于该试题有如下三方面的背景研究.

1. 特点探究——中点坐标公式

问题的已知条件中带有明显的中点特征，条件$b_1+c_1=2a_1$，$b_{n+1}=\dfrac{c_n+a_n}{2},c_{n+1}=$

$\frac{b_n+a_n}{2}$ 均与中点坐标公式有关，在数轴上依次画出 $b_1,c_1,a_1,b_2,c_2,b_3,c_3,\cdots$，易得数列 $\{b_n+c_n\}$ 为常数列，数列 $\{b_n-c_n\}$ 为等比数列，且

$$b_n=(b_1-a_1)\cdot\left(-\frac{1}{2}\right)^{n-1}+a_1,\ c_n=-(b_1-a_1)\cdot\left(-\frac{1}{2}\right)^{n-1}+a_1.$$

2. 结构探究——椭圆的焦点三角形

$\triangle A_nB_nC_n$ 的周长列是一个常数列，且底边列 $\{a_n\}$ 也是常数列，此时明显地出现了两定点一动点的焦点三角形模型，所以点 A_n 在以 B_n,C_n 为焦点的椭圆上移动. 当 b_n 与 c_n 逐渐接近时，点 A_n 逐渐接近于短轴端点，此时边 B_nC_n 上的高逐渐增大，所以面积列 $\{S_n\}$ 是递增数列.

3. 手段探究——均值代换

由 $b_n+c_n=2a_1$，设 $\begin{cases}b_n=a_1+d_n\\c_n=a_1-d_n\end{cases}$，则 $d_n=\frac{b_n-c_n}{2}$ 且 $b_nc_n=a_1^2-d_n^2$. 当 b_n 与 c_n 越来越接近时，d_n 逐渐减小到 0，b_nc_n 越来越接近 a_1^2.

(二) 说“题目”

这是一道以三角形的面积为背景的数列问题，是代数和几何问题的交融，因此可以从“形”与“数”这两个方面来分析.

1. 从“形”的角度

(1) 三角形列有什么特点?
由 $a_{n+1}=a_n$ 可知，所有的三角形都有一条等长的边 B_nC_n，可以研究点列 $\{A_n\}$ 的轨迹.
(2) 如何计算三角形的面积?
由于题意涉及三角形的三边长，所以直接选择海伦公式(人教 A 版高中数学必修 5 P24 习题 B 组第 2 题)计算面积.此时要先计算三角形的半周长 $p_n=\frac{a_n+b_n+c_n}{2}=\frac{1}{2}a_1+\frac{1}{2}(b_n+c_n)$，因此可以考察数列 $\{b_n+c_n\}$.

2. 从“数”的角度

(1) 能否根据递推关系 $b_{n+1}=\frac{c_n+a_n}{2},c_{n+1}=\frac{b_n+a_n}{2}$，求出 $\{b_n\}$ 和 $\{c_n\}$ 的通项公式?

利用消元思想，将已知混合递推关系转化为 $\{b_n\}$ 的递推关系 $b_{n+2}=\frac{1}{4}b_n+\frac{3}{4}a_1$，求出

$\{b_n\}$ 的通项公式, 进而求出 $\{c_n\}$ 的通项公式.

(2) 能否较简单地表示出 $\{S_n\}$ 的通项公式, 进而判断 $\{S_n\}$ 的单调性?

由(1)可知三角形三边数列的通项公式, 可以将面积列 $\{S_n\}$ 的通项公式表示出来.

(三) 说解法

此题的核心为数列, 如何转化为我们熟悉的数列知识来加以解决成为问题的关键.

【解法一】转化为常见数列.

(1) 数列 $\{b_n+c_n\}$ 为常数列.

将两式 $b_{n+1}=\dfrac{c_n+a_n}{2}, c_{n+1}=\dfrac{b_n+a_n}{2}$ 相加得, $b_{n+1}+c_{n+1}=\dfrac{b_n+c_n}{2}+a_1$. 两边同时减去 $2a_1$, 得 $b_{n+1}+c_{n+1}-2a_1=\dfrac{1}{2}(b_n+c_n-2a_1)$, 又 $b_1+c_1-2a_1=0$, 所以 $\{b_n+c_n-2a_1\}$ 为零常数列, 即 $b_n+c_n=2a_1$.

(2) 数列 $\{b_n-c_n\}$ 为等比数列.

将两式 $b_{n+1}=\dfrac{c_n+a_n}{2}, c_{n+1}=\dfrac{b_n+a_n}{2}$ 相减得, $b_{n+1}-c_{n+1}=-\dfrac{1}{2}(b_n-c_n)$, 又 $b_1-c_1>0$, 所以 $\{b_n-c_n\}$ 是以 b_1-c_1 为首项, $-\dfrac{1}{2}$ 为公比的等比数列.

(3) 数列 $\{b_n\cdot c_n\}$ 为递增数列.

因为 $b_n\cdot c_n=\dfrac{(b_n+c_n)^2-(b_n-c_n)^2}{4}$, 所以数列 $\{b_n\cdot c_n\}$ 为递增数列.

(4) 数列 $\{S_n\}$ 为递增数列.

因为

$$S_n=\sqrt{p_n(p_n-a_n)(p_n-b_n)(p_n-c_n)}=\frac{\sqrt{3}a_1}{2}\sqrt{p_n^2-(b_n+c_n)p_n+b_nc_n}$$
$$=\frac{\sqrt{3}a_1}{2}\sqrt{b_nc_n-\frac{3}{4}a_1^2},$$

所以数列 $\{S_n\}$ 为递增数列.

【评注】利用方程思想, 整体考察了数列 $\{b_n+c_n\}$, $\{b_n-c_n\}$ 的特点, 利用恒等变换,考察了数列 $\{b_n\cdot c_n\}$ 的单调性. 当判断出 $\{b_n+c_n\}$ 为常数列时, 发现三角形列的特点: 等周长.

此时点列 $\{A_n\}$ 在以 B_n, C_n 为焦点的椭圆上运动, 进一步要挖掘点列 $\{A_n\}$ 的运动规律, 所以考察数列 $\{b_n-c_n\}$. 这一解法根据形与数的结合, 二者相辅相成、层层深入, 充分体现了 "数形结合百般好", 巧妙地进行了转化与化归, 体现了思维的灵活性.

【解法二】利用好递推数列.

(1) 求数列$\{b_n\}$和$\{c_n\}$的通项公式.

(Ⅰ) 利用待定系数法或不动点法将递推关系$b_{n+2}=\frac{1}{4}b_n+\frac{3}{4}a_1$变形为$b_{n+2}-a_1=\frac{1}{4}(b_n-a_1)$，由已知条件$b_1>c_1, b_1+c_1=2a_1$得$b_1-a_1>0$，$b_2-a_1=\frac{c_1-a_1}{2}=-\frac{b_1-a_1}{2}<0$，所以数列$\{b_n-a_1\}$的奇数列和偶数列分别成等比数列.

(a) 当n为奇数时，$b_n-a_1=(b_1-a_1)\cdot\left(\frac{1}{4}\right)^{\frac{n-1}{2}}=(b_1-a_1)\cdot\left(\frac{1}{2}\right)^{n-1}$；

(b) 当n为偶数时，$b_n-a_1=(b_2-a_1)\cdot\left(\frac{1}{4}\right)^{\frac{n-2}{2}}=(b_2-a_1)\cdot\left(\frac{1}{2}\right)^{n-2}=-(b_1-a_1)\cdot\left(\frac{1}{2}\right)^{n-1}$；综上所述，$b_n=(b_1-a_1)\cdot\left(-\frac{1}{2}\right)^{n-1}+a_1$.

(Ⅱ) 当$n\geqslant 2$时，$c_n=\frac{b_{n-1}+a_1}{2}=\frac{(b_1-a_1)\cdot\left(-\frac{1}{2}\right)^{n-2}+a_1+a_1}{2}=-(b_1-a_1)\cdot\left(-\frac{1}{2}\right)^{n-1}+a_1$，又当$n=1$时，也符合. 所以$c_n=-(b_1-a_1)\cdot\left(-\frac{1}{2}\right)^{n-1}+a_1(n\in\mathbf{N}^*)$.

(2) 求数列$\{S_n\}$的通项公式.

(Ⅰ) 先计算$\triangle A_nB_nC_n$的半周长，$p_n=\frac{a_n+b_n+c_n}{2}=\frac{3}{2}a_1$为常数.

(Ⅱ) $S_n=\sqrt{p_n(p_n-a_n)(p_n-b_n)(p_n-c_n)}=\frac{\sqrt{3}a_1}{2}\sqrt{p_n^2-(b_n+c_n)p_n+b_nc_n}$

$$=\frac{\sqrt{3}a_1}{2}\sqrt{\frac{1}{4}a_1^2-(b_1-a_1)^2\cdot\left(\frac{1}{4}\right)^{n-1}}.$$

(3) 判断数列$\{S_n\}$的单调性.

考虑数列$\{S_n\}$的通项公式对应的函数可知，数列$\{S_n\}$是单调递增的.

【评注】利用消元思想，将双数列的混合关系转化为单数列的递推关系，进而求得数列的通项公式. 考察了转化与划归思想，以及常见递推关系求通项公式的基本方法：待定系数法.

【解法三】计算，归纳猜想.

由选项可知，只需考察数列的前4项，即可选出正确答案.

由已知条件，取$a_1=8$，$b_1=10$，$c_1=6$，得$S_1=24=\sqrt{576}$.

进一步由递推关系及海伦公式计算可得：$S_2=\sqrt{720}$，$S_3=\sqrt{756}$，$S_4=\sqrt{765}$. 即$S_1<S_2<S_3<S_4$，可知选项A, C, D都不正确，故选B.

【评注】从题型上看，这是一道选择题，考虑能否用排除法．在考试时间十分有限的时候，这种小题小做的解题思想不失为一种很好的解题策略，既节省了时间，又保证了答案的正确性，达到了事半功倍的效果．

(四) 说引申

问题研究后，我们还可以思考问题可能的引申和拓展，为思维的发散提供一条途径．

(1) 根据焦点三角形的面积公式 $S=b^2\tan\dfrac{\theta}{2}$，其中 $\theta=\angle F_1PF_2$，可知当点 P 逐渐靠近短轴端点时，随着面积的增大，θ 也在增大，所以可进一步作如下拓展：

设 $\triangle A_nB_nC_n$ 的三边长分别为 a_n，b_n，c_n，$\triangle A_nB_nC_n$ 的面积为 S_n，$n=1,2,3,\cdots$．

若 $b_1>c_1$，$b_1+c_1=2a_1$，$a_{n+1}=a_n$，$b_{n+1}=\dfrac{c_n+a_n}{2}$，$c_{n+1}=\dfrac{b_n+a_n}{2}$．记 $\alpha_n=\angle B_nA_nC_n$，研究数列 $\{\alpha_n\}$ 的单调性．

(2) 根据本题与中点坐标公式的关系，可用定比分点公式进行如下引申：

设 $\triangle A_nB_nC_n$ 的三边长分别为 a_n，b_n，c_n，$\triangle A_nB_nC_n$ 的面积为 S_n，$n=1,2,3,\cdots$．若 $b_1>c_1$，$b_1+c_1-2a_1$，$a_{n+1}=a_n$，$b_{n+1}=\dfrac{2c_n+a_n}{3}$，$c_{n+1}=\dfrac{2b_n+a_n}{3}$．研究数列 $\{S_n\}$ 的单调性．

(五) 说反思

该题考察了三角形的面积与周长的关系，等比数列、常数列的概念，数列的递推关系与通项公式，数列的单调性等知识点，检测了学生知识的应用能力和问题转化的意识，是一道难度系数较大的选择题．

通过挖掘其背景，探讨其解法，体会其美妙，使我们对问题有了清晰的认识，并能在不同的场合以不同的方式加以利用，培养了学生的数学思维，发挥题目的更大作用．

1. 例题功能——探究

题目的适当改变可以在课堂教学中起到很好的教学作用，如以开放题的设问方式增强问题解决的氛围，提高学生的学习兴趣．

设 $\triangle A_nB_nC_n$ 的三边长分别为 a_n,b_n,c_n，$\triangle A_nB_nC_n$ 的面积为 S_n，$n=1,2,3,\cdots$，若 $b_1>c_1$，$b_1+c_1=2a_1$，$a_{n+1}=a_n$，$b_{n+1}=\dfrac{c_n+a_n}{2}$，$c_{n+1}=\dfrac{b_n+a_n}{2}$，研究数列 $\{S_n\}$ 的单调性．

2. 习题功能——拓展

该试题背景丰富，解题方法多样，在高中学习的各阶段可以拓展学生的思维，如下题可作为人教 A 版必修 5 第 2 章模块的习题．

设 $\triangle A_nB_nC_n$ 的三边长分别为 a_n，b_n，c_n，$\triangle A_nB_nC_n$ 的面积为 S_n，$n=1,2,3,\cdots$．若

$b_1 > c_1$, $b_1 + c_1 = 2a_1$, $a_{n+1} = a_n$, $b_{n+1} = \dfrac{c_n + a_n}{2}$, $c_{n+1} = \dfrac{b_n + a_n}{2}$.

(1) 证明: 数列$\{b_n - c_n\}$是等比数列;

(2) 求数列$\{b_n\}$的通项公式;

(3) 判断数列$\{S_n\}$的单调性, 并说明理由.

3. 检测功能——能力

此题有一定的难度, 作为检测题, 可以很好体现学生的能力, 表现出很好的区分度. 题目解法较多, 也为学生拓宽思维提供了素材.

设$\triangle A_nB_nC_n$的三边长分别为a_n, b_n, c_n, $\triangle A_nB_nC_n$的面积为S_n, $n=1,2,3,\cdots$. 若$b_1 > c_1$, $b_1 + c_1 = 2a_1$, $a_{n+1} = a_n$, $b_{n+1} = \dfrac{c_n + a_n}{2}$, $c_{n+1} = \dfrac{b_n + a_n}{2}$, 则(　　).

A. $\{S_n\}$为递减数列　　　　B. $\{S_n\}$为递增数列

C. $\{S_{2n-1}\}$为递增数列, $\{S_{2n}\}$为递减数列　D. $\{S_{2n-1}\}$为递减数列, $\{S_{2n}\}$为递增数列

(1) 考察选项的特点, 只需列出数列$\{S_n\}$的前 4 项, 就可以利用排除法找到唯一的正确答案;

(2) 此题可以根据庞大的计算过程(通项公式)或敏捷的数学思维(焦点三角形)作出正确选择, 所以它可以作为选择压轴题.

(六) 结束语

"题目小世界, 思维大舞台", 开展说题研究, 不仅关系到教师自身素养的提高, 也能提高教师数学课堂的教学效率. 因此, 在日常教研中应多开展说题活动, 让研究试题成为数学教师的"自觉"意识, 让说题能为数学教师交流解题心得提供一个重要舞台.

三、说题案例二　一道立体几何题

【题目】已知$\triangle ABC$中, $CA=2$, $CB=3$, $AB=\sqrt{13}$, 点D是边AB上的一点, 若沿CD将此三角形折成直二面角$A\text{-}CD\text{-}B$, 且A, B两点的距离为$\sqrt{7}$时, 求二面角$B\text{-}AC\text{-}D$的余弦值.

(一) 说背景

本题是一道立体几何题, 涉及二面角、空间距离以及解三角形等基础知识, 考查了空间想象能力、论证推理能力和运算求解能力, 并考查了数形结合思想、方程思想及转化和划归思想. 本题以翻折问题为载体, 对知识和能力要求较高.

(二) 说"题目"

立体几何的学习离不开图形，图形是一种语言，图形能帮我们把直观的感受转化为空间点、线、面的位置关系，培养学生空间想象能力．立体几何的学习一定要从图形入手，学会看图、作图、读图、用图，树立图形观．下面通过作图、读图、用图、来说这道题．

1. 作图

作图是立体几何学习中的基本功，对培养空间概念也有积极的意义，而且在作图时还要用到许多空间线面的关系．作图是解决立体几何问题的第一步，选好角度作好图有利于问题的解决．图 1 和图 2 是本题作图的两种常见的选择，但从二面角求解来看，图 2 更加合适，面 ACD 作为底面出现，方便二面角的平面角的寻找和计算．

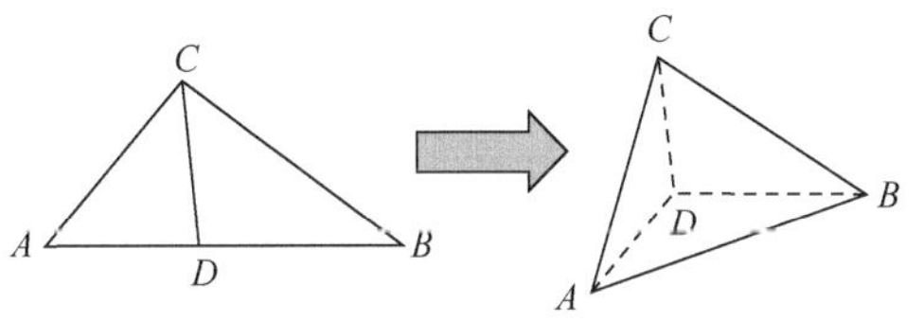

图 1

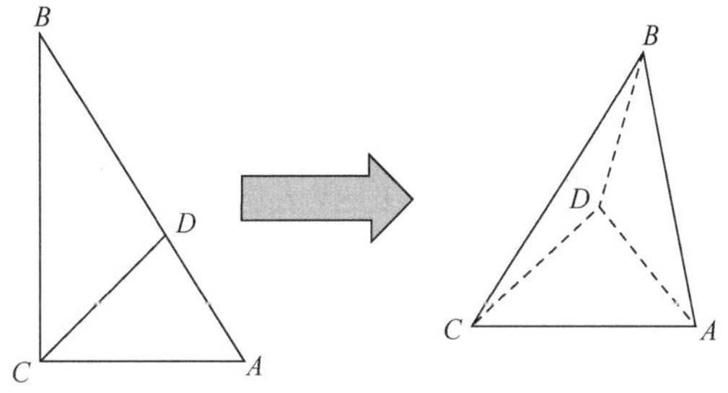

图 2

2. 读图

图形中往往包含着丰富的内容和深刻的意义，对图形的理解程度影响着学生的解题，所以读懂图形是解决问题的重要一环．

(1) 读数量关系．

翻折前：$CA=2, CB=3, AB=\sqrt{13} \Rightarrow \angle ACB=90°$；

翻折后：$CA=2, CB=3, AB=\sqrt{7} \Rightarrow \angle ACB=60°$．

前者非常明显；后者比较隐蔽，不易发现，要求解题者具备敏锐的数感和图形感．

(2) 读位置关系．

直二面角 $A\text{-}CD\text{-}B \Rightarrow$ 平面 $ACD \perp$ 平面 $BCD \Rightarrow$ 点 B 在平面 ACD 上的射影在 CD 上．

3. 用图

在立体几何的学习中，学生会遇到许多重要的结论，若学生的心中有这样的结论和图形，那就可以迅速作出判断．读懂图，会用图，就能解决问题．

(三) 说解法

【解法一】 作 $BH \perp CD$，则 $BH \perp$ 平面 ACD，用三垂线法可作得所求角 $\angle BEH$，从中提取出有效模型三棱锥 $B\text{-}CEH$，由 $\cos\angle BCE = \cos\angle ECH \cdot \cos\angle BCH$ 及 $\cos\angle ECH +$

$\cos\angle BCH=\frac{\pi}{2}$可得$\cos\angle ECH=\cos\angle BCH=\frac{\pi}{4}$，进一步还原到平面图形中通过计算可求得$\cos\angle BEH=\frac{\sqrt{3}}{3}$.

这一解法直击问题本质，利用一个三棱锥模型沟通了已知条件和所求问题，化解了计算上的困难，体现了读图、用图的重要性.

【解法二】该题从已知条件和所求问题上看，有一个重要条件未知，即折痕 *CD* 的位置，也即点 *D* 的位置. 这个条件确定了，那么问题就迎刃而解了. 题目中告诉我们翻折后 *A*, *B* 两点的距离为$\sqrt{7}$，由此可求点 *D* 的位置. 因为 *A*, *B* 两点分别是直二面角两个半平面上的点，它的背景就是这样一个两点间距离模型：$AB^2=AE^2+EF^2+BF^2$. 根据方程思想，只要选取好未知数，列出方程，就能确定点 *D* 位置.

设$\cos\angle ACD=\theta$，则$\cos\angle BCD=\frac{\pi}{2}-\theta$，$AE=2\sin\theta$，$BE=3\cos\theta$，$EF=CF-CE=3\sin\theta-2\cos\theta$，代入$AB^2=AE^2+EF^2+BF^2$可得$\theta=\frac{\pi}{4}$. 下面过程同解法一.

这一解法是建立在对已知条件和所求问题的双向分析之上，关键是折痕 *CD* 位置的确定，这也恰恰是本题的一个难点. 此法利用直二面角中的一个两点间距离模型，能够较好地突破这一难点.

本题的两种解法都用到了高中立体几何中较为典型的图形和结论，体现了用图的关键是"心中有图"，这也体现了转化和化归的数学思想——对图形的转化和化归.

(四) 说引申

几何图形千变万化，在不断的变化中展示其魅力，在不断的变化中培养学生的能力. 通过对图形的变化可以设计变式题. 通过对这些变式题的分析和比较来探求解法上的规律性，提高对图形的认知能力和应用能力，进一步提高空间想象能力和转化化归的能力. 下面给出 4 个变式，供大家参考.

【变式 1】*CD* 位置的变化.

已知△*ABC* 中，*CA*=2, *CB*=3, *AB*=$\sqrt{13}$，点 *D* 是边 *AB* 中点，若沿 *CD* 将此三角形折成直二面角 *A-CD-B*，求二面角 *B-AC-D* 的余弦值.

【变式 2】条件与问题的变化.

已知△*ABC* 中，*CA*=2, *CB*=3, *AB*=$\sqrt{13}$，点 *D* 是边 *AB* 上的一点，若沿 *CD* 将此三角形折成直二面角 *A-CD-B*，且二面角 *B-AC-D* 的余弦值为$\frac{\sqrt{3}}{3}$，求$\angle ACD$.

【变式 3】动与静的变化.

已知△*ABC* 中，*CA*=2, *CB*=3, *AB*=$\sqrt{13}$，点 *D* 是边 *AB* 上一动点，若沿 *CD* 将此三角形折成直二面角 *A-CD-B*，求 *AB* 的最小值.

【变式 4】图形本身的变化.

已知平行四边形 $ABCD$ 中，$AB=2$，$CB=1$，$\angle BAD=60°$，点 E,F 分别是边 AB,CD 上的动点，且 $BE=DF$，若沿 EF 将此平行四边形折成直二面角，求 AC 的最小值(图 3).

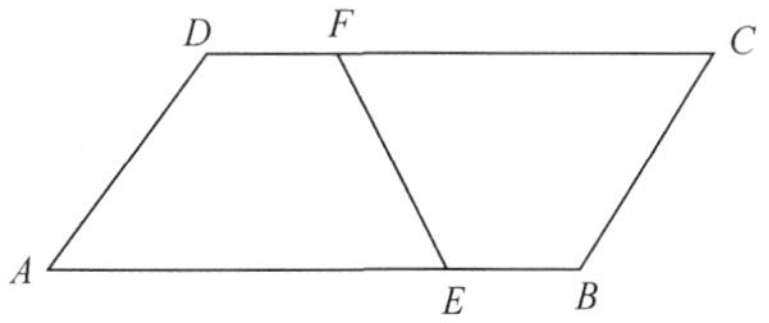

图 3

(五) 说反思

以上说题过程以图形为线索，通过作图、读图、用图、变图四个环节的说明，让学生清楚这个题目的立意、解法、背景、变化等，整个过程显得连贯、紧凑，浑然一体. 在立体几何的教学中，我们也应立足图形，使学生学会作图、读图、用图、变图，做到“心中有图”，能够“举一反三”，真正提高学生的空间想象能力和转化化归的能力.

四、说题案例三　一道函数题

【题目】设函数 $f(x)=ax^n(1-x)+b$，$n\in\mathbf{N}^*$，a，b 为常数，曲线 $y=f(x)$ 在点$(1, f(1))$处的切线方程为 $y=-x+1$．求证 $f(x)<\dfrac{1}{ne}$．

(一) 说背景

事实上对于不等式 $\ln x\geqslant 1-\dfrac{1}{x}$，通过代换可得与之等价的不等式：$x-1\geqslant\ln x$，该不等式揭示了对数函数与一次函数的大小关系，此外还有丰富的数学背景.

(1) 不等式 $x-1\geqslant\ln x$ 的高等数学背景：

$f(x)=\ln x$ 在 $x=1$ 处的泰勒展开式为

$$\ln x=(x-1)-\frac{(x-1)^2}{2}+\frac{(x-1)^3}{3}+\cdots+(-1)^{n-1}\frac{(x-1)^n}{n}\quad(n\in\mathbf{N}).$$

(2) 不等式 $x-1\geqslant\ln x$ 的几何背景：

直线 $y=x-1$ 是曲线 $y=\ln x$ 在 $x=1$ 处的切线.

(二) 说“题目”

本题主要考查导数的几何意义、导数的应用、不等式等基础知识，同时也考查推理论证能力，以及化归与转化的思想方法.

本题言简意赅，但确含有 a,b,n,x 四个参变量，此外，还有常数 e，于是不禁产生如下疑问.

(1) a，b 是否确定?

(2) $f(x)=ax^n(1-x)+b$ 的图象有什么特点?

(3) e 从何而来?

(4) 如何理解 $f(x)<\dfrac{1}{n\mathrm{e}}$?

针对以上四问，可分别作如下理解与转化.

(1) a，b 可以确定，经计算可得：$a=1,b=0$，于是函数 $f(x)=x^n-x^{n+1}$.

(2) $f(x)=ax^n(1-x)+b$ 的图象有两个特点：①与 n 的奇偶性有关；② $x=1$ 是分界点.

(3) 由 e 联想到函数 $y=\ln x$ 和 $y=\mathrm{e}^x$.

(4) 转化为求证 $f(x)_{\max}<\dfrac{1}{n\mathrm{e}}$.

(三) 说解法

解：$f'(x)=nx^{n-1}-(n+1)x^n$，由 $f'(x)=0$，得 $x=\dfrac{n}{n+1}$，所以 $f(x)$ 在 $\left(0,\dfrac{n}{n+1}\right)$ 单调递增，在 $\left(\dfrac{n}{n+1},+\infty\right)$ 单调递减，故 $f(x)_{\max}=\dfrac{n^n}{(n+1)^{n+1}}$. 于是

$$
\begin{aligned}
f(x)<\frac{1}{n\mathrm{e}} &\Leftrightarrow f(x)_{\max}<\frac{1}{n\mathrm{e}}\\
&\Leftrightarrow \frac{n^n}{(n+1)^{n+1}}<\frac{1}{n\mathrm{e}}\\
&\Leftrightarrow \left(\frac{n+1}{n}\right)^{n+1}>\mathrm{e}\\
&\Leftrightarrow (n+1)\ln\frac{n+1}{n}>1\\
&\Leftrightarrow \ln\frac{n+1}{n}>\frac{1}{n+1}\\
&\Leftrightarrow \ln x>1-\frac{1}{x}\quad\left(x=\frac{n+1}{n}\in(1,2]\right).
\end{aligned}
$$

以下只需证明：$\ln x>1-\dfrac{1}{x}(1<x\leqslant 2)$.

令 $h(x)=\ln x+\dfrac{1}{x}-1$，则 $h'(x)=\dfrac{1}{x}-\dfrac{1}{x^2}=\dfrac{x-1}{x^2}$，所以 $h(x)$ 在 $(1,2]$ 单调递增，故 $h(x)>h(1)=0$. 即不等式 $\ln x>1-\dfrac{1}{x}(1<x\leqslant 2)$ 成立，从而 $f(x)<\dfrac{1}{n\mathrm{e}}$ 得证.

(四) 说引申

(1) 若从难度及对学生的人文关怀角度考虑, 可作如下设计.

设函数 $f(x)=ax^n(1-x)+b$, $n\in\mathbf{N}^*$, a, b 为常数, 曲线 $y=f(x)$ 在点 $(1,f(1))$ 处的切线方程为 $y=-x+1$. ①求 a, b 的值; ②求 $f(x)$ 的最大值; ③求证 $f(x)<\dfrac{1}{n\mathrm{e}}$.

(2) 若保持条件不变, 从发散学生思维及研究性学习的角度考虑, 可作如下设计.

设函数 $f(x)=ax^n(1-x)+b$, $n\in\mathbf{N}^*$, a, b 为常数, 曲线 $y=f(x)$ 在点 $(1,f(1))$ 处的切线方程为 $y=-x+1$. 试研究函数 $f(x)$ 的性质.

(五) 说反思

本题的核心是转化, 主要体现在三方面: 条件转化、问题转化、方法转化.

对于不等式的证明, 方法多样且灵活, 而分析法利于思考, 方向明确, 思路自然, 有望成功.

本题中的函数 $f(x)=x^n-x^{n+1}$ 为我们发展学生数学思维, 开展研究性学习提供了很好的素材.

五、说题案例四　一道解析几何题

【题目】设椭圆 $C:\dfrac{x^2}{a^2}+\dfrac{y^2}{b^2}=1(a>b>0)$, 动直线 l 与椭圆 C 只有一个公共点 P, 且点 P 在第一象限. 若直线 l 与 x, y 轴的交点分别为 A,B, 且 $\overrightarrow{OM}=\overrightarrow{OA}+\overrightarrow{OB}$ (O 为坐标原点).

(1) 求点 M 的轨迹方程;

(2) 求 $|\overrightarrow{OM}|$ 的最小值.

【解法分析】

(1)设直线 l 的方程为 $y=kx+m(k<0)$, 由 $\begin{cases}y=kx+m\\ \dfrac{x^2}{a^2}+\dfrac{y^2}{b^2}=1\end{cases}$ 消去 y, 得 $(b^2+a^2k^2)x^2+2a^2kmx+a^2m^2-a^2b^2=0$.

由于 l 与椭圆 C 只有一个公共点, 故 $\varDelta=0$, 即

$$b^2-m^2+a^2k^2=0. \tag{1}$$

设 $M(x,y)$, 根据 $\overrightarrow{OM}=\overrightarrow{OA}+\overrightarrow{OB}$ 得 $\begin{cases}x=-\dfrac{m}{k}\\ y=m\end{cases}$,代入(1)式得 $\dfrac{a^2}{x^2}+\dfrac{b^2}{y^2}=1(x>0,y>0)$,

所以 M 的轨迹方程为 $\frac{a^2}{x^2}+\frac{b^2}{y^2}=1(x>0,y>0)$.

(2) 设 (x_o,y_o) 是 $\frac{a^2}{x^2}+\frac{b^2}{y^2}=1(x>0,y>0)$ 上任意一点,

$$|\overrightarrow{OM}|^2=x_0^2+y_0^2$$
$$=(x_0{}^2+y_0^2)\left(\frac{a^2}{x_0^2}+\frac{b^2}{y_0^2}\right)=a^2+b^2+\frac{a^2y_0^2}{x_0^2}+\frac{b^2x_0^2}{y_0^2}\geqslant(a+b)^2,$$

所以 $|\overrightarrow{OM}|\geqslant a+b$.

【解法研究】

(1) 直线 l 与椭圆 C 只有一个公共点 P, 则直线 l 即椭圆的切线, 可设 $P(x_0,x_0)$, 直线 l 的方程为 $\frac{x_0x}{a^2}+\frac{y_0y}{b^2}=1$,或设 $P(a\cos\theta,b\sin\theta)$, 直线 l 的方程为 $\frac{x\cos\theta x}{a}+\frac{y\sin\theta}{b}=1$.

(2) $|\overrightarrow{OM}|^2=x_0^2+y_0^2=(x_0^2+y_0^2)\left(\frac{a^2}{x_0^2}+\frac{b^2}{y_0^2}\right)$, 可直接利用柯西不等式得 $|\overrightarrow{OM}|^2$ 的范围.

【问题研究】

(1) 逆向研究.

设椭圆 $C:\frac{x^2}{a^2}+\frac{y^2}{b^2}=1(a>b>0)$, 若直线 l 与 x, y 轴的交点分别为 A, B, 且 $\overrightarrow{OM}=\overrightarrow{OA}+\overrightarrow{OB}$ (O 为坐标原点), M 的轨迹方程为 $\frac{a^2}{x^2}+\frac{b^2}{y^2}=1(x>0,y>0)$, 判断直线 l 与椭圆 C 的位置关系.

(2) 拓展研究.

(Ⅰ) (2014 年浙江理) $\frac{x^2}{a^2}+\frac{y^2}{b^2}=1(a>b>0)$, 动直线 l 与椭圆 C 只有一个公共点 P 且点 $M(a)-m(a)$ 在第一象限.

(a) 已知直线 l 的斜率为 k, 用 a,b,k 表示点 P 的坐标;

(b) 若过原点 O 的直线 l_1 与 l 垂直, 证明: 点 P 到直线 l_1 的距离的最大值为 $a-b$.

(Ⅱ) 设椭圆 $C:\frac{x^2}{a^2}+\frac{y^2}{b^2}=1(a>b>0)$, 动直线 l 与椭圆 C 只有一个公共点 P, 且点 P 在第一象限, 且与 x,y 正半轴分别交于点 A,B, 若 $|PA|=b$, 求原点 O 到直线 l 的距离.

本题的核心在于变形, 解法的变化在于挖掘条件, 问题的变化在于逆向、拓展.

(Ⅲ) 已知椭圆 $E:\frac{x^2}{3}+\frac{y^2}{2}=1$ 的左、右顶点分别为 A, B, 点 P 为椭圆上异于 A,B 的任意一点.

(a) 求直线 PA 与 PB 的斜率之积;

(b) 设 $Q(t,0)(t\neq-\sqrt{3})$, 过点 Q 作与 x 轴不重合的任意直线交椭圆 E 于 M, N 两点.

则是否存在实数t，使以MN为直径的圆恒过点A？若存在，求出t的值；若不存在，请说明理由.

解: (a) $A(-\sqrt{3},0),B(\sqrt{3},0)$.设点$P(x,y)\ (y\neq 0)$，则有$\dfrac{x^2}{3}+\dfrac{y^2}{2}=1$，即$y^2=2\left(1-\dfrac{x^2}{3}\right)=\dfrac{2}{3}(3-x^2)$，所以

$$k_{PA}\cdot k_{PB}=\frac{y}{x+\sqrt{3}}\cdot\frac{y}{x-\sqrt{3}}=\frac{y^2}{x^2-3}=\frac{\frac{2}{3}(3-x^2)}{x^2-3}=-\frac{2}{3}.$$

(b) $\because MN$与x轴不重合，$\therefore$设$l_{MN}:x=my+t(m\subset\mathbf{R})$.设$M(x_1,y_1)$，$N(x_2,y_2)$.

由$\begin{cases}x=my+t\\2x^2+3y^2-6=0\end{cases}$,得

$$(2m^2+3)y^2+4mty+2t^2-6=0.$$

所以

$$\begin{cases}\Delta=16m^2t^2-4(2m^2+3)(2t^2-6)>0\\y_1+y_2=\dfrac{-4mt}{2m^2+3}.\\y_1\cdot y_2=\dfrac{2t^2-6}{2m^2+3}\end{cases}\tag{2}$$

由题意得$AM\perp AN$，即$\overrightarrow{AM}\cdot\overrightarrow{AN}=0$. 因为$x_1=my_1+t,x_2=my_2+t,$所以

$$\overrightarrow{AM}\cdot\overrightarrow{AN}=[my_1+(t+\sqrt{3})][my_2+(t+\sqrt{3})]+y_1y_2=0.$$

所以

$$(1+m^2)y_1y_2+m(t+\sqrt{3})(y_1+y_2)+(t+\sqrt{3})^2=0.$$

将(2)式代入上式，得

$$(1+m^2)\frac{2t^2-6}{2m^2+3}+m(t+\sqrt{3})\frac{-4mt}{2m^2+3}+(t+\sqrt{3})^2=0.$$

即

$$2t^2-6+2m^2t^2-6m^2-4m^2t^2-4\sqrt{3}m^2t+(2m^2+3)(t^2+2\sqrt{3}t+3)=0.$$

展开，整理，得$5t^2+6\sqrt{3}t+3=0$.解得$t=-\dfrac{\sqrt{3}}{5}$或$t=-\sqrt{3}$(舍去). 经检验，$t=-\dfrac{\sqrt{3}}{5}$能使$\Delta>0$成立. 故存在$t=-\dfrac{\sqrt{3}}{5}$满足题意.

小结本题研究中需掌握的常用解题策略:

(1) 没有图形，不妨画个图形，以便直观思考;

(2) “设—列—验”是求轨迹的通法;

(3) 消元转化为一元二次函数(方程)、判别式、韦达定理、中点、弦长公式等要把握好;

(4) 多感悟“设—列—解”，设什么？坐标、方程、角、斜率、截距？列的前提是找

关系，解就是转化、化简、变形，向目标靠拢；

(5) 紧扣题意，联系图形，数形结合；

(6) 一旦与自己熟悉的问题接轨立即入位.

在本案例中，将 “说题” 环节的六个步骤—— “说背景” “说‘题目’” “说解法” “说引申” “说反思” “说教法” 分解到解法分析、解法研究、问题研究中，而不是照搬照套.

六、例谈说题中说解法的策略

说题是教师在精心做题、备课的基础上，阐述对某道习题解答时所采用的思维形式、解题策略及依据，进而总结出解题规律的教研形式. 说题面对的对象是教师、教学研究人员. 说题的环节一般含有 “说背景” “说‘题目’” “说解法” “说引申” “说反思” “说教法” . 但由于说题比赛时间有限、题目内涵挖掘有限等因素，不可能将以上步骤一一展开，那么在说题过程中，能将某个方面突出不失为明智的选择. 下面以一次说题比赛的数列题为例介绍说解法的策略，以供参考和指正.

【题目】已知数列 $\{a_n\}$ 的前 n 项和为 S_n，首项 $a_1=\dfrac{4}{7}$，$a_{n+1}=\dfrac{4a_n}{3a_n+1}$，$n=1,2,\cdots$；数列 $\{b_n\}$ 的前 n 项和为 T_n，首项 $b_1=\dfrac{1}{2}$，$T_n=n^2b_n-n(n-1)$，$n=1,2,\cdots$.

(1) 求数列 $\{a_n\}$ 的通项公式 a_n 与数列 $\{b_n\}$ 的前 n 项和公式 T_n；

(2) 证明：$S_n>T_n$，$n=1,2,\cdots$.

1. 结论尽早亮，过程简要写

对于十几分钟的说题时间，只写简要过程，思维的展现更主要以说为主，结论则尽快地亮给评委和观众，那么在接下来的说题过程中，可以将其注意力集中在说题者想突出的环节，而不必让评委和观众一直关注在解法的正确性上. 基于这个观点，可作板书如下.

(1) $$\frac{1}{a_{n+1}}-1=\frac{1}{4}\left(\frac{1}{a_n}-1\right),\quad \frac{1}{a_{n+1}}-1=\frac{3}{4}\left(\frac{1}{4}\right)^{n-1},\quad a_n=\frac{1}{1+3\left(\frac{1}{4}\right)^n},$$

$$T_n=n^2b_n-n(n-1),\tag{1}$$

$$T_{n+1}=(n+1)^2b_{n+1}-n(n+1).\tag{2}$$

由(1)(2)，整理得 $(n+2)b_{n+1}=nb_n+2$，于是，$\dfrac{b_{n+1}-1}{b_n-1}=\dfrac{n}{n+2}$.

$$b_n-1=\frac{1}{n(n+1)},\quad b_n=1-\frac{1}{n(n+1)}.$$

(2) $$4^n>3\left(n^2+n-1\right),\quad \frac{1}{1+3\left(\frac{1}{4}\right)^n}>\frac{n^2+n-1}{n(n+1)}.$$

即 $a_n > b_n$，得 $S_n > T_n$.

2. 讲法有框架，思维要体现

讲解是对题目的剖析，包括问题解决前可能的办法的预测，问题解决时处理策略的运用. 以下将以第(2)问为例说明.

【环节 1】本问的证明有两个特点：一是不等式；二是前 n 项和的比较，而且数列 $\{a_n\}$ 的前 n 项和不属于常规求法，高中生也求不出来. 为此，可能的方向有以下两种.

(1) 利用放缩法，将 $\{a_n\}$ 放缩为可求和的特殊数列；

(2) 证明充分条件 $a_n > b_n$.

以下将演示第(2)种思路：即只要证 $a_n > b_n$，即 $\dfrac{1}{1+3\left(\dfrac{1}{4}\right)^n} > \dfrac{n^2+n-1}{n(n+1)}$.

【环节 2】上式证明有个特点：左边含指数式，右边为多项式构成的分式，关键步骤要实现指数式和多项式的比较. 为此，可能方向有以下两种.

(1) 利用放缩法，将 $\left(\dfrac{1}{4}\right)^n$ 放缩成多项式；

(2) 将式子先进行变形处理，明确要实现比较的指数式和多项式.

由于思路(1)放缩的尺度不容易轻易找到，故以下采用思路(2)：

$$\frac{1}{1+3\left(\frac{1}{4}\right)^n} > \frac{n^2+n-1}{n(n+1)} \Leftrightarrow 1+3\left(\frac{1}{4}\right)^n < \frac{n(n+1)}{n^2+n-1} \Leftrightarrow 3\left(\frac{1}{4}\right)^n < \frac{1}{n^2+n-1} \Leftrightarrow 4^n > 3\left(n^2+n-1\right).$$

【环节 3】作为数列不等式，本题通常的办法有以下三种.

(1) 作商法；

(2) 作为函数问题，运用单调性与最值处理；

(3) 由于本题指数式与多项式比较的特点，可以用二项式定理处理.

以下演示第(3)种思路：当 $n=1,2$ 时，不等式显然成立；

当 $n \geqslant 3$ 时，

$$4^n = (2+2)^n \geqslant (\mathrm{C}_n^0 + \mathrm{C}_n^1 + \mathrm{C}_n^2)\cdot 2^n = \frac{n^2+n+2}{2}\cdot 2^n$$
$$\geqslant 4(n^2+n+2) > 3(n^2+n-1).$$

3. 解法多种时，主次显分明

在一题多解时，时间不允许教师将每一种解法都娓娓道来，此时要注意详略得当. 考虑到说题是为了更科学地为学生讲题这一目的服务，适合高中生思维水平的方法详讲，有高等数学思维、竞赛思维等考纲上不要求的方法略讲；通性通法详讲，巧妙的、不易想到的方法略讲.

如第(1)问，由 $(n+2)b_{n+1}=nb_n+2$ 求 b_n，要突出构造特殊数列的办法，而在本题另解的环节，点到用归纳法证明即可；第(2)问证明 $\dfrac{1}{1+3\left(\dfrac{1}{4}\right)^n}>\dfrac{n^2+n-1}{n(n+1)}$ 时，突出变形处理，在本题另解的环节可简要说明放缩法的重要过程.

说题是研究如何讲题的活动形式，可能更出彩的是对题目内涵的挖掘或是对题目的一般性拓展，然而教师平常遇到的很多题目都是没有多少内涵能挖的或可作一般性拓展的，说题者若是能在讲题这个环节通过问题设计将思维过程展现得淋漓尽致，也是很有现实意义的.